青少年身体素质锻炼方法

侯秀花
曹　军　著

中国纺织出版社

内 容 提 要

随着我国新课程标准的不断改革与发展，促进青少年素质提升成为学校与教师工作的重点内容。其中，体育素质是青少年“德智体美”素质的重要组成部分。本书主要对如何培养青少年的身体素质进行研究。第一章是本书的导语部分，奠定了全书的理论基础与知识框架。第二章是对青少年身体素质培养的背景与具体要求进行论述。第三章是对青少年身体素质提升的具体意义进行分析。第四章是对青少年身体锻炼现状的分析，探究青少年身体素质下降的原因。第五章是对青少年身体素质锻炼方法的具体论述，也是本书的重点内容。第六章是对青少年身体素质锻炼教学方法的探究，也是青少年身体素质锻炼的教学实践部分。第七章是本书的结语部分，并对未来青少年身体素质的提升进行了展望。青少年是我国未来发展的希望，只有确保青少年的身体素质得以提升，才能为推动我国的经济、科学、社会等发展奠定基础。

图书在版编目（CIP）数据

青少年身体素质锻炼方法 / 侯秀花，曹军著. --北京：中国纺织出版社，2018.12（2022.8 重印）

ISBN 978-7-5180-5698-9

Ⅰ. ①青… Ⅱ. ①侯… ②… 曹 Ⅲ. ①青少年-身体素质-运动训练-研究 Ⅳ. ①G808.17

中国版本图书馆 CIP 数据核字（2018）第 280892 号

策划编辑：张淑媛　　　　责任印制：储志伟

中国纺织出版社出版发行

地址：北京市朝阳区百子湾东里 A407 号楼　邮政编码：100124

销售电话：010-67004422　传真：010-87155801

http://www.c-textilep.com

E-mail:faxing@c-textilep.com

中国纺织出版社天猫旗舰店

官方微博 http://weibo.com/2119887771

佳兴达印刷（天津）有限公司印刷　各地新华书店经销

2018 年 12 月第 1 版　2022 年 8 月第 5 次印刷

开本：710×1000　1/16　印张：14.5

字数：207 千字　　定价：68.00 元

作者简介

侯秀花（1978－），女，山东省郓城县人。研究生学历，硕士学位，中级职称。毕业于南京师范大学，现任职于中国农业大学烟台研究院。主要研究方向为体育教学和社会体育。曾发表《我国武术教学研究现状》《“开放性”中小学体育校本课程开发的理论研究》《全民健身与武术传统发展》等多篇论文，参与课题研究 3 项，参与著作 1 部。

曹军（1980－），男，山东省潍坊诸城市人。助理研究员，硕士学位。现任职于中国农业大学烟台研究院。主要研究方向为体育人文社会学。

前　言

新时期，研究青少年体育素养培养具有鲜明的时代意义。青少年是国家的未来，是国家发展的希望，青少年的培养工作一直都是国家的重点工作，因此，青少年的体育素养培养工作也应该得到学校的重视。随着终身体育思想的全面贯彻，人们具有越来越长远的学校体育发展眼光，也就是说，学校体育不但要抓住青少年在校期间的合理发展时机，为增强其体质服务，而且要为青少年终身的身心健康以及提升未来生活质量而服务。因此，学校体育必须十分重视提高青少年的体育素养。青少年学生具备了体育素养，才能树立终身体育意识，为自觉锻炼身体、促进身心健康做好铺垫。学校应该重视青少年体育素养的培养，把它作为学校体育的一项重要目标来认真对待。本书主要针对青少年身体素质的锻炼方法进行研究，旨在通过本书的研究，为提升青少年身体素质作出一点贡献。

目 录

第一章　理论综述

随着改革开放的深入进行，我国的经济取得了突飞猛进的发展，它不仅推动了科学技术的长足进步和社会生产力水平的稳步提升，与此同时，还促进了社会生产方式和人们生活方式的改变。这些改变虽然给人们带来了很多便利，但是也正因为这些便利，使得人们参与体力活动的机会、时间减少。再加上由于身体活动不足、饮食上又不加控制，导致人们营养过剩，出现一些所谓的“文明病”。随着现代社会的不断发展，这些“文明病”的患病风险呈现出低龄化的趋势，肥胖、高血压等相关疾病已经开始影响我国青少年的身体健康。

青少年承载着国家的未来，民族的希望，青少年的身体素质水平关系着国家的强弱、民族的兴衰、家庭的幸福以及个人的前途等各个方面，因此，国家对于青少年的身体素质状况非常重视，出台了很多相关政策、法规，为青少年的身体素质健康保驾护航。2012 年，北京体育大学校长杨桦委员指出，近几年全国政协进行的多次调研以及教育部、卫生部、财政部等六部委连续 25 年的“全国学生身体素质与健康调研”结果显示：我国青少年身体素质一些重要指标呈下降趋势，令人担忧。肥胖增长迅速，超过世界卫生组织所公布的“安全临界点”（10%）；心肺功能下降，运动能力不足，虽然身高、体重、胸围等指标有一定的改观，但是整体的运动能力并没有随之改善；视力不良检出率不断攀升，位居世界前列，并且呈现出低龄化趋势。

青少年这样糟糕的身体素质状况，如何能担起国之重任，如何促进个人的全面发展？国家虽然出台了各种相关政策，但是并没有很好地改善青少年身体素质水平较差的现状，出现这样的结果值得人们深思。国家花费那么多的人力、物力和财力从事这项工程，集全国的资源着手于青少年的身体素质建设，是因为青少年的身体素质水平存在着一定的问题，而且青少年承载着建设国家的重任，但是就目前青少年的身体素质状况而言，他们还是难以堪当重任，为此国家不得不颁布一些强制性文件来增强青少年的身体素质，比如说：《教育部国家体育总局关于进一步加强学校体育工作，切实提高学生健康素质的意见》和《教育部国家体育总局共青团中央关于开展全国亿万学生阳光体育运动的通知》，由教育部、国家体育总局、共青团中央联合发起的全国亿万学生阳光体育运动全面启动，要求进一步提高对体育的认识，以全面实施《学生身体素质健康标准》为基础，达到“达标争优，强健体魄”的目的。此外，阳光体育运动需要与体育课和课外体育活动相结合，为学生营造好的体育锻炼氛围，促使学生参与到体育锻炼中来。最近又有一些报道称部分省市将学生身体素质测试的成绩纳入电子学籍档案中，这一系列的举措都是为了进一步提高青少年学生的身体健康水平。

到底是什么样的原因导致青少年身体素质水平下降，怎样才能更好地促进青少年的健康水平？这是当代体育工作者需要思考的问题。通过查阅相关的资料发现，造成青少年身体素质水平下降的原因有很多：课业压力过重，孩子们没有更多的时间参与体育活动；家长对于孩子的保护太多，不允许他们参加任何可能发生危险的体育活动；学校所能提供的运动场地、器材等有限，无法满足学生基本的运动需求；体育课形式单一，主要以竞技体育项目为主，缺乏创新，趣味性不够，无法激起孩子的学习兴趣等等。根据上述问题，如何找到一种合适的方法，以丰富学校课外体育锻炼的内容，激发学生学习体育的兴趣，积极响应“每天锻炼1小时”的阳光体育运动口号，达到增强学生身体素质效果，这些问题确实值得我们进行深入研究。

第一节 关于体育、学校体育本质研究

一、关于体育本质的研究综述

（一）体育本质的教育说

通过近年来国内外文献资料研究表明，西方发达国家关于体育本质的论述基本上达成一致观点，即体育（Physical Education）的本质属于教育范畴，是通过身体的教育，来促进学生身体的发展、体质的增强以及心理的健康。在国内，“体育是增强体质的教育”这一观点从20世纪80年代真理大讨论

至今，得到了国内体育界的普遍支持。荆光辉（1997）在《从本质的角度确定体育美与艺术美之异同》中指出，体育的本质是学生“一种在学校进行的，健全人体的教育活动”。周爱光（1999）在《体育本质的逻辑学思考》中认为，作为以教育为本质的体育，本质属性必然是“身体活动性”和“教育性”二者相统一的。谢军（2003）在《探析体育的本质及其规律》中强调，“我们说体育的本质是增强体质的教育，并没有否定体育的其它目标和功能”。苏义民（2005）在《关于体育本质的思考》中针对近年来学术界关于体育本质的几种主要观点进行了分析，在此基础上提出了自己的观点，“人的存在是一种意向性存在，‘体’只是一种表象，‘育’才是体育的本体，它表现的是‘人存在’的核心问题”，因此，“体育应该是以展现人的存在为核心的一种教育活动。”“体育从本质上来讲，是针对身体本身进行的一类教育活动，它所具有的独特功能便是‘育体’，其它仅是附加功能，而绝非其本质功能。”刘映海（2014）在《论体育的本质及其教育价值》中指出，作为一种具有“社会缩影”的运动，体育运动不仅使人们体验到当下的快乐和自由，而且能借助其自身的规范性、道德性促进和加快人的社会化。

（二）体育本质的社会文化说

陶于（1999）在《对我国体育本质的几点思考》中指出，体育的本质“是以身体活动为基本手段，以增强国民体质为目的的社会行为与社会现象。”李翠兰（2000）认为，“体育是谋求个体身心健康、全面发展为直接目的的一类社会文化现象，同时它也对培养社会公民起到积极的促进作用。”张洪潭（2004）在《试论学校体育与社区体育的关联互动》指出，“体育是旨在强化体能的一切非生产性人体活动。”因此，他在一系列研究之后中得出结论，“体育的本质便无限强化人的体能。”龚正伟等人（2005）在《体育本质认识的分歧根源与真义求解》中认为，“身体活动”是体育的属概念，它所反映的正是体育的社会文化本质。

（三）体育本质的社会活动说

向家俊、袁旦（1999）在《论体育的本质属性及现代特征》中指出，体育是人们以自觉意识支配下的身体运动或身体活动为主要手段，对自己身心进行改造的实践。唐健（1999）在《现代社会发展与体育本质的确定》中指出，作为一种人类专有的社会文化现象，体育应当归属于社会实践活动一类。同时，体育的本质是逐级分层的。葛菁（2003）在《对体育概念及本质问题的重新审视》中认为，分析体育必须放在人的社会活动的大背景之下，从人的社会实践活动去理解和界定体育。因此，体育的本质就是“人社会化”的过程。周西宽（2004）在《现代“体育”概念几个问题的探讨》中强调，体育应是人类为适应自然和社会，能动地改造自我身心的一种社会实践活动。郑先常（2013）在《体育的本质及体育整体观的建立》中强调，单纯从身体活动本身来认识体育是狭隘的，应将体育融入人、自然和社会的宏观背景下来思考体育的本质。

（四）体育本质研究的哲学视角

近年来随着对体育本质的思考逐渐深入，人们逐渐开始通过哲学的视角审视体育问题，以期待寻找到体育本源，这也为今后研究体育本质开辟了一条新的路径。刘媛媛（2007）在《身体感性自由——体育本质新诠释》中从哲学的角度，通过时代背景、文化环境、理论支柱及方法论四方面探讨体育本质，较为突破性地提出了“体育的核心应是对人类自由的追求”的哲学论断。刘桂海（2011）在《回答：体育本质是什么》中指出，“我们对体育的本质再探究，要在元理论层面上展开，进行元分析。”马德浩（2011）在《解释学视域下的体育本质》中，从解释学的角度论述了体育的四个基本维度，并认为只有紧紧抓住身体、感性、超越以及非生产性这四个维度，并结合特定的情景对体育进行不断描述和解释，才能真正地理解体育的本质。他在文中还强调，“体育作为一种鲜活的、动态的事物，无法对其进行终性定义。”因此，他认为体育的本质研究，可以更多地从哲学视角阐发，从解释学的理论视角，尝试性解释和描述什么是体育的本质，这样才能进一步接近体育的本质，加深对体育本质的认识。

（五）关于体育本质研究存在问题的研究综述

部分学者对于“体育本质研究”本身存在的问题进行了剖析。唐炎、宋会君（2004）在《体育本质新论》中指出，健康不应作为学校体育的唯一目标。健康的标准随着社会的发展而动态演进，仅从健康的角度分析体育的本质，是具有历史局限性的，这也不足以彰显体育对人的重要价值。王春燕、潘绍伟（2006）在《体育为何而存在？——20世纪80年代以来我国体育本质研究综述》中指出，要想深入和全面地理解体育的本质问题，研究的重点与核心应放在体育缘何产生，厘清体育自身的发展脉络和今后体育的演进和发展趋势。张晓义、巩凌（2008）在《体育本质研究存在的问题》中指出，多数关于体育本质的研究论述，只是围绕“什么是本质，什么是体育本质属性，体育本质的重要性”等问题展开，同时，往往是总结归纳前人研究或对观点相左的研究的批判，无法让人真正了解“何为体育的本质”。郑先常（2013）在《体育的本质及体育整体观的建立》中指出，目前人们对于体育的研究和理解内容丰富，但逐渐脱离了体育真正的内涵去讨论其多方面属性，应以发展性和批判性的思考方式去理解体育本质。

二、关于学校体育本质的研究综述

陈宁（1988）强调“只有从教育和体育之间的联系中，才能科学地揭示出学校体育的本质特点。”在分析学校体育本质过程中，他进一步强调，体育的根本特点，主要是发展学生的身体，增强他们的体质，这便是学校体育的直接目的。然而，把体育的目的仅仅局限于身体发展上是不全面的。

李桂玲（2004）在《学校体育本质论》中指出，学校体育及其研究是实践人们体育活动和总结其运动规律的一门学问。因此，无论是学校体育还是学校教育，其本质核心都应该是围绕“人”进行研究，关注人自身的主观能动性，并确立以人为中心的学校体育教育理念。

张洪潭（2008）在《从体育本质看体育教学》中强调，“体育教学”是体育与教育两大系统的交叉产物，应同时符合两大学科系统或社会领域的基本特点及特殊要求。因此，他得出结论，“体育其事不外乎是：旨在强化体能的非生产性肢体活动。”

陈红新、朱玉娟（2008）在《学校体育本质功能再认识》中指出，我们应当把学校体育研究放在“学校体育本身真正应该干什么”上面，无限地扩大学校体育的影响范围，会遮蔽学校体育的真正作用，而“育人”才是学校体育的本质，其本质功能应该是将“育体”和“育心”相结合。

三、关于学校体育规律的研究综述

20 世纪 30 年代，袁敦礼、吴蕴瑞（1933）所著的《体育原理》，作为我国第一部体育原理著作，虽然较为清楚地论述了“何谓原理”的问题，但并未真正提炼出体育原理，也没有体育规律方面的内容。方万邦（1933）《体育原理》当中论述了“使用律、失用律、效果律”的学习“三律”，强调了“学习律”在体育中的应用，但未提出体育的规律。50 年代，苏联体育理论提到了体育规律问题。库库什金认为“体育教育理论研究作为社会现象的体育教育的客观规律，分析体育教育的过程”，但当时并未引起理论界足够重视。凯里舍夫在原北京体育学院 1955 和 1956 年两次出版的讲义《苏联体育教育理论》所讲到的规律，是以巴甫洛夫高级神经活动学说为理论依据的动作技能形成的规律，这在当时揭开了对体育规律的研究序幕，具有重要历史意义。60 年代，我国把增强人民体质作为体育的第一任务，但并没有明确增强体质的规律是什么。1965 年出版的《体育理论》教材，提出要“更深刻、更完整地揭示出体育遵循的客观规律”，并且进一步认识到“只有遵循马克思列宁主义的立场观点和方法，才能正确认识体育的客观规律”。这个时期已经认识到体育规律对于研究的重要性了。80 年代，对体育教学规律的研究进一步深入，同时加强了对体育锻炼规律的研究，提出了三条体育锻炼的理论依据：锻炼过程的新陈代谢理论，运动负荷的价值阈理论，人体适应环境能力的动态平衡理论。以上研究都为今天研究体育规律奠定了基础。

李习友（1982）在《探索客观规律，搞好学校体育》中关于学校体育工作要按照客观规律办事，阐述了四个必须：必须摆正德、智、体三育的关系，实行“三育”并重；必须坚持普及和提高相结合，做到统筹兼顾；必须正确处理体育和经济的关系，提倡从实际出发；必须采用科学方法，强调有的放矢（强调按照学生身心发展规律和遵循教学训练的规律）。夏峰（1982）在《总结经验，探索规律，创建有中国特色的学校体育体系》中阐述了学校体育研究前提的五个观点：要有实事求是的观点；要有系统的观点；要有辩证的观点；要有历史的观点；要有实践的观点。周国跃（1983）在《加强教育科学研究探索体育教学规律》中针对学校体育教学存在的即以学习动作技术为主，还是以锻炼身体素质为主的问题上，指出要加强教育科学的研究，探索体育教学的规律，争取建立一个符合我国学校和学生特点的教学体系。董众鸣（1993）在《两个体育规律的差异》中提出，体育过程有两个规律：一个是知识技能形成的规律；一个是体质强弱变化的规律。前者主要是运动教学沿用的规律，后者主要是增强体质遵循的规律；前者是以巴氏条件反射学说为基础，后者是以生物学的新陈代谢为机理，两者的科学原理各有不同，用途各异。龚正伟（1995）曾在《按健身教育的规律办体育的事——谈学校体育改革》中指出，本质是事物内涵的起决定性作用的（对该事物的存在和发展起决定作用）因素，它是单纯的，不可能两个或几个因素在同一时间和空间起决定性作用，这是我们认识和把握体育规律的思想基础。关于体育规律的具体操作，龚正伟指出两方面内容：一方面，增强体质教育（体育）内部的改革和建设；另一方面，强调与外部临界关系的协调（加强体质教育和运动文化娱乐竞技之间相互补充作用）。龚正伟（1995）在《把握规律，深化学校体育改革》中指出，运动竞技的规律就是：运动技术——人体（技术的依托）——运动技术（提高了运动技术）。同时，应从以下两方面进行学校体育规律的实践：第一，注重内部潜力的挖掘。（以增强学生体质为中心的学校体育包括教师、学生、教材和教学手段四种要素，内部潜力挖掘就是在这几个方面的深入与发展。）第二，加强内外环节的协同（学校体育与运动竞技互补；体育与卫生互补；知识的内在协同）。毕立新、梁保才（2003）在《对学校体育教学规律的研究》中分析并阐述了体育教学区别于其他学科教学的认识规律：1. 掌握动作技术与提高体能的同步性规律；2. 教材高度重复性规律；3. 体力、智力发展的全面性规律。葛春林、唐建军等（2007）在《教育规律与体育规律及其关系》中总结了四类体育本质的学说：教育说；社会文化说；双重属性说；身体活动说。他指出，“体育规律是指体育所固有的本质的必然的联系”，指出体育事业发展过程中的基本规律是：体育事业发展规律；群众体育的普及规律；竞技体育的制胜规律；体育产业的运作规律以及学校体育的适应学生身心发展规律。阐述了在一般教学规律和体育教学规律的关系上，体育教学规律包含在一般教学规律中，但体育教学有自身特殊的教学规律，技能发展和身体健康促进方面的教学规律。王玫（2010）在《中国学校体育百年发展经验与规律的模式研究》中指出，只有全面、细致地了解我国学校体育发展的全过程，才可以提出关于我国学校体育发展的具有客观性和普遍性的科学结论。

通过以上文献的整理和综述分析可以看出，文章大都强调了研究学校体育规律对于学校体育工作的重要性和必要性，但能够系统地提炼出学校体育规律的研究少之又少。当前，关于我国学校体育发展历史经验与规律的研究缺乏系统性和科学性。现阶段我国学校体育改革发展的研究都没有结合学校体育发展的历史经验和规律来论述，这就造成了我国学校体育改革发展的研究与学校体育发展的历史经验和规律研究相脱节的局面。学校体育规律的研究能够为学校体育实践和改革奠定方法论基础，使学校体育理论能更好地发挥对体育实践的指导作用。学校体育实践中出现的种种问题，都同对学校体育规律认识和掌握的正确与否密切相关，研究学校体育规律是解决学校体育实际问题的关键所在。本研究尝试在前人研究的基础上，进一步总结、提炼并揭示学校体育的教学规律、锻炼规律、养护规律和人性修炼规律，以期能够有效指导学校体育工作，深化学校体育改革，促进学校体育科学化发展。

第二节　关于青少年体育素养的本质研究

《国家中长期教育改革和发展规划纲要（2010－2020年）》指出：当今中国的教育，要“提高国民素质、培养创新人才”。我国自20世纪80年代开始研究素质教育，学校教育中体育教学的目标主要是培养学生的体育素养，体育素养是构成国民素质的重要部分。教育部2002年关于《全国普通高等学校体育课程教学指导纲要》文件出台，明确指出高校体育教学的主要目的是提升在校大学生体育素养水平。从此，体育素养的研究达到了一个新的高度。目前关于体育素养的研究主要集中于以下几个方面：

一、“体育素养”概念的解析

目前，有关体育素养方面的研究有不同提法，对体育素养概念的界定也存在不同观点，始终没有形成统一的结论。

冯古首、王勇慧认为，体育素养是个人在体育活动中所表现出来的所有体育行为、品质及个性的综合，体育素养的基本内容包括：运动常识、运动技术、运动参与意念、运动特征、运动品行及运动行为六个方面。陈雁飞等表示，体育文化水平基本可以反映人的体育素养，即指人们平时所具备的体育知识储备、价值观念及体育技能，主要包括：运动意识，体育活动参与意向，简单运动常识以及从事运动健身、肢体活动与赏析竞技比赛水平等方面。曾旭升等认为，体育素养是指在体育方面一个人所表现出来的修养，综合起来应包括四个方面：健康常识、体育意识、运动技能及身体条件。史晓亮、车小辉等认为，体育素养是其他素质发展的基础，体育素养包括体育锻炼的习惯、爱好、身体素质、智力、情商，健康的心理，健身处方以及对体育“三基”（基础知识、基本技术、基本技能）掌握等等。

综合以上研究观点，体育素养就是人的各种体育精神要素及其品质的整体，也可以理解为一个人在体育活动中的道德品行，主要包括：运动常识、运动技术、运动参与意念、运动特征、运动品行、运动行为，体育品行，健康状况等方面。体育素养的培养是一个长期的过程，通过不断积累体育科学基础知识，在体育活动中熏陶情感，培养良好的体育道德品质，为终身体育奠定基础。

二、青少年体育素养的组成结构及要素研究

目前，对于青少年体育素养的组成结构及要素，学界还没有进行针对性地阐述，许多学者从不同视角进行过研究，但都不全面。

秦翠萍、赵勇在《论体育文化素养》中提到青少年体育文化素养构成要素既是相对独立的，又是相互联系的。理论科学知识是基础，运动兴趣是动力，运动技术学习是重点，个性运动特征是关键，参与活动品行是灵魂，体育行为是目标。万国华、廖慧平及杨小勇在《论大学生体育素养的培养》中指出，从满足终身体育需要出发，青少年应具备的基本体育素养包括五个方面的内容：科学锻炼理论常识、运动技术掌握水平、体育参与意念、吃苦耐劳精神及运动习惯。吴隆媛在其论述中总结，青少年体育素养评价指标体系的构建以及身体锻炼行为的塑造需要以终身体育参与为重点，关注于促进身心健康所必需的体育涵养的提升，包括：身体健康理念、运动常识、体育技术储备及身体素质水平。

总而言之，这些观点为青少年体育素养组成结构研究提供了开拓的视野，为青少年体育素养的理论研究奠定了基础，但是各位学者提出的观点大体相似，比较宽泛，还缺乏高度的凝练总结。

三、体育素养培养目标及评价体系的构建研究

青少年体育素养评价是青少年体育评价体系中的最低级指标，因为青少年体育素养水平能够反映青少年从事运动锻炼的效果，而以前对青少年体育素养的评估只重视运动能力、运动技术，存在一定的局限性。探索构建适应现代社会的青少年体育素养评价指标，将青少年的运动意向、运动情趣，运动习惯、运动兴趣，坚持锻炼毅力，及参与能力融入评价体系，从根本上提升青少年的体育素养，提高青少年体育锻炼的效果。

我国开展青少年体育素养研究较早，虽然在一些方面的研究有一定的深度，但是在青少年体育素养评价方面的研究仍缺乏自己的特色。关于青少年体育素养评价体系构建问题，唐静萍认为，首先，满足心理需要和注重发展过程相结合；其次，显性、隐性相结合；最后，过程与结果、起点与进步相结合。根据《全国普通高等学校体育课程教学指导纲要》的要求，结合“健康第一”“终身体育”的指导思想，青少年体育素养评价指标体系主要由几个方面构成：参与运动态度、兴趣与习惯，运动常识，技能运用熟练程度，体能储备与遗传身体素质，身心调整与环境应对能力，体育文化水平。

余文斌认为，学校体育既是青少年体育素养培养的初始阶段，也是青少年体育素养培养的主要场所，作为学校体育的主要负责单位应尽快完善学校体育评价体系。所谓学校体育评价体系，就是把学校体育当成是一个完整的系统工程，将学校体育的所有内容综合起来进行总体评价。设置符合实际的体育素养评价评价指标，建立显性与隐形互补的评价指标，在实际运行中将显性与隐性、结果与过程、起点与进步综合起来进行考虑，有侧重地对青少年体育素养进行评判，有事实依据地提升青少年体育素养，促进青少年体育锻炼的发展。在终身体育思想的指导下设计出来的青少年体育素养评价内容包括：运动参与兴趣、运动习惯养成、运动知识把握、运动技能掌握程度，卫生保健常识，身心自我评价能力，体育能力，健康水平。这一体系符合《全民健身计划纲要》要求，同时从总体上对青少年体育素养做了全面、科学的综合评价。

陈琦在《学生体育素养的评价》中提出，终身体育运动思潮为校内体育检测带来了一个全新的平台与空间，打破前人以运动技能、身体能力为主要内容的评价方式，把运动兴趣、运动积极性、终身运动意念，体育个性及自身身体素质水平融入青少年体育素养评判模式中去，建立可测的显性指标与隐性指标互补的青少年体育素养评价模式，实际实施中将显性指标与隐性指标、过程与结果、起点与进步结合起来权衡比重，针对不同年龄段和不同身体素质学生体育素养评判的指标和权重区别对待，以实际行动提升青少年体育锻炼的效果。杨文运、东明等通过对传统学生体育素养评价体系的分析，提出了构建新时期的学生体育素养评价体系，要从单一的运动技能评价或运动成绩评价向整体、综合评价转变，从学校的“应试体育”向“贯穿终身体育”转变，从以下方面构建符合新时代青少年体育素养要求的评价体系：运动兴趣、习惯，运动参与态度，运动技术熟练程度，运动追求理念，基础运动理论常识，运动潜质与体能储备，身心健康与环境适应。

综观各位学者对青少年体育素养评价指标体系的研究，其观点基本相同，青少年体育素养评价应遵循的原则大体相似，只是在评价指标方面略有不同。青少年体育素养评价体系改革与创新的关键是要解决指导思想问题。对青少年体育素养的评估应在明确运动健身的价值，不同人群身体素质和运动能力的差异，健康生活所必需的体育诉求和开展健身活动能力的基础上，将运动达标的考核重点转移到终身锻炼意识养成，运动参与习惯形成，体育能力和体育修养塑造等方面，要把青少年的体育倾向、兴趣、习惯和能力作为评价指标。结合“健康第一”、“终身体育”的思想，可以从以上几个方面，构建青少年体育素养评价指标体系。

第三节　关于青少年体能训练的国内外研究

随着人们生活水平的不断提高，训练方法、训练理念的不断发展，致使运动水平不断提高，这对于青少年的身体机能提出了更高的要求，如何采用高效率、低风险的训练方法进行训练成了体育教练比较头疼的问题。青少年时期作为打基础的重要时期，很多素质在这一身体敏感期内快速发展，青少年时期训练的好坏直接影响今后的发展。因此，本研究通过查阅、分析大量国内外有关青少年体能训练的文献，深入了解青少年体能训练的发展现状，并对训练过程中存在的相关问题进行分析、总结，希望对青少年体能训练提供一定的参考，为不断提高青少年的体能水平和运动成绩提供理论指导。

一、国内、外专家对于体能训练概念的理解

“体能”这一概念自20世纪80年代中后期引入中国以后，引发了学术界的长期争论，各位学者站在不同立场，多角度、全方位地对“体能”一词进行了深刻的解读。

1984年版《体育词典》，1992年版《现代汉语词典》及新的《体育与健康课程标准》对于“体能”一词做出了一致的解释，只是在其外延上随着时间的推移更加丰富，认为体能是人体各器官、系统的机能在体育活动中所能表现出来的运动能力。前两者涉及的外延主要包括基本的身体素质（例如力量、耐力、速度、协调、柔韧、灵敏等）和人体的基本运动能力（走、跑、跳、投、攀爬等）。新的体育课课程标准对体能进行了分类：一类是与健康有关的体能，包括心肺耐力、肌肉耐力、身体成分、柔韧性等；另一类是与运动有关的体能，包括力量、速度、耐力、协调、灵敏等。

国内学者田麦久在《运动训练学》一书中，从运动训练学的角度对体能的概念进行了阐述。他认为：体能是运动员的基本运动能力，是运动员竞技能力的重要组成部分。广义的体能包括身体形态、身体机能和身体素质这三方面的内容，狭义的体能通常指运动员身体素质的能力，包括先天遗传的身体素质，以及经后天训练之后所具备的在专项运动中表现出来的身体素质。

港、澳、台地区的学者多用“体适能”来代替体能这个概念，钟博光在

所著的《Keep Fit》一书中详细地阐述了体适能的概念。体适能，即人体对于外界运动环境的适应能力，一方面是与健康密切有关的体适能，它主要是满足人体基本的运动能力；另一方面是与竞技相关的体适能，它更多还是经过后天的训练所具备的专项运动能力。这种分类跟《体育与健康课程标准》的分类基本相似，而且两者所包含的外延也比较一致。

德国著名训练学专家 Hartman 认为：体能是以有机体能量代谢为基础，通过神经——肌肉系统所表现出来的运动能力。他更多地站在生理生化的角度进行阐述，认为运动员体能水平的高低主要取决于他在运动过程中能量供给、转移和利用的速率。学者拉森（Larson）则是从生活和结构两个方面对体能进行定义：就生活方面来说，体能是有机体适应生活能力、工作能力或者是抵抗疾病的能力；从结构方面来说，体能包括身体形态、身体机能以及运动能力这三方面的内容。美国学者斯坦豪则从精神和肉体上对体能进行定义，认为体能是人体在精神上和肉体上的适应性，包括身体健康，机体功能的适应以及良好的精神状态等。苏联的马特维耶夫、普拉托诺夫，加拿大的博姆帕以及西方的一些学者在其著作中都表述了有关身体训练的观点，认为身体（素质）训练是通过一定的手段方法直接提高运动素质的过程，这些运动素质包括力量、速度、耐力等，是运动训练的重要组成部分，对运动水平提高有促进作用。

通过查阅有关体能概念的文献可以发现，目前对于体能概念的研究，国内的大多数学者侧重于竞技体育方面，而国外的学者侧重于身体健康。出现这样的原因，一方面是因为国内体育制度，以及对于体育的重视程度，我国对于竞技体育的重视程度要比其它国家高，而且对于竞技体育的投入也比群众体育多，相对于国外而言，国内的学者将更多的精力集中在了竞技体育这一领域；另一方面由于收入水平、生活压力的原因，中国人对于健康的关注程度要低一些，人们对于运动健身的投资精力有限。

以上各位学者结合自己所研究的方向，从不同角度对体能这一概念进行了理解和表述，但还是没有形成定论。而且任何事物都是不断发展变化的，随着科学技术的进步，人们对于事物的认识也在不断地加深，因此体能的概念也会随着人们认识程度的加深而不断完善。在广泛阅读和深刻理解的基础上，综合国内外专家学者的研究，本研究对体能概念定义为：体能是人体在先天遗传因素的基础上，通过后天有效的运动训练而获得的在身体形态、身体机能、身体素质和身体健康等方面表现出来的一种综合性的能力。

二、身体素质的概念、内容

（一）身体素质的概念

身体素质作为人体生命过程中独特的概念，它早被定义为：个体生物学特征的总和。随着社会的不断发展，人们对于人类身体素质学的认识不断深入，使身体素质学科的发展逐步完善。当前人们对身体素质的定义为：在遗传性和获得性基础上表现出来的人体形态结构、生理功能和心理因素的综合的、相对稳定的特征。

（二）身体素质的内容

身体素质作为一个综合性概念，它的研究范畴比较宽泛，主要包括身体形态、身体功能、身体素质以及心理因素等方面的内容，个体身体素质的好坏是由上述内容综合影响的结果。

身体形态反映个体生长发育情况，主要包括身高、体重等形态学指标。身体功能指人体各器官、系统的新陈代谢能力。身体素质主要指运动素质，即在人体基本的走、跑、跳、投等运动中所涉及的力量、速度、耐力、协调、灵敏等。心理因素则是对个体情感、意志、认知等方面的综合评价。

（三）身体素质跟体能的关系

身体素质作为体能的上层概念，它所涉及的内容要比体能更广泛，体能这一概念的提出在一定程度上是对身体素质概念的进一步引申。体能主要侧重身体功能和身体素质，尤其是在运动过程中表现出的能力。

三、国内外青少年体能训练的研究现状

通过中国知网学术搜索平台，以“中小学生”或“青少年”作为检索词在篇名里面进行检索，同时以“体能训练”或“体能水平”作为检索词，在期刊论文数据库的文章摘要中进行中文检索，检索时间范围是 1979 年至 2014 年 2 月 26 日，一共检索到 73 篇论文。以同样的方法对博硕士论文库进

行检索，一共检索到21篇论文；通过将篇名限定为“运动员”，同时以“体能训练”或“体能水平”作为检索词在文章的摘要中进行中文检索，检索的时间范围是1979年至2014年2月26日，一共检索文献551篇。以同样的方法对博硕士论文库进行检索，一共检索到153篇论文；通过将篇名限定为“青少年运动员”，同时以“体能训练”或“体能水平”作为检索词，在文章的摘要中进行中文检索，检索的时间范围是1979年至2014年2月26日，一共检索10篇论文。以同样的方法对博硕士论文库进行检索，一共检索到1篇论文。通过对比三次检索文献的数量发现：学者对于成年运动员体能训练的研究很多，对于青少年运动员的研究相对较少，对于普通青少年学生的研究更少。

通过对筛选出来的69篇论文进行分析发现，按照运动项目来进行分类，学者对于青少年体能训练的关注点主要集中在篮球（20篇）、田径（13篇）、足球（12篇）、网球（4篇），以及其它的一些项目，如：散打、排球、赛艇、拳击等。按照学者对体能研究的内容进行分类，主要集中在体能训练方法和训练手段的研究，体能的评价指标和测试手段的研究，体能训练的研究现状，体能训练的作用，体能训练过程中的生理生化监控以及体能跟技术、战术、心理的相关性研究等。通过上述分析可以发现，学者对于体能研究所涉猎范围比较广泛，但是并没有针对某一专项进行系统的、深入的研究。因此，如何把所有运动专项进行细致的、深入的研究，还需要更多的学者长期不断地努力。

以“adolescents ”或者“adolescents athletes ”作为检索词在中国知网学术搜索平台进行外文检索，同时以“physical training”作为检索词在文章摘要中进行外文检索，检索的时间范围是1915年至2014年2月26日，在EBSCO数据库中检索到20篇文献，以同样的检索方式在SciVerse数据库中检索到84篇论文，1篇学术著作。根据本书研究的重点，就以上检索到的外文文献进行筛选，并结合自己的实际情况后，只是认真阅读了其中30篇。通过对这些论文的分析、整理，发现国外对于青少年的研究也是相对比较少的。在这些文章中学者们主要是从以下几个方面进行研究：

第一，不同形式的体能训练对于改善各种疾病有一定的治疗效果。例如：Shohreh Ghatrehsamani 等人通过采用不同的训练方式对于肥胖人群进行训练，通过 BMI 这个指标来评判训练的成效。Zorba 等人从生理生化的角度来验证体能训练对于改善肥胖青少年的身体状况以及血脂、血清胰岛素水平。Nayera El – morsi Hassan1 等人则是从饮食和身体活动两个角度来研究两者对肥胖女青年身体成分和脂肪分布的影响。Laurent Ballaz 等人通过在水中进行训练，来提高脑瘫青少年患者的步态效率。Heidi I? Stanish 通过有氧训练、力量训练和牵伸训练等方法来提高智障儿童的步行能力，改善身体 BMI 的水平。Mert Tunar 则通过瑜伽练习发现一定量的体育活动并不能改善 1 型糖尿病青少年的代谢水平，但是对于孩子的物理性能有积极的影响，通过 12 周瑜伽训练，使得他们垂直起跳的成绩和身体的灵敏性有一定的提高。

第二，体能训练对于提高青少年的身体组成，改善运动能力有一定的作用。

Carlosa 'Lvarez – Sanemeterio 等人通过为期三个月的不涉及风险的力量训练发现，这对于提高生长发育期青少年高山滑雪运动员的腿部力量，肌肉百分比以及第 L2 – L4 腰椎的骨密度有明显的效果。G. Baquet 等人通过为期 10 周的高强度有氧训练，不仅提高了青少年的有氧能力，还提高了青少年立定跳远的成绩。

第三，运动过程中的损伤预防和控制。据有关报道，正常的学龄儿童发生运动性哮喘的概率占 8 – 10%，其中约 35% 的儿童患有哮喘。体育和健身活动虽然无法改善哮喘，但是它可以改善患有哮喘儿童的健康和提高他们的生活质量。Kai – Ha 和 kon Carlsen 等人全面地分析运动性哮喘的作用机制包括在身体练习时气流的增加导致水分和热量的散失，而青少年运动员哮喘发生的机制包括呼吸道上皮细胞损伤，副交感神经兴奋性增加和呼吸道炎症，它们延长了呼吸道修复的时间。与此同时，作者还讨论了运动性哮喘的诊断以及青少年运动员哮喘的治疗方法。Cordelia W Carter 和 Lyle J Micheli 通过查阅前人的研究，对青少年在运动过程中发生的损伤进行了系统的总结：虽然全世界孩子和青少年参加有组织的体育运动的次数正在增加，但是现在青年人的体能水平要比十年前要差一些。在体育活动中，运动项目的危险性和准备活动的不充分，是导致青年人群发生急性和慢性运动损伤的主要原因，他们指出体能水平不足除了带来不好的危害之外，还是增加运动损伤的危险系数。

通过对比国内外的研究发现，学者对于青少年运动员或者青少年关于体能训练的研究相对较少，人们更多的还是将研究的重点集中在成年人或者老年人身上。目前，对于青少年的研究，国内学者的关注点更多地集中在竞技体育，而国外专家则是集中在大众健身领域，而且对一些相关问题的认识，学者并没有达成一致的意见，可见对于青少年的研究还需要更多的学者不断探索，为改善青少年的体能训练水平，提高身体健康水平提供一定的理论依据和技术指导。

四、青少年时期生长发育特点

（一）运动系统的特点

青少年时期，人体骨骼处于快速生长期，对于这个时期的骨组织来说，软骨组织含量丰富，骨组织中含有的水分和有机物，无机物相对较少，钙化程度较低，因此，这一时期骨骼的弹性较大，能够发生较大幅度的改变，这些生长发育特点有利于发展学生的柔韧素质。青少年虽然在关节结构上跟成年人基本相同，但是由于关节软骨较厚而关节囊比较薄，周围的韧带薄且松弛，肌肉比较细长，因此灵活性和柔韧性比较好，稳定性比较差。由于骨质较为疏松，硬度较小，韧性较大，在外力作用下不易发生骨折，但是长期的重力和外力作用下容易发生骨的弯曲变形，甚至骨的脱位。鉴于这一时期青少年的生理特点，我们应该重视柔韧素质的发展，在训练过程中重视保持正确的姿势，防止局部受力过多造成的运动损伤，并且在进行运动训练时注意纠正错误的动作模式，比如说膝关节内扣、内外八字及膝盖超过脚尖等，防止形成错误的动作模式。

（二）神经系统的特点

青少年时期，人的大脑皮质神经系统的兴奋和抑制过程不均衡，神经过程的兴奋性较高，神经细胞代谢旺盛，这样的生理特点使得青少年运动员活泼好动，注意力不够集中，练习时容易出现多余动作或动作不准确的现象，并且容易产生疲劳，但是由于机体物质代谢比较旺盛，合成迅速，因此疲劳消退也很快。根据上述神经系统的特点，在进行训练时要注意劳逸结合，以保证运动员身体的及时恢复，训练的内容应多样化，避免因为枯燥无味而降低运动员的学习兴趣，训练的过程中应该多示范、少讲解，重视激励的作用。

（三）心血管系统的特点

青少年时期，人的身体发育不够完善，心肌纤维交织松弛，弹性成分较少，导致心脏的收缩力量较小，心脏泵血能力较弱，每搏输出量和每分输出量较少。青少年新陈代谢旺盛，交感神经兴奋性占主要优势，因而心率较快。青少年时期动脉血管和毛细血管口径较宽，心脏收缩力较小，每搏输出量较少，所以血压较低，但是到了青春发育期后，心脏的发育速度明显超过血管，以及受到内分泌功能的影响，这一时期的运动员血压明显升高，出现“青春期高血压”。根据上述青少年时期心血管系统的特点，在进行运动训练时，应该注意减少青少年运动强度和运动量，避免过多的憋气和静力性动作，防止胸内压和腹压突然降低，导致大量血液流入心脏，使心脏过度充盈，增加心脏负担。

（四）呼吸系统的特点

青少年由于胸廓比较狭小，呼吸道狭窄，呼吸肌力量较弱，呼吸比较表浅，因此肺活量较小，呼吸频率较快。青少年的呼吸肌力量较弱，呼吸调节机制还不够完善，因此，在进行剧烈运动时，主要是通过增加呼吸的频率来增加肺通气量，而不是像成年人那样通过增加呼吸的深度来增加肺通气量。鉴于以上呼吸系统的特点，在进行运动训练时，要提醒青少年采用鼻子呼吸或者口鼻同时呼吸的正确呼吸方式，注意动作和呼吸之间的协调配合，有意识地加大呼吸的深度。

五、体能训练对于青少年学生的影响

（一）青少年体能训练可以促进身体健康

健康是学生进行正常学习生活的必要条件，良好的健康状况是取得优异学习成绩的重要保障。体能训练可以有效地提高青少年运动员的身体机能，如心血管系统、呼吸系统、循环系统等，与此同时，还能增强其骨骼、肌肉、肌腱及韧带等运动器官的功能。通过体能训练，能使青少年学生克服人体的生理惰性，提高新陈代谢，增强对于外界环境的适应能力和抵抗各种疾病的能力，进而促进学生身体健康发展。

（二）青少年体能训练能够促进学生身体素质的全面发展

青少年时期正处于身体素质发展的敏感期，如果抓住各项身体素质发展的黄金时期进行训练，那么能够起到事半功倍的效果，使青少年增强对于外界环境的适应，有效地改善人体各器官、系统的机能，促进身体素质的全面发展。任何一项运动素质都有快速增长的阶段，如果错过了最佳的增长阶段进行训练，那么在以后的训练中提升的幅度比较有限，因此，在青少年时期，一定要重视体能训练，特别是针对身体素质敏感期内的体能训练，一定要认真对待。

六、青少年体能训练的原则

（一）系统性原则

系统性原则是指从开始从事训练起，到终结为止的这一过程中，按照人体对训练负荷的生物适应性规律，循序渐进地组织运动训练的原则。系统的持续训练是理想训练效果取得的必要条件，人体对于运动负荷的适应性改变尤其是中枢神经系统功能的改变，不是在短时间就能奏效的，它需要通过人体自身的各个系统、器官、肌肉甚至于每个细胞的变化逐步实现。由于人体在不同时期生长发育的速度不是均衡的，在青少年阶段，各项运动素质往往会出现一个快速的增长期，在此期间，应该系统地安排相应的体能训练内容、计划，充分发展各项身体素质，为提高运动成绩打下良好的基础。

（二）全面性原则

全面性原则是指在发展专项运动技能之前，全面发展人体在运动过程中所需要的各项身体素质，提高身体的机能水平，促进专项成绩的发展。青少年身体素质的发展，不仅需要全面发展的运动素质，还需要良好的身体机能，两者是基本的前提和保障。自然界中任何事物都存在着既相互依存又相互独立的唯物辩证关系，在一定条件下，它们是普遍联系、共同发展的。与此同时，“木桶原理”的经验也告诉人们，人体健康水平的提高，需要身体各项素质全方位地发展。

（三）周期性原则

周期性原则是指根据人体竞技能力的变化规律，竞赛的时间安排以及人体运动状态的起伏变化，周期性地组织运动训练的原则。物质的周期性运动规律告诉人们事物的发生、发展都是周而复始，每一个新的运动周期都是在原有基础上不断提高的，运动训练也应该符合这样的道理。人体竞技能力的提高在一定程度上表现出周期性的变化特点，一定量的负荷刺激，导致机体因能量消耗产生疲劳，然后通过一定的方法、手段进行恢复，达到甚至超过先前的水平，这样就使人体产生对这一负荷的适应，提高运动能力，在此基础上不断循环往复，不断引起人体的适应性变化。此外，长期的运动训练会导致运动员生理机能和心理的疲劳，不可能长时间地保持良好的运动状态，需要通过一段时间来进行休息，逐步恢复到先前的水平，因此，在进行体能训练时，要结合竞赛安排的时间，周期性地、合理地安排训练。

（四）适宜负荷原则

适宜负荷原则是指根据人体机能的适应性变化规律和人的身体的实际情况，为了提高竞技运动能力，在训练过程中给予机体相应的负荷刺激，以取得一定训练效果的训练原则。由于人体只有在接受适宜的运动负荷刺激时，才能产生生物适应现象，过大的运动负荷刺激往往会超出运动员的生理、心理承受能力，使得运动员在生理和心理上产生消极的效果，导致运动能力下降；如果训练过程中给予的负荷刺激过小，就不能有效地刺激机体，因此运动成绩的提高幅度比较有限。青少年正处于生长发育的黄金时期，因此需要科学地监控每天的负荷情况，合理地安排运动训练，保证体能训练对于机体的良性刺激。

（五）区别对待原则

区别对待原则是指在运动训练中，由于每个学生的训练状态、运动专项、训练任务、训练条件以及性别的不同，在组织训练过程中区别安排各自训练的原则。在体能训练时，针对学生的个体差异实施区别对待原则，是训练过程中应当遵循的重要原则之一，学生体能训练的累积效应，需要通过其机能的适应性变化得以表现，然而每位学生的生理和心理情况，生长发育特点，技、战术能力以及智力水平各不相同，要想取得理想的训练效果，需要在训练过程中，根据运动员的特点区别对待。

第四节　青少年体育素养的构成要素

一、青少年身体素养深刻解读

学校教育是青少年成长阶段至关重要的环节，而学校教育又肩负着培养青少年良好的体育素养的职责。提升我国青少年的体育文化素养是顺应现代教育由应试教育向素质教育转变的一个必要过程。体育对于全面提升青少年的体育素养有着不可替代的作用，培养、提高青少年的体育素养，不但能够塑造他们健康的身体，而且还能够有促进学校素质教育的全面实施，为学校体育文化的传承夯实基础，促进青少年的整体发展。现代社会新教育的发展，为学校体育赋予新的历史使命，体育在培养青少年的综合素质，净化心灵、启迪智慧，树立正确的世界观、人生观与价值观的过程中占有重要的地位。青少年是祖国的未来，青少年体育素养的提高能使他们具有顽强的拼搏精神和坚韧不拔的毅力，这不仅是将来适应复杂多变的社会所必需的条件，更是实现国家富强的重要保证。

《辞海》对“素养”的释义是“持续修习而养成的涵养”，对“涵养”一词的释义是“身心方面所具有的内涵。”《现代汉语词典》对素养的释义是“日常的涵养表现”。结合各类词典的释解，可以将素养理解成是自我在日常生活当中不断积累所达到的水平或境界，伴随社会的不断发展，这种水平或境界是持续发展的，素养即是这种持续发展积淀的成果。素养随着后天的发展而持续提升，不仅包含道德品行内容，还包括人的综合素质，每个人都将在日常生活的积淀中形成一种属于自己的“可能生活”。可见，素养一词有两层含义，一是指人在某方面的修养，二是说这种修养是平时养成的。

冯古首、王勇慧等学者研究表示，体育素养是每个个体所有运动习惯、运动精神及运动行为等总和。体育素养主要涵盖的方面有运动常识，运动参与能力，运动中品行，运动中行为，运动兴趣、习惯，技能掌握程度以及个性体育特征等所有内容的综合。还有一些观点认为，体育素养就是体育知识掌握水平，它主要包括：体育意识（了解体育运动的目的和意义，体育参与的倾向性和身体需求），简单的运动常识，身体基本运动能力和运动基础，以及从事运动锻炼、身体活动与赏析体育比赛的能力等。

对体育素养内容的讨论曾有很多不同的说法，如体育文化涵养、身体素质、运动素养、运动素质等，这里既有重复的内容又有互补的内容，但都有各自不同的侧重点。体育文化涵养是人们通过日常的体育参与及体育文化学习，而表现出来的一种稳定的综合行为。身体素质是指人在社会活动中所需要的体育文化、体育心理、体育道德和人的体质的综合。

通过对以上观点的概括，可以看出体育素养是人们在先天遗传因素（生理方面）基础上，通过后天社会因素（精神因素、环境与体育教育）及其运动能力等品质综合而成的一种人所特有的运动素质。“体育文化素养”虽然注重了运动对人的文化方面的陶冶，却忽视了身体能力的增进。体育素质则更侧重于体质的发展，没有将精神层面的影响囊括其中。

总而言之，对于体育素养的理解主要以两个方面的内容为主：首先是身体，如体能、健康等；其次是精神，如拼搏精神、运动品行等。素养靠自我累积而成，精神确实是素养所不可缺少的体现，但真正的体育素养只能在身体活动中借助运动技术体现。张洪潭指出，体育素养是通过对运动技术的整体掌握和亲身实践而积累的结果。学生通过运动技术学习，提升体育技能水平，传承文化，改善体质，以及累积体育精神，即运动技术的学习过程也是体育素养的培养过程。

二、青少年体育素养的构成要素

（一）体育知识

体育知识包括运动解剖学知识，运动损伤学知识，基本的锻炼常识，体能储备要求常识和各单项运动技术与肌肉神经协调知识等，通过协调的体育运动过程表现出来。切实体会运动与体育保健知识对个人未来生活的重要意义，明确针对个人的健康状况选择适宜的运动项目，对体育保健知识、运动康复知识的掌握及运用情况，对国内外重大体育赛事和体育活动的竞赛规则的了解等，体育知识储备的多少意味着学生体育锻炼兴趣的高低，所以，针对青少年体育知识的普及不容小觑。学生通过体育教师对运动知识的普及，可以激起自身对运动参与的意识和对体育活动的兴趣，同时也能获得急需的运动指导，从而全面、深刻地理解体育活动的意义。体育教材的内容应符合新时代青少年健身的需求，为青少年体育锻炼提供必要支持。

（二）体育意识

体育意识可以理解为大众普遍的“体育的参与意识”，即人们在体育健身活动过程中所形成的对运动健身的理解和认识，以及在这个过程中所形成的所有思想理念和心理内容，其中包含对运动健身的体会，运动参与意愿，团结奋斗精神，奉献与效率意识和终身锻炼意念等。体育意识是人所具有的一种稳定的心理形态，它主要由情感、态度决定和运动涵养构成，由健身价值体会和运动氛围感悟两个因素所影响。体育意识引导体育参与的进行，没有运动意识导向，运动参与将无法进行。想要获得稳定的运动参与导向，就需要有全面的体育理论知识护航，以积极快乐的运动锻炼情感参与体育活动，树立“健康首位”的健身理念，将体育放在健康生活的首位。在体育意识形成的过程中，社会、学校及家庭对运动意识的习得有极其重要的作用，但重中之重还是学校体育教育。因此，学校要加强对学生运动意识的塑造，树立青少年热情的终身体育参与意识。

（三）体育行为

体育行为可以理解为在运动竞赛参与及运动锻炼过程中个人的综合表现，是所储备的体育文化知识在日常锻炼过程中的体现。长期从事身体锻炼的良好行为习惯，有规律地学习、生活的行为习惯，勇敢顽强的意志品质，体育活动中，认真、坚持到底的强烈责任心，沉着、冷静、果断、大胆、机智地解决问题等也是良好的体育表现。科学的锻炼行为可以改善青少年的体质状况，运动水平、运动品行的塑造和提升也以良好的体育行为为前提。对在校学生来讲，选择多项运动项目，发展专项运动能力，通过长期、细致的学习，形成特有的运动个性，发展特长的运动形式，塑造青少年良好的运动品行，这不仅与素质教育的灵魂不谋而合，而且也是整体增进青少年体育素养的主要要求。

（四）体质水平

体质即自身所具有的身体能力，是指人们在劳动和体育活动过程中神经、肌肉协调工作的能力。身体素质是在体育活动过程中，肌肉、骨骼、神经协调配合展现出来的能力，是体能、爆发力、关节活动程度、韧带弹性及神经系统配合的总称。体质水平主要表现在以下几个方面：一、体态。运动锻炼使身体各部位均匀成长，塑造了青少年大方、端庄及健硕的体魄。二、身体机能。运动锻炼能提升心、肺等内脏器官的运行状态，进而促使血液运输、气体交换、胃肠蠕动、新陈代谢的功能都达到优异状态。三、体质。体质即是评判运动锻炼能力的一个方面，也是运动参与的前提条件。四、机体疾病预防能力。运动锻炼可以改善机体的疾病抵抗能力和病中恢复能力。五、机体抗压能力。提升学生在日常生活当中的抗压能力，使他们可以游刃于长时间的不规律的体力、脑力学习及工作活动。进行体育锻炼需要具备一定的身体素质，即身体素质水平影响体育行为。科学合理的体育锻炼行为可以提高身体素质能力，同时促进体育技能的长远发展与提高。

（五）体育技能

体育技能是指“通过具体的专项技术动作实践所表现出来的肢体各部位协调配合的、复杂的身体操作形式，它是身体各部位肌肉、骨骼、神经相互配合的活动”。即人们在大脑意识的指挥下，借助于肢体活动来表现技术动作的行为方式。体育技能主要指学生从事走、跑、跳、投等基本运动的能力，包括肢体活动技能，转向运动锻炼技能，身心休闲娱乐技能，体育美感赏析技能等。科学掌握体育运动技术，选择适宜的运动形式，不仅可以改善学生的健康状况、促进生长发育，也可以让学生体育运动带来的快乐，学习更多的健身方式方法，储备更多的运动技能知识，为终身体育锻炼储备基础。重视学生的体育技术、能力的培养，达到身体终身受益的目的，是当前学校体育发展的方向。

（六）体育品德

体育品德指个人在体育锻炼过程中表现出来的良好的品行、修养，在运动锻炼过程中具有稳定的心理特征和心理倾向性表现，是社会道德的一个组成部分。它包括个体对不良运动品行的认识，对体育道德情操、体育道德意念和体育道德品行等的理解。体育活动的进行需要他人、集体的帮助和鼓励，协调一致、相互配合才能使相应的体育技能得到很好地提升，因此，团结友爱、互相帮助是青少年运动锻炼应有的道德风貌。

（七）体育个性

体育个性是运动参与者在锻炼过程中养成的，具有稳定性和个性倾向性的特殊心理表现，是个人有别于他人的特有的运动操守、心理面貌的全部呈现。具有区别于他人的倾向性（如爱好、兴趣等），特有的心理表现（如意志、性情等），运动意识、运动德行、活动展现和技能体现的是运动个性的主要体现内容。在学校的体育组织过程中，培养学生体育个性时要做到：强化思想品德教育；注重体育基础知识和基本技能的教育；教师能够善于识别不同体育个性，关注学生的体质差异，依据个人的运动爱好和运动需要，及时地鼓励、支持、尊重，培养与发展个人优势运动项目必需的心理技能与体质储备，完善专项技术动作及技、战术素养，培养学生的不同体育个性，形成独特的技术风格，同时注重个体体育品德的养成。学校体育的对象针对所有学生的体育教育，所以体育个性的塑造是必要的。

第五节　体育能力的分类

通过对大量文献的阅读和理解分析，以增强体育能力的指导意义为侧重点，结合当前大学体育教学课程和教学改革的实际，将体育能力的分类总结为七种，即体育自我锻炼能力，体育运动保健知识，体育自主创新能力，体育组织管理能力，体育适应能力，体育教育能力和终身体育意识能力。

一、体育自我锻炼能力

体育的自我锻炼能力是指能够熟练且合理地运用所掌握的体育知识和技能，有规律地进行科学有效锻炼的运动能力。

高校非体育专业师范生在进行公共体育选修课学习时，基本运动技能的掌握对学生进行自我体育锻炼非常重要，不但能运用正确规范的动作技术进行运动，避免错误运动带来的损伤，还能保证在学校学习期间的学习以及生活的需要，更是对走上工作岗位后自我进行锻炼有很重要的现实意义。合理的身体锻炼不仅能达到强身健体的效果，更能为工作提供健康的体质，还能有助于工作的顺利进行。在高校体育教学的过程中，培养师范生进行自我体育锻炼的能力是体育教学的需要，也是高校公共体育教学改革的一个重要课题。因此，培养高校非体育专业师范生的体育锻炼能力，对养成锻炼身体的习惯有着非常重要的意义。

二、体育运动保健能力

运动保健能力是指在运动时运用所掌握的保健理论知和方法，为运动中可能出现的损伤和心理障碍做出预防和保障，从而保证体育运动有效进行。

在学生进行体育活动中，或多或少的存在着安全隐患，如：运动疲劳、腰肌损伤及饮食卫生等，掌握运动保健知识，可以很有效地进行体育锻炼，促进全身的全面协调发展，并且在受伤的第一时间给出正确的解决方法，减轻身体痛苦。在当前大学生自我锻炼的意识中，自我保护意识比较薄弱，喜爱运动项目的锻炼方法和强度往往不能正确掌握，特别容易造成运动损伤。所以根本的方法应该在体育教学中加入运动保健知识的理论与方法，从而增强学生的体质，拥有健康的体魄，为我们国家社会主义建设做出贡献。

三、体育自主创新能力

体育自主创新能力是学生在进行体育活动的过程中产生新认识、新思想和创造新事物的能力。

培养学生的创新意识，有利于学生对事物的求知欲，在体育教学过程中通过不同的手段引导学生的思维进行发散性练习，有利于学生对体育活动中产生问题理性思考，发现自身的欠缺，对自身的全面发展进行全方位的思考，进而刺激学生创新意识的形成，培养体育创新能力。

四、体育组织管理能力

体育组织管理能力是在进行体育教学或体育活动的过程中对学生群体进行有效的组织和协调管理，完成教学或活动的能力。

在高校体育教学工作中，有意识地培养学生的组织协调和管理能力，可以促使学生在面对大型事件或突发事件时，能够有条不紊地解决问题，担负起组织管理的角色，从而保障学校体育运动有秩序进行。因此对于非体育专业的师范生而言，基本的体育组织能力是很重要的，将来担任教师后对提高中小学的学校体育工作以及阳光体育的实施是非常有效的。因为在中小学开展阳光体育的活动过程中，要调动队伍和组织学生，在这些方面，如果班主任和其他任课教师能够及时地给予帮助，就会有效地减轻体育教师的工作，从而为体育活动的开展提供更大的可行性和更多的可能性。

五、体育适应能力

体育适应能力是指学生在体育教学或体育活动中面对一些场地障碍或恶劣环境中出现的问题，为了解决困难而进行的心理上、生理上以及行为上的各种适应性的改变，与体育运动达到和谐状态的一种执行适应能力。

在高校公共体育教学中，应该积极引导和教育学生，面对不同的地理环境和场地器材时，能够因地制宜，充分利用所有的设施条件达到锻炼身体的效果。同时在教学中，教师应该教会学生在范围小且运动适宜的运动项目的锻炼方法，使学生能在有限的场地器材下合理地进行体育锻炼。

六、体育教育能力

体育教育能力是指用已获得的体育知识、技能和方法，去指导他人进行体育锻炼或体育活动的能力，是高校师范生应该必备的一项特殊的能力。

体育教学作为学校体育的主要表现形式，无论是在教学目标、教学方法、教学手段和教学评价等方面都显示出良好的发展势头。而高校公共体育课是学生学习体育的启蒙课、基础课，这个基础课能否上好，是否抓得扎实，将会对以后体育教学能否顺利展开产生非常大的影响。高校师范生毕业后，作为与学生接触多的教师，其言行举止对学生的体育活动影响大，培养高校非体育专业师范生体育教育能力，可以更好地指导学生进行体育锻炼，使学生在学习上达到事半功倍的效果。

七、体育终身意识的能力

终身体育意识是指一个人能够终身保持接受体育教育和从事体育锻炼的

观念和决心。

高校体育教学是学生进行体育锻炼的最后一站，对学生终身体育意识的培养至关重要。首先，在教学中，不仅要让学生更加深入地了解终身体育，更要使学生学会在以后工作中合理引导他人进行体育锻炼，养成自我锻炼的习惯。其次，要使学生掌握终身体育的理论知识，从而健全自身心理和体格，从而改善我国国民的体质健康，提高国民整体身体素质。

第二章　青少年身体素质培养的背景与具体要求

第一节　青少年身体素质培养的背景

一、青少年体质下降及其导致的严重后果

随着人类社会的不断发展和科学技术的逐渐普及化，人的许多体力劳动被机器所替代，汽车、电梯以及各种智能化的电器使人的生活更加安逸和舒适，青少年儿童更是被各种电视节目、网络游戏所包围，再加上沉重的课业负担和各种名目的补习班，各种高能量的食物、饮品，一方面导致学生静止性活动增多而身体活动减少；另一方面能量摄入过多。因此，在校园中出现大量的“豆芽菜”、肥胖症、近视眼等，随之而来的就是“软、笨、硬”现象，中小学生的体质状况到了令人担忧的地步。

1985 年开始，我国每 5 年对学生体质进行一次大规模的调研。从近三十年来看，尽管我国经济发展和物质生活水平提高，青少年的身体形态呈现良好的发展态势，但学生身体其它指标却呈现下降或波动趋势。据 2014 年 7 月 28 日教育部网站发布的信息来看，青少年身高、体重、胸围呈现持续良好的趋势。身体机能水平如肺活量出现先降后升趋势，2005 年为谷底，2010 年出现上升。爆发力素质在 1985 - 2013 年间出现波浪式变化，1995 年 7 - 18 岁青少年立定跳远成绩达到顶点，之后下滑，至 2005 年到达谷底，之后出现好转，但大学生和部分高中生仍然持续下降。耐力素质从 1995 年开始出现下降，2005 年至谷底，2010 年出现止跌回升，但大学生耐力素质持续下降。速度素质下滑得以遏制，从 1995 年开始下滑，2005 年下滑停止，2010 年开始上升，但是大学生速度素质仍然下滑。力量素质下降缓解，从 1995 年至 2010 年男生引体向上，女生仰卧起坐持续下降，其后虽有反弹，但幅度很小。柔韧素质明显回升，但大学生男生坐位体前屈测试成绩下降，在 1985 至

2012年间，青少年肥胖检出率一路飙升，视力不良检出率15年来持续上升，并且出现低龄化现象。

以上分析发现，学生体质似乎近两年出现了好转，但这一“好转”是经不住推敲的。第一，资料报告中，学生的肥胖率一直上升，这一报告与体质好转自相矛盾。大量的研究表明，肥胖会导致学生肺活量、速度、力量和耐力等素质的下降。第二，为了督促学校认真做好学生体质测试工作，教育主管部门每年都对高校进行学生体质测试的抽测，但抽测的比例很小。王宗平认为这种抽测的威慑作用并不大，他从相关部门获得过部分高校学生体质测试结果与抽测结果的对比数据，发现“数据出现差异的学校不是少数，而是多数”。这说明在学生体质测试中存在弄虚作假现象。第三，在1985至2013年间，学生体质变化分析中发现，学生体质变化虽有起伏，但下滑是总的趋势，虽然在2011至2013年间，数据有所反弹，但变化不大。第四，报告中显示大学生的身体素质是持续下降的。第五，通过对学生体质测试标准的分析发现，每次测试修订的标准会有所下降，说明学生体质测试成绩得分提高是因为其标准降低了。通过对以上的分析，能得出这样一个基本的事实，学生体质从1995年以来是持续下降的，即使有所反弹，其变化也是疲软无力，这正如我国教育部体卫司司长王登峰所担忧的一样。因此，王登峰强调，“青少年体质健康形势依然严峻，中小学生体质健康积极变化仍很微弱，而且是在很低水平上的状态性好转，维持上升势头的压力很大。超重和肥胖问题在农村学生中增长加快，视力不良比例仍在高位攀升且出现低龄化趋势，另外，大学生体质健康下滑趋势依然没有得到遏制。”

日本、美国非常重视青少年体质状况。日本于1879年就开始对学生体质进行测试。自1879年后，分别于1949、1952、1953、1954、1957、1959年，对青少年的跑、跳、投、悬垂及灵活性进行了测试。1963年又对中学生、大学生进行测试；1964年开始全国范围内的体质测试，对象为初中以上学生；1965年又追加小学五、六年级的调查；1983年开始对全部学生进行体质调查。随后，日本规定体质测试成为体育课的法定规定内容，测试时间规定为每年的5、6月份。美国早在19世纪80年代后期，就对许多学校进行体质测试。1954 年 Krus 采用 Krus – Weber 测试，其结果令艾森豪威尔总统震惊，促使青年体质总统委员会成立；1956 年，美国健康、体育、娱乐与舞蹈协会（简称 AAHPERD）制定了 5 至 12 年级学生体育及格测试标准；1958 年，美国 50 个州进行了体质测试；1965、1975 年进行了全国范围的体质调研。以后每 10 年进行一次全国范围普查。

日本体质测试结果表明，日本学生身体形态有所增长，身体发育呈现“早熟”特征，而背肌力、柔韧性和耐力都在减弱。美国体质测试结果表明，在对美国中学生肌肉力量测试和灵活性测试中，有 58% 的学生没有通过肌肉力量的测试，44% 的学生没有通过灵活性测试。在 1958 至 1965 年间，美国学生体质有所提高，但在 1975 年后几乎没有什么变化。1985 年进行的全国体质测试表明，美国青少年儿童有氧体力活动能力不足。1989 至 1991 年间，美国青少年超重占 21% 。从过去 30 年来看，青少年在身体素质和机能方面的提高并不明显或停滞不前，甚至呈现明显的下降趋势，而体重呈现明显上升趋势。根据美国卫生和人类服务部调查结果显示，美国居民的健康状况持续下滑，这种健康状况下滑的部分原因是久坐不动的生活方式和各种形式的电子产品在人们的生活和工作中被运用，使人们的身体活动大量减少。1996 年美国疾病控制和预防中心报告了美国身体活动和健康的情况：将近一半的 12 – 21 岁的青少年没有进行有规律的高强度体育锻炼，仅有 19% 的高中生在体育课上进行的身体活动超过 20 分钟以上。现今，美国有 17.1% 的 2 – 19 岁的孩子肥胖，几乎 30% 的孩子身体活动不足，肥胖成为美国主要的公共健康问题，五分之一的美国孩子面临着肥胖的威胁。美国疾病控制和预防中心指出：16% – 33% 的孩子和青少年体重超重，将近一半青少年没有进行有规律的身体活动锻炼。

1976 – 1980 年和 2003 – 2004 年来自美国健康与营养检查（NHANES）调查显示，青少年肥胖患病率直线攀升。在 12 – 19 岁青少年中，肥胖从 5.0% 增长到 17.4% ，而 1976 – 1980 年 6 – 18 岁的青少年中超重的仅有 6% 。在 1988 至 1994 年间，这一比例上升到 11% ，到 1999 – 2002 年继续上升到 16% 。美国心脏协会、体育运动和体育教育协会在报告中指出，全国范围内，

2003 年仅有 56% 的高中生上体育课（9 年级有 71%，10 年级有 61%，11 年级有 46%，12 年级有 40%）。在 Massachusetts 的研究显示，14% 的校区减少体育课的时间，从而使数学和英语上课时间增多。Chomitz 研究指出，在 1991 年有 41.6% 的高中生每天进行身体锻炼，而 2003 年仅有 28.4%。Lowry，Brener and Lee（2005）的研究表明，2003 年，仅有 55.7% 的高中生上体育课，而体育课期间，仅有 39.2% 进行身体锻炼，8－11 年级的学生上体育课的人数显著减少。通过以上数据显示，美国学生肥胖检测率持续上升，学生身体活动水平一直下降。通过对国内外学生体质现状的分析发现，体质下降是一个全球性的问题，值得引起研究者们的重视。

科学研究证明，缺乏运动或久坐不动会导致个体身体机能和身体素质全方位的下降，特别是心血管系统水平的下降，会导致患心血管疾病的风险增加。同时，缺乏运动也会导致超重或肥胖增加的风险。青少年肥胖会引起一系列的健康问题，如心脏病、二型糖尿病、脂肪肝、高血压、睡眠呼吸暂停综合征以及心理疾病等，并且在少儿时期肥胖成年后仍然肥胖的人占 70%。治疗中国成人高血压、糖尿病、冠心病等疾病的经济负担达 828.1 亿，其中超重和肥胖的人占 25.5%。因此，肥胖对国家是潜在的经济负担。相反，青少年进行中等强度的体育锻炼，不仅大大降低了患心血管疾病和肥胖的风险，同时还能有效地缓解心理方面的疾病，如焦虑、紧张、抑郁等。中小学生作为祖国的未来，其体质下降，身体锻炼活动减少，将影响到一个民族未来的发展与繁荣，因此，青少年体育锻炼是世界各国研究者们关注的重要课题。

二、国家对青少年体质健康的重视

人们的体质水平、健康状况是显示一个国家强大与否的重要标志，能彰显一个国家政治、经济和文化水平，是综合国力的重要体现。清朝晚期，制度落后、政治腐败、民不聊生，人民身体孱弱，中华民族被冠以“东亚病夫”的称号。中华人民共和国成立后，政府非常重视人们体质健康状况，从医疗卫生、营养和体育锻炼等多个方面给予了高度重视。中小学生是祖国的未来，国家从学校体育层面和社会体育层面出台了一系列的体育法规，为中小学生进行体育锻炼保驾护航。

新中国成立初期，我国学校体育就制定了一系列政策法规，如《关于改善各级学校学生的健康状况的决定》《准备劳动和保卫祖国体育制度》等，这些政策法规的制定，贯彻了党的教育方针，保证学校完成体育任务，保证学生享受应有的体育教育和体育锻炼的权利。1982 年我国颁布实施了新宪法，为全面推进我国的社会主义现代化建设奠定了坚实的法治基础，其中包括对体育事业发展的地位和公民体育权利的确立与保障。我国宪法关于“国家发展体育事业，开展群众性的体育活动，增强人民体质”的规定，以及明确对青少年儿童体质健康保护和政府体育职责的条款等，从根本大法的层面构建体育保障的法治基础。1982 年 6 月和 8 月，教育部分别颁布了《关于保证中小学生每天有 1 小时体育活动的通知》和《关于做好新<国家体育锻炼标准>推行工作的联合通知》，旨在督促全国各级各类学校有效地开展学校体育工作，保障青少年学生参与体育锻炼的权利。1991 年在全国学生体质、健康调查研究的基础上，提出了《关于进一步加强学校体育卫生工作，提高学生体质健康水平的意见》，并指出学校教育部门、体育部门和科研部门要将学生体质和健康状况的研究当作一项重要的工作来抓，要重点加强广大农村和少数民族地区的学校体育卫生工作。国务院于 1995 年 6 月 20 日颁发了《全面健身计划纲要》。两个月之后，又颁布了《中华人民共和国体育法》。《体育法》明确规定“国家推行全民健身计划”，在体育工作基本方针中着力强调“开展群众性的体育活动，提高全民族身体素质”。

教育部和国家体育总局于 2002 年制定了《学生体质健康标准（试行方案）》。2003 年国家体育总局又与有关部委联合发布了《国民体质测定标准施行办法》，无论是国民对个体体质情况的了解，还是国家系统掌握国民的体质状况，都有了明确的制度保障。教育部在 2005 年出台了《中小学体育器材和场地》国家标准有关问题的通知，旨在统一标准，统一管理，塑造良好的体育锻炼环境，保障《学生体质健康标准》顺利实施。在 2006 – 2007 年间，教育部分别发布了《中共中央国务院关于增强青少年体质的意见》《教育部、国家体育总局、共青团中央关于开展全国亿万学生阳光体育运动的通知》《教育部、国家体育总局关于进一步加强学校体育工作，切实提高学生健康素质的意见》《教育部、国家体育总局、共青团中央关于全面启动全国亿万学生阳光体育运动的通知》《教育部、国家体育总局关于实施 <国家学生体质健康标准> 的通知》五个文件。其中，后四个文件按照中央 7 号文件的精神，要求各级学校深刻领会党中央、国务院这项重大战略决策的精神实质，充分认识到加强青少年体育工作以及增强青少年体质的重要性和紧迫性，广泛、深入地开展全国亿万学生阳光体育运动。

2012 年，国务院办公厅转发教育部等部门《关于进一步加强学校体育工作意见》，明确了十二五期间学校体育改革发展的基本思路和政策措施。同年 12 月，教育部在京召开全国推进学校体育工作电视电话会议，进一步落实中央关于发展学校体育的战略部署，在全社会中突出学校体育的战略地位。2013 年，党的十八届三中全会召开，《中共中央关于全面深化改革若干重大问题的决定》提出“深化教育领域综合改革，全面贯彻党的教育方针，坚持立德树人”“强化体育课和课外锻炼，促进青少年身心健康、体魄强健”，为新时期学校体育改革发展指明了方向，提出了任务，明确了目标。2014 年出台了《高等学校体育工作基本标准》和《国家学生体质健康标准（2014 年修订）》。2016 年 4 月，国务院办公厅下发《关于强化学校体育促进学生身心健康全面发展的意见》（国办发〔2016〕27 号），提出到 2020 年，“学生体育锻炼习惯基本养成，运动技能和体质健康水平明显提升，规则意识、合作精神和意志品质显著增强”，并要求“各地要把学校体育工作列入政府政绩考核指标，教育行政部门与学校负责人业绩考核评价指标”，明晰的目标和有力的监督，对学校体育工作具有强大的推动力。

国家层面出台的一系列的体育政策和法规，体现了我国政府对青少年体质健康的重视，同时也为各部门开展体育活动指明了方向，为研究者们进行课题研究提供了目标。但国家层面出台的相关法规不仅需要学校密切配合，而且需要每个家庭引起重视。从青少年身体活动改变现状来看，国家与学校的重视促进了青少年身体活动发生了一些利好的变化，但缺乏根本性的改变。

三、家庭体育在培养青少年体育锻炼中的作用

社会生态模型认为，家庭是影响青少年身体活动的重要因素，为此，从

家庭的视角来探讨对青少年身体活动的影响非常必要。

1981 年以“家庭与体育”为议题的大会在洛桑召开，会议对家庭体育进行了全面的总结，并指出体育组织和政府部门应该为家庭体育的开展提供便利的条件和良好的环境。世界各国也展开了家庭体育，如美国定期开展的“家庭健康和体育锻炼日”，芬兰开展“家庭滑雪运动”，埃及开展“家庭马拉松”，利比亚开展“家庭友谊比赛”，以及日本、瑞典举行以家庭为单位的亲子体育活动等。

我国颁布的《全面健身计划纲要》、《中华人民共和国体育法》以及《国家体育锻炼标准》，为人们开展体育锻炼提供了法律和制度保障。北京奥运会、广州亚运会等重大体育赛事接连不断地在中国成功举行，使人们对体育有了更深刻的了解，体育逐渐成为人们的一种生活方式，进入了寻常百姓家庭。有研究者预测人们对体育健身的热情将会更强烈，体育健身将成为现代家庭健身的时尚潮流，家庭成员参与体育更加注重科学化的学习和对运动方法的关注，花钱买健康逐渐被人们所认同，家庭成员体育意识不断增强，家庭体育活动的内容更加多元化。这种预测从现在来看已经基本成为现实，一到下午或晚上，家庭成员相继来到家庭附近的广场、空地和公园，进行各种体育锻炼活动。

对中小学生而言，家庭是孩子进行早期的体育意识和技能培养与提高的第一场所。家庭中浓厚的体育氛围有利于激发婴幼儿对体育的兴趣，在兴趣的引导下，儿童逐步建立终身体育的意识，从小养成爱好体育活动的习惯，这对终身坚持身体锻炼习惯的养成具有重要的作用。儿童教育家蒙台梭利认为：“儿童对于活动的需要几乎比对食物的需要更为强烈”，这说明了家庭体育是一项不容忽视的内容。王则珊老师曾在《家庭体育保健》一书中指出家庭体育是家庭生活中的体育活动，包括“父母或其他年长者在家庭里对儿童和青少年进行的体育教育，家庭成员在家庭生活环境中的体育活动以及家庭体育同家庭成员在各自工作、学习、劳动单位体育活动的配合”。它对培养儿童的体育兴趣、爱好具有积极的影响，是儿童形成终身体育习惯的保证和基础。

Birchwood D 等人关于决定个体进行体育锻炼的因素的观点与其他人不同，他们提供了强有力的证据证明了决定人进行体育锻炼倾向的首要因素是家庭环境，其他因素只是使个体体育锻炼增强或减弱，但只对有体育锻炼倾向的个体起作用，而这种体育锻炼的倾向是在少儿时期形成的。虽然 Birchwood D 等人的观点存在争议，但也至少说明了家庭对少儿体育锻炼行为的影响极其重要。鉴于家庭在社会生活中的重要地位，社会运行中的重要作用以及青少年与家庭的密不可分，因此，研究青少年的身体活动时，我们不能不把研究的视野投向家庭。

过去，我们过多的将青少年身体活动水平下降归咎于学校体育教育，而忽视了家庭体育教育在培养孩子身体活动中的重要性。社会生态模型强调了家庭、社区是影响青少年身体活动的重要因素。人、境互动理论认为环境因素与个体动机相互作用导致行为发生。自我决定理论认为当个体的自主性、能力感和关联性得到满足时，有助于激发某种行为的产生和坚持。价值——期望理论认为，父母信念能影响孩子身体活动。基于以上背景结合相关文献研究和理论研究，本研究将从家庭的视角来探讨家庭体育环境，青少年锻炼动机与身体活动的相互关系。

第二节　青少年身体素质提升的研究意义

“少年强，则国强。”青少年的体质健康关系到中华民族的未来。《全民健身计划纲要》明确提出以青少年儿童为实施的重点对象。对青少年儿童的培养，有赖于家庭、学校和社会三股合力，是一项巨大的系统工程，其中，家庭的培养和塑造，又是这一系统工程的基础工程。所以，要培养青少年儿童体育锻炼的意识、技能与习惯，提高中小学生体育锻炼参与程度与水平，从而增强青少年体质健康、心理健康和幸福感，家庭在这个过程中起着特殊的、极为重要的作用。本研究具有现实和理论上的意义，具体如下：

一、现实意义

第一，为制定以家庭为基础的干预措施提供依据。通过对家庭体育环境与青少年身体活动的探讨，明晰家庭体育环境与身体活动的关系，探究家庭成员特别是父母影响青少年的身体活动的行为机制。为以家庭为基础的干预措施提供策略和思路。

第二，有利于进一步加强家庭、学校和社会合作，共同为中小学生体质增强服务。通过研究，认清家庭体育环境影响青少年身体活动的重要性，促使社区牵头，加强家庭、学校和社区合作，为中小学生体育锻炼创造好的环境，营造好的体育锻炼的氛围，提供便于体育锻炼的场所，使中小学生课内、课外的体育锻炼顺畅衔接。

第三，有利于加强父母对学生身体活动的重视。本课题将探讨父母在体育锻炼行为的榜样作用、支持作用以及父母的期望价值信念对孩子的影响作用。通过研究希望能引起父母对孩子身体活动的重视。

二、理论意义

第一，本课题量化了家庭体育环境与青少年身体活动、锻炼动机，从微观层面探讨家庭体育环境如何影响青少年身体活动，丰富了家庭体育研究领域。

第二，验证相关理论和模型。本课题以自我决定理论、期望—价值理论、社会生态模型等为理论框架，将多种体育锻炼行为模型进行综合，构建了家庭体育环境影响学生身体活动的模型，从而进一步验证了相关理论和模型。

第三，丰富了体育锻炼行为理论和研究视角。通过对青少年身体活动的研究，明晰青少年身体活动现状，弄清家庭体育环境和动机是如何影响青少年的身体活动，为预测、干预和改变青少年身体活动的现状提供理论参考，同时丰富了锻炼行为理论。

第三节　青少年时期是其身体发展的敏感期

男孩和女孩的成长发育过程并不同步，男孩的成长最快时期要比女孩晚两年，而性成熟时身高和体重的最快发展期，女孩则要早于男孩一年或两年。不论男孩还是女孩，他们身体的形态特征发展最快时期都在12~15岁。

一、力量特征

在约11岁之前最大力量的发展提高速度较小，在16–18岁可以到达发展顶点。

女孩力量耐力的最大发展时期是 16 – 18 岁，而男孩是在 18 – 20 岁。速度力量的最初发展是在 7 – 8 岁，其最大发展速度，女孩在 12 – 16 岁，男孩在 14 – 18 岁。过了这一阶段仍能发展提高，但主要依赖于训练的影响。男孩和女孩的最大耗氧量都是随年龄的增长而提高的，有氧能力发展的最敏感时期是在性成熟时期。在 12 – 16 岁之间，相应的耗氧量几乎保持不变。

在对无氧耐力的评定中必须谨记，大多数运动学家都认为孩子的承受能力在 3000m 中要远好于 400m 和 800m。事实证明，青少年在 12 – 13 岁无氧耐力发展甚微，而到了 16 – 20 岁（生理成熟时期），才会有更实质性的发展与提高。

二、速度特征

不同运动中的速度素质发展是从 7 岁开始的，最快的发展提高是在 14 – 17 岁。男孩到了 18 岁以后还会有进一步发展。

肌肉反应速度的最显著发展是在 7 – 11 岁，其中，对复杂运动顺序反应速度的发展约在 11 – 16 岁，而对运动频率反应速度的发展基本在 10 – 13 岁，且 18 岁之前还会继续提高。

三、协调特征

在 12 – 18 岁，人体负责“运动控制能力”的神经系统的发展领先于植物功能系统，因此，大多数权威专家认为协调能力发展最适宜年龄是在这一阶段。这也说明了在体操、花式滑冰和跳水这类运动项目中，对运动员及早进行专项化训练，可能取得重大成功。

参与体育活动的青少年身体素质能力和形态特征发展的敏感期有着不同的波动，这取决于生理年龄、从事的运动项目、专项训练强弱和比赛负荷以及环境影响等等。与之对照，不参与体育活动的青少年身体素质能力和形态特征发展的敏感期则主要取决于遗传因素，尽管这两个群体身体特征（身高、体重）的发展通常与实际年龄相一致。

在敏感期身体能力的提高主要依靠训练和比赛的负荷影响，就像基因结构的形成一样。尽管大多数青少年身体能力的快速发展是在 12 – 16 岁这个

“生长迸发期”，教练员也不能忽略在非敏感期对这些能力发展的需要。另外，身体能力的最大发展在特定年龄阶段并非持续的，而是每两年一次，这又是教练员在加强青少年运动员训练时需要考虑的一个因素。

第四节　增强青少年体质是全社会的责任

国家体育总局公布的最新《国民体质监测报告》表明，我国青少年身体素质呈现下降趋势，尤其是大学生的肥胖率持续上升，每5年提高约2%～3%。不少学生的锻炼时间非常有限，据《钱江晚报》报道，“许多孩子的时间都被功课和补习霸占，每天甚至无法保证1小时运动时间。”

如今，学生体质确实令人担忧：大连市某中学一名初一女生在课间跑步时突然倒地猝死；昆明市某中学一名初二男生在课间跑步过程中猝死；榆林市某中学高一学生在校园内参加学生军训时突发意外死亡……这一幕幕“血淋淋”的惨剧警示人们，增强青少年体质刻不容缓。

为了扭转青少年体质逐年下滑的状况，国家相关部委在近年来相继出台了诸如“学生冬季长跑”“每天锻炼一小时”“中考体育考试加分”等多项政策，旨在鼓励青少年通过运动增强体质，然而效果并不显著，为何如此?

首先，由于学校害怕出事的错误观念作祟。不少学校担心学生在学校体育锻炼过程中发生意外，惹来一些不必要的“麻烦”，所以主动压缩了体育课时，删减了有风险的教学内容。不少学校除了体育课被占用，体育教师数量不足，教学质量不高等问题外，还存在体育场地面积不足的问题。教育部2016年统计结果显示，全国中小学生体育场地面积达标率仅为75%。如此一来，学生体质怎能不下降?

其次，“不能让孩子输在起跑线上”的观念作祟。如今的不少家长都比较浮躁，为了“不让孩子输在起跑线上”，每天放学后将孩子关在房间做作业，节假日、双休日除了要求孩子完成老师布置的家庭作业外，还要将孩子送往补习班、特长班，孩子根本没有运动的时间。孩子缺乏锻炼时间，体质怎能不下降?

今年的“两会”上，代表、委员们再次将“青少年体质问题”“阳光体育”“全民健身”等话题“搬”到了桌面上。姚明、杨扬、叶诗文、张常宁和王励勤等来自体育界的全国人大代表和政协委员都表达了对于青少年体育运动发展等问题的关心，并提出了各自的建议。

据报道，从事基础教育工作的全国人大代表吴正宪，在十二届全国人大二次会议分组审议政府工作报告时列举了两组数据：一是中国青少年体质连续25年下降，2012年北京市高中生体质检查中只有一成学生合格；二是近几年世界男性平均身高排名中，韩国排18位，平均身高1.74米；日本排29位，平均身高1.707米；中国排32位，平均身高1.697米。7到17岁的中国男孩平均身高比日本同龄男孩矮2.54厘米。她呼吁，尽快制定针对学生意外伤害事故的安全保护法规，分清责任，解除教育工作者的后顾之忧，激发学生积极进行体育锻炼的热情，确保学生增强体质。由此可见，青少年低体能的现状不能不令人担忧，增强青少年的体质，已经刻不容缓。

一、达成重视开展体育运动，增强青少年体质的共识

学校是教育的主阵地，教师是第一线的教育工作者，在增强学生体质方面，教师要对此有高度的认识：安全责任自然不能放松，但学生的体育锻炼更不能放松。学生的安全问题和体育锻炼并不是不可调和的矛盾。只要教师有高度的责任心，把工作做好做细，不但能保护学生的安全，而且能加强学生的体育锻炼，增强学生的体质。很多家长以为，孩子只要学习好就可以了，长大就有出息了，就能出人头地了，给孩子报各种各样的学习培训班和辅导班就是对孩子进行教育投资，所以花再多的钱都值。至于体育运动就不重要了，有些家长甚至以为禁止孩子活动就是对孩子的保护，这也是一种错误的认识。著名免疫学专家冯理达说过：“健康是1，事业、财富、婚姻、名利等等都是后面的0，由1和0可以组成10、100等N种不同大小的值，成就人类与社会的和谐旋律”，可见运动和健康是多么重要。家长不要把孩子限制在家里，使孩子成为温室里的花朵，甚至是一触即碎的“玻璃少年”，而要树立安全与保护的正确观念，确立“健康第一”的理念，以身作则，从小就引导带领孩子进行体育运动，培养孩子对运动的兴趣，让孩子在锻炼中成长起来。

二、加大投入，建造足够的体育设施和运动场地

2004 年底，我国各类体育场地约 85 万个，平均每万人拥有体育场地 6.58 个，人均体育场地面积 1.03 平方米。而在发达国家如美国、日本，平均每万人拥有 200 多个体育场地。美国的人均体育场地面积高达 16 平方米。我国的体育场馆大多被放在围墙内，民众使用时受到较大限制。各区域体育场地数量规模分布呈现出不平衡的状态，中西部经济落后地区和农村地区尤其不足，许多学校的体育设施和场地不能满足学生的运动需要，适合青少年运动的场地更是不足，每到运动高峰期，常出现学生争抢运动场地的事情。因此，我国各级政府应该加大投入，加强体育设施和运动场地的建设，多建造篮球场、足球场、游泳池及绿道等，以满足青少年进行体育运动的需求。

三、全面开展体育运动

我国在近几届奥运会上获得了多次金牌总数第一的辉煌成绩，令国人为之自豪，但是早有观点认为，在举国体制下取得的奥运成绩，并不能证明我国已经是体育强国，中国足球的衰微，似乎就是一个明证，毛主席那句“发展体育运动，增强人民体质”的伟大号召，至今仍有重要的现实意义。

首先，全国上下要大力开展体育运动。积极举办各级运动会和各类比赛，还可以利用各地风俗习惯，举办武术表演比赛、划龙舟比赛、健身舞比赛、跳绳比赛以及拔河比赛等民间体育运动，全面提高人民尤其是青少年的体质。其次，学校更要大力开展体育运动。全国亿万学生阳光体育运动刚开始的时候，各学校开展得轰轰烈烈，但现在渐渐地淡下来了，有的学校甚至完全停下来，这是很不应该的。为了我们的下一代，我们一定要坚持开展学生的阳光体育运动，开展丰富多彩的体育活动，比如举行运动会、篮球比赛、乒乓球比赛、拔河比赛、跳绳比赛、体操比赛等活动，培养学生运动健身的理念，激发他们的兴趣，增强他们的体质。

正如梁启超在《少年中国说》中所言，“少年强则国强；少年独立则国独立；……少年雄于地球，则国雄于地球。”只要全社会都来关注青少年的健康成长，重视青少年的体育锻炼，我国的青少年一定能成长为雄于地球的强者，我国一定能实现伟大的民族复兴，实现伟大的“中国梦”。

第五节 近代以来“体育强国”的文化构想

“体育强国”是缘于民族复兴和国家富强的文化构想，是近代以来国人为民族复兴和国家富强而建构的社会动员方式、基础、内容和标志。体育价值功能不断被国人发现和重新认识，体育的复合功效也随之被建构。

党的十九大报告提出，广泛开展全民健身活动，加快推进体育强国建设，实施健康中国战略，为实现中华民族伟大复兴的中国梦不懈奋斗。新时代的“体育强国”绝不是对近代以来国人“体育强国”文化构想的断裂，而是在新时代的传承与创新。因此，梳理近代以来国人“体育强国”的文化构想，对于建构新时代“体育强国”的内涵具有重要的现实意义。

一、近代国人建构体育强国的文化构想缘于民族复兴和国家富强

人类意识的可知性和能动性派生出了历史和文化创造的建构性。毛泽东说:“一切事情是要人做的，……做就必须先有人根据客观事实，引出思想、道理、意见，提出计划、方针、政策、战略、战术，方能做好。”马克思也曾说过:“劳动过程结束时得到的结果，在这个过程开始时就已经在劳动者的表象中存在着，即已经观念地存在着。”毛泽东所说的“计划、方针、政策、战略、战术”和马克思所说的“观念地存在”实际上就是指“文化构想”。所谓文化构想是指人们根据已积累的有关自然、社会、思维、自身及未来发展趋势的认知，立足于现有的技术水平、自然环境和社会环境等主客观条件，基于某种目的和需要的实现而进行的想象。马克思主义认为，意识虽然依赖于物质而存在，但是意识具有认知性和能动性，意识的认知性和能动性派生出意识的建构性。正是因为意识的认知性、能动性和建构性，意识才成为世界上最美丽的花朵，不仅能够认知世界，发现真理和规律，而且能够依据真理和规律建构性地改造和创造自然、社会和人自身，才使人类创造历史和文化的活动成为建构性的对象性活动。人们首先从需要出发，运用自己所具有的工具、力量（智力和体力的总和），以观念和物质的形式来把握和改造对象客体，并使这种力量凝聚和体现在作为活动产品的自然对象身上，从而使客体产生能够满足主体需要的属性。马克思主义关于人类意识的可知

性和能动性派生出了历史和文化创造的建构性原理，为我们解读近代以来国人“体育强国”的建构提供了学术支撑和研究思路。

体育强国是国人追求民族复兴和国家富强的应对之路。英国历史学家汤因比在《历史研究》中论及文明起源时提出“挑战与应对”理论：“用科学的语言我们可以说，外来因素的作用是为了在被侵入体的身上最有利地刺激起可能的最大的创造性变化。”曾经的中国是“泱泱大国”“天朝上国”，君临天下，四方来朝。而在1840年后，遭受西方军事、经济、政治和文化的全面侵略，统治危机、民族危机、文化危机和社会危机相继显现且不断加深，继而国家衰败、民不聊生。困厄中不甘沉沦的国人不得不应对如此境遇，受爱国主义、文化民族主义和种族民族主义思想的驱使，提出了民族复兴和国家富强的历史使命。目标既定，接下来就是运用经世致用思维，观照中西强弱之势差，根据已积累的有关自然、社会、思维、自身及未来发展趋势的认知，立足现有的技术水平、自然环境和社会环境等主客观条件，建构民族复兴和国家富强的方案。近代国人建构了多种追求民族复兴和国家富强的方案：既有农本主义改革方案，如龚自珍的《农宗》和太平天国的《天朝田亩制度》；也有重商主义和重工主义方案，如李鸿章等人的国家资本主义，郑观应等人以商立国的私人资本主义，张謇实业救国的重工主义；孙中山“民族、民权、民生”的三民主义方案等，此外还有教育救国、科学救国等方案。“体育强国”方案也是诸多强国方案中的一种，虽然没有明确提出，但国人已经从认识上和行动上实实在在地建构，而且不同时期建构的内涵也不尽相同。知不足而后学，两次鸦片战争的失败使洋务派认识到“探源之策，在于自强，自强之术，必先练兵”“战舰、火器、养兵和练兵之法”不如人，中国传统军事体育的认知使洋务派认为，练兵自强就得学习西方的体育练兵的方法，于是他们建构了复制西方体育用于训练军队的“体育强国”方案。维新派和革命派认识到：国民是一国之基，民强则国强，民弱则国萎，“国民健康之程度，影响于国家之盛衰兴亡”“夫欲图国家之坚强，必先求国民体力之发达”，于是他们建构了“尚武”鼓民力的“体育强国”方案。中华民国成立后，尽管建立了民族国家，但是中国半殖民地半封建社会的性质并没有改变，民族危机和国家存亡危机的挑战依旧存在，民族复兴和国家富强的历史使命依然需要完成，“体育强国”的建构亦并没有因民族国家的建立而休止，如果说清末新政前“体育强国”建构中心是社会的话，那么清末新政后政府成了“体育强国”建构中心。1914 年徐一冰在《整顿全国学校体育上教育部文》中向北洋政府建议：“强国之道，首重教育，教育之本，体育为先。”1932 年南京国民政府召开第一次全国体育会议，代表们向政府提出了《请注重全民体育以救国难案》：“吾人此时以打倒帝国主义及取消不平等条约，为全民同具之希望。……故军队学校方面，固当加紧军事训练，而于社会方面，尤须颁行体育方法，重肉体之养护，施自然之训练，并谋身体与精神双方之调和发达，以养成强壮为荣文弱为耻之风尚，俾全国人民，无论男妇，一致武装起来，以与帝国主义者作长期斗争，务获最后胜利。”新中国诞生后，尽管民族独立和人民解放的任务已完成，中国人民站起来了，但是中华民族富起来和强起来的使命还没有完成，党和政府面对把我国建设成为社会主义现代化国家的挑战，于 1983 年明确提出“体育强国”的战略构想。

总之，我国“体育强国”的文化构想是近代以来中国人民面对民族危机、国家存亡以及建设成为社会主义现代化国家的挑战而进行的探索。“体育强国”建构的目的是争取民族独立和人民解放，实现国家繁荣富强和人民共同富裕，“体育强国”的内涵随着建构中所处的条件和认知的改变而不断得以丰富。

二、近代以来国人建构“体育强国”作为民族复兴和国家富强的社会动员方式

社会动员是指动员中心为实现共同的社会目标，采取一定的方式影响或改变社会成员价值取向、态度和期望，使社会成员达成一定的价值认同与思想共识，引导和组织社会成员积极参与社会实践活动的过程。社会动员的主要任务是激发各社会成员的积极性，调动自身资源，形成尽可能广泛的社会联合，协调一致、通力合作、共同努力。社会运行目标一旦确立之后，所有的社会运行机制（动力机制、整合机制、激励机制、控制机制和保障机制）都将围绕社会运行目标而被建立起来，为实现社会运行目标服务。近代以来，国人确立了民族复兴和国家富强的使命，那么围绕这个目标，就必须建构社会整合机制，促使社会个体或社会群体结合，成为社会生活共同体，共同为实现民族复兴和国家富强服务。而要进行社会整合，首先得进行广泛的社会动员，使国人形成广泛的社会认同，这样才能产生实现民族复兴和国家富强的合力和动力。若要进行社会动员，社会整合中心得根据现有条件或创造条件寻找社会动员的资源和方式。体育之所以在近代以来被国人建构为强国的社会动员方式，是因为体育是一种不依附于政治、经济、教育、军事、宗教而独立存在的社会文化形态，然而体育又与社会生活保持着广泛的联系，体育具有诸如振奋民族精神，提高民族优越感，促进国家政治团结和统一，增强国际合作与交流等社会功能。中日甲午战争前，以魏源、林则徐为代表的地主阶级改革派和以李鸿章为代表的洋务派，运用自古以来的儒家倡导的“夷夏之辨”的文化民族主义和种族民族主义，作为社会动员的思想资源，认为“中华之聪明智巧，必在诸夷之上，往时特不知用耳！上好下甚，风行响应，当有党尤异敏出新意于西洋之外者，始则师而法之，继则比而齐之，终则驾而上之，自强之道，实在乎是”。他们呼吁并倡导“师夷长技以制夷”，学习西方以体育来练兵的方法，作为“御侮图强”的路径，体育在文化民族主义旗帜和种族民族主义旗帜下，成为民族复兴和国家富强的社会动员方式。但是以“夷夏大防”生发出来的排外主义，缺乏近代民族国家观念、主权意识和各民族国家平等竞争的思想，因而难以看清西方侵略的实质，无法进行反抗西方侵略所需要的广泛的民众动员，再加上自西汉以来的“耻武”思想的抵触，因此，“体育强国”的社会动员效果只能在中国社会泛起些许波澜。中日甲午战争后，现代民族主义随着梁启超的介绍而传入我国。现代民族主义认为，人类自然地划分为不同的民族，这些民族由于某些可以证实的特性而能被人所认识。为了保证个人和民族的自由，民族应该享有主权，民族共同体与政治共同体的边界应该一致，政府的唯一合法形式是民族自治政府。民族国家观念和主权意识被大肆宣传，中国传统的文化民族主义和种族民族主义作为思想资源而逐渐融入现代民族主义之中，民族国家意识在中国被建构，与达尔文进化论和斯宾塞社会有机体论产生共鸣与共振，成为中国社会动员和整合的思想资源。再加之国人对“耻武”思想的批判和“德、智、体”三育并重思想的引进和提倡，“德育、智育、体育三者，为教育上缺一不可之物。”体育被国人建构为强国的社会动员和整合的方式，国内综合性期刊如《大公报》《东方杂志》《教育杂志》《顺天时报》《萃新报》《杭州白话报》《广益丛报》等，国外留学生办的刊物如《浙江潮》《江苏》《新湖南》《湖北学生界》《游学译编》等，专业性体育期刊如《体育界》《体育周报》《体育杂志》等，登载体育信息，介绍体育知识，反对重文轻武，极力鼓吹尚武精神，宣传和倡导尚武强国，强调尚武可以强身强种，尚武可以治国人“奴性”和“怯懦”之病，尚武可以转变社会风气，尚武可以重铸国魂，“今为之救其弊，令其转弱而为强，在彼文学士，能自振奋，人改其初心。何难鼓舞群众乎，况运动会激励，其神速妙于无言，志气因而发扬，谁能强为之抑制，则所以矫文弱之矢者，运动其至要矣。”总之，“尚武精神为立国第一基础”。

民族国家将国家的民族性和民族对国家的认同有机统一起来，使民族复兴与国家富强具有了内在的一致性，与此同时，体育的强国功能的发现和认同也使得中国政府建构了体育与民族复兴和国家富强的内在一致性。经过维新派、革命派以及五四新文化人的体育启蒙，伴随着体育由军队到学校再到社会的社会化开展，体育的强国功能不断被国人发现和认同，中国政府通过制度化建构，运用体育作为民族复兴和国家富强的社会动员方式。清政府颁布《奏定学堂章程》，倡导尚武的军国民主义：“奏请特颁谕旨，宣布军国民主义；高等小学及与之同等以上之学堂，一律注重兵式体操；各学堂均应励行关于军国民主义之训练，并设运动部，以教员之长于体育者为部长，监督学生之运动。”“中国如采取此义，极力行之，日月渐染，习与性成，我三代以前人尽知兵之义，庶几可复乎？”统一全国人民思想和行为于军国民主义旗帜下，从而达到维护清政府统治的目的。北洋政府宣称：“凡一国之盛衰强弱，视民德、民智、民力之进退为衡”“国何以强，强于民，民何以强，强于民之身；民之身何以强，强于尚武”。所以，北洋政府提倡尚武强国，“卫身卫国，罔不本乎尚武。”南京国民政府宣传说：“竖尽古今，横绝大宙，未有国民疲弱萎靡，而其文化能发扬昌大，其民族能独立自存者也。”因此，“无论是学校是各种团体，尤其是各乡村，一定要把体育这一件事，认定是救己救人救国救世的唯一道路，尽力提倡。然后中华民国才能建设得起，中华民族才能得到真正的自由平等。”新中国成立后，中国共产党继承新民主主义革命时期以体育来动员和整合人民进行革命斗争的经验，形成了“为劳动生产和国防建设服务”，以“发展体育运动，增强人民体质”为基本任务，以“普及与提高相结合”为基本方针的体育发展思路，动员和整合全国人民，巩固新政权和全面进行社会主义建设。改革开放后，党和政府通过宣扬中华体育精神来凝聚力量、振奋人心、激励精神及团结奋斗，共同为民族复兴和国家富强努力。如 20 世纪 80 年代初，我国改革开放刚刚起步，中华民族伟大复兴，大国崛起和中国特色社会主义建设的目标，需要全国人民凝神聚力攻坚克难。恰在此时，中国女排 1981—1986 年连续五次获得重要国际比赛的冠军，作为党和国家喉舌的《人民日报》及时发出“向女排姑娘学习，在现代化建设中发扬女排精神，振兴中华”的号召，中央领导同志接见女排时，号召全国各行各业都要学习女排精神。国家体委 1983 年在《关于进一步开创体育新局面的请示》中第一次明确提出“体育强国”战略构想，无疑具有社会动员作用，这一点我们可以从习近平总书记讲话中得以验证，他说：“体育是提高人民健康水平的重要手段，也是实现中国梦的重要内容，能为中华民族伟大复兴提供凝心聚气的强大精神力量。”

三、近代以来国人建构“体育强国”作为民族复兴和国家富强的基础、内容和标志

国家大业包括政治、经济、文化、军事、外交等，但是体育是基础，是其他事业的支撑。从个体生存和发展的角度看，健康的身体是个人存在和幸福生活的基础，虽然依靠药物等手段也可以维持健康身体，但是仍然离不开体育运动，若要增强体质，获得健康的身体，非体育不可。就民族生存、国家发展和社会运行而言，一定数量的人口是一国立足于世的前提条件，而且人口质量是一国能否成为强国的基础、支撑和标志。衡量人口质量的指标虽然众多，体质却是衡量人口的首要的、关键的指标。正因为体育是增强国民

体质不可或缺的手段，所以现代民族国家非常重视发展体育以增强国民体质，尤其是我国在民族复兴和国家富强征程中，更需要建构体育为强国的基础、内容和标志。

有人会问，中国在近代以前也曾是世界强国，除了在早期实施寓兵于民和“六艺”教育外，汉以后却长期重文轻武，为何如此？原因是多方面的。梁启超在《论尚武》一文中重点给出了四点说明：一是大一统的“国势”所致；二是后世儒生篡改、曲解孔子的本意所致；三是封建统治者压制所致；四是社会习俗感染所致。正因为长期重文轻武，以至于进入近代，国门被迫打开，在与西方的接触中，国人被西方称之为“东亚病夫”。“东亚病夫”不仅指称国人体质弱不禁风、精神萎靡，更有民族素质低下、国力贫弱的含义。国人认识到体育是强国的基础、内容和标志是在进化论、社会有机体论和“德智体”三育并重思想被引进之后，严复说：“今者论一国富强之效，而以其民之手足体力为之基。”经维新派的引介和鼓吹，国人认识到“今之觇国势者，定一国之盛衰，不定于版图之大小与人口之多寡，而定于国民身体之强弱……总而言之，人民者，国家之基础也；身体者，又人生之基础也。身体强则人民强，人民强而国家自无不强。”于是维新派和革命派极力倡导尚武精神，兴起学校体育，建立体育社团，推动体育社会化发展。民初政府认为，我国“非铲除文弱之积习，不足以拯危亡，而跻强盛。”因而颁布和实施《军国民教育施行方法》，改革体育学制，举办全国运动会，参加和主办远东运动会。南京国民政府认为：“兴运动为锻炼国民体魄，以达成强种救国重要工作之一，实应极力提倡，普遍发展。”因而视发展体育为政府职能，颁布和修订《国民体育法》，制定和完善各项体育制度，为发展体育提供法律和制度支撑；召开全国教育和体育会议，讨论和设计发展体育的措施与对策；建立全国体育行政管理机构和体育督学系统，设立体育委员会，实施《国民体育实施方案》，加强体育管理，规范体育发展；组织召开全国运动会，派团参加奥运会等等，视“国际间的比赛，我国家荣辱之所关……”。新中国建立后，体育更被党和政府视为重要工作，是国家与社会主义建设的重要内容，是彰显国家综合国力和社会主义优越性的重要标志。为此，毛泽东

1952 年 6 月 10 日为中华全国体育总会题词："发展体育运动，增强人民体质。"邓小平提出体育要"从娃娃抓起"。江泽民于 1997 年题词："全民健身，利国利民，功在当代，利在千秋"。习近平于 2013 年指出："发展体育运动，增强人民体质，是我国体育工作的根本方针和任务。""体育是社会发展和人类进步的重要标志，是综合国力和社会文明程度的重要体现"。正因为如此，党和政府一方面将体育纳入国家建设的五年计划之中，如国家"十三五"规划提出，要大力发展体育事业，推广全民健身，增强人民体质，这是全面建成小康社会必须达成的目标，也是体育强国建设的内容。一方面，将"体育强国"和"健康中国"上升为国家战略，推动竞技体育、群众体育和学校体育全方位地协调发展，增强人民体质，造就民族复兴和国家富强以及个人成长和实现幸福生活的基础；另一方面通过体育向世界传达中国精神，树立民族复兴和国家富强的形象，展示国家综合实力，如中国成功举办了亚运会、奥运会，正在筹办冬奥会，这些大型赛事的举办或筹办彰显了我们日益增强的综合国力；再如中国参加国际体育赛事，争金夺银本身就是国家实力的体现，同时在赛场的精神面貌和道德风尚也体现了中国精神。

由此观之，体育的竞争力以及在体育运动中所表现出来的精神状态是民族复兴和国家富强的体现，因此，我国在民族复兴和国家富强征程中建构体育为强国的基础、内容和标志。

四、近代以来国人建构"体育强国"复合功效于民族复兴和国家富强

"体育强国"的复合功效是指体育与政治、经济、文化、国际交往等相互融合，通过结构互构、作用力互透及功能互助，发生增补效应、乘积效应、整体效应、诱导效应和共振效应等，以增强国家的活力、竞争力和实力。国家是由政治、经济、文化及国际交往等构成的整体系统，不同系统既独立又相互联系，支持其他系统，共同维系国家整体性的存在和运行。虽说体育是整个国家系统中的一个分支系统，然而体育与政治、经济、文化、国际交往等有着广泛而密切的联系，发挥着难以替代的作用。增强国家活力和实力既需要体育与政治、经济、文化、国际交往等系统各自发挥独特功能，又需要各系统形成复合功效，产生复合效应。

近代以来，随着对体育功能价值不断发现和重新认识，国人亦逐渐认识到体育对增强国家的活力、竞争力和实力的重要性。因此，不断建构体育与政治、经济、文化、国际交往等融合，产生复合效应，以追求国家民族复兴和国家富强。洋务派认识到“西方之所以‘船坚炮利’，科技先进也；西方军队战斗力之所以强大，体育助其训练也。”因而洋务派复制西方体育强军以求国家自强；维新派在制度变革中发现了人在民族复兴和国家富强中的关键作用，从中西跨文化比较中认识到体育育人和种族强大的重要性，“外国教育中必有体操，所以强其体魄，壮其胆气。养成不畏敌，不慑雷霆之志。然后内之以靖国难，外之以拒强敌，驰骋于炮光爆毁、肉震血气之际而不惧”“盖母健而后儿肥，培其先天而种乃进也。”因此国人除以体育练兵外，还使体育走进了学校，推向了社会。学校体育和社会体育的兴起，使体育复合功效于民族复兴和国家富强走得更深更远，一方面使得体育的健身、养生、娱乐、教育、政治、经济及文化等功能被国人不断发现和重新认识，更加重视体育发展，推动了体育现代化；另一方面使得体育与人的社会化、国家和社会现代化的嵌入不断深入，复合功效于民族复兴和国家富强的领域越来越宽，作用力越来越深，并且成为国人的共识而被视为公理。蔡元培认为体育不仅可以“强其体魄，壮其胆气”，而且增智力、养道德，“今经科学发现，人之智慧学术，皆由从这脑质运用之力而出，故脑力盛则智力高，身体弱则脑力衰，新教育之所以注重体操运动，实基于此。”“苟欲实践道德，宣力国家，以尽人生之天职，其必自体育始矣。”南京国民政府则认为实施国民体育可以“（一）供给国民机体充分平均教育之机会。（二）训练国民随机运用身体以适应环境之能力。（三）培养国民合作团结勇敢御侮之精神。（四）养成国民侠义勇敢刻苦耐劳之风尚，以发扬民族之精神。（五）养成国民以运动及游戏为娱乐之习惯。”所以“发展体育之目的，固在增进民族之体力，尤须以锻炼强健之精神，养成规律之习惯为主要任务。”新中国建立以来，特别是改革开放之后，党和政府在继承近代“体育强国”复合功效认知的基础上，一方面全方位地发展竞技体育、群众体育和学校体育，推动体育现代化与社会化；另一方面在注重体育与政治、经济、文化等相适应的同时，不断深化体育与政治、经济、文化等的融合，提升“体育强国”的复合功效。如1954年《中共中央批转中央体委党组关于加强人民体育运动工作的报告的指示》中指出，体育是改善人民健康和“培养人民勇敢、坚毅、集体主义精神，和向劳动人民进行共产主义教育的重要手段之一。”1984年《中共中央关于进一步发展体育运动的通知》中指出：体育“关系到人民的健康、民族的强盛和国家的荣誉，对提高广大人民群众的思想觉悟，实现党在新时期的总任务，发展国际交往与加强同世界人民的团结和友谊，加强国防力量，都有重大的作用。”2002年《中共中央关于进一步发展体育运动的通知》中强调了体育在经济、社会发展中的重要地位和作用，指出体育是社会发展与人类文明进步的一个标志，体育事业发展水平是一个国家综合国力和社会文明程度的重要体现；体育作为一种群众广泛参与的社会活动，不仅可以增强人民体质，而且也有助于培养人们勇敢顽强的性格，超越自我的品质，迎接挑战的意志和承担风险的能力，有助于培养人们的竞争意识，协作精神和公平观念；体育是促进友谊、增强团结的重要手段；当今世界，体育产业的发展明显加快，已经成为国民经济新的增长点。”2007年《中共中央、国务院关于加强青少年体育增强青少年体质的意见》则提出了体育“对于全面落实科学发展观，深入贯彻党的教育方针，大力推进素质教育，培养中国特色社会主义事业的合格建设者和接班人，具有重要意义。”2014年《国务院关于加快发展体育产业促进体育消费的若干意见》指出，“发展体育事业和产业是提高中华民族身体素质和健康水平的必然要求，有利于满足人民群众多样化的体育需求、保障和改善民生，有利于扩大内需、增加就业、培育新的经济增长点，有利于弘扬民族精神、增强国家凝聚力和文化竞争力”。总而言之，党和政府始终坚持以人民为中心，视体育为建设有中国特色社会主义事业的重要组成部分，不断发挥体育强国的复合效应，以增强人民体质和幸福感，激发国家的活力和竞争力，推动工业化、城市化、政治民主化、经济现代化和人的自由全面发展，彰显文化软实力，构建人与自然和谐共生。正因为此，习近平说：“体育在提高人民身体素质和健康水平、促进人的全面发展，丰富人民精神文化生活、推动经济社会发展，激励全国各族人民弘扬追求卓越、突破自我的精神方面，都有着不可替代的重要作用”。

总之，近代以来，随着国人对体育价值功能的不断发现和重新认识，国人不断建构体育与政治、经济、文化以及人的自由全面发展的复合，体育的复合功效在民族复兴和国家富强中得以彰显，《人民日报》在《十八大以来中国体育发展成就综述》一文中说到：“体育的内涵和外延从未如此丰富，当体育开始与经济、社会、文化、外交等领域融合而发挥多重复合功效，当健康中国、全民健康成为体育强音，体育强国梦正在汇入中国梦的时代洪流中”。

“体育强国”是近代以来国人缘于追求民族复兴和国家富强的文化建构，以此来进行社会动员，增强人民体质，体现民族和国家实力与精神面貌，发挥体育复合功效。文明传承的不间断性造就了中华文化博大精深，文化的开创性造就了中华文化与时俱进。党的十九大宣告中国特色社会主义进入新时代，民族复兴和国家富强进入新阶段。体育为民族复兴和国家富强服务，必然被国人赋予新功能和新内涵，而新时代“体育强国”的内涵不仅要体现时代性，也应有传承性。

第三章　青少年身体素质提升的影响与意义分析

第一节　体能训练对青少年的影响

一、改善青少年身体形态

杨世勇在《体能训练》一书中对身体形态做出了详细的解释："身体形态是指人体外部与内部的形态特征。虽然遗传因素对人体形态有一定的影响，然而抓住青少年生长发育的敏感期，通过科学、适度的体育锻炼，可以有效地改善人体形态"。

李石庄则是通过对比实验的方法得出结论："经过体育训练，身体形态指标前后存在明显的差异。通过体育锻炼，青少年学生的身高增长幅度明显。青少年学生正处于发育阶段，营养环境和遗传是身高的主要因素，但是外部因素是不容忽视的，因此，系统的体育锻炼对提升青少年的身高是有帮助的"。

从上述学者的观点可以看出，身体形态受先天遗传因素和营养摄取因素的影响较大，但是后天的努力也至关重要，尤其是在青少年生长发育高峰期，进行适量负荷的体能训练，可以改善身体形态。

二、增强青少年身体素质

在体育学术界，身体素质一般包括力量、速度、耐久力、灵敏性、柔韧性、协调性和平衡性等能力。身体素质的强弱直接关系到身体健康水平的高低，虽然遗传因素决定一个人身体素质的先天水平，但是人体具有可塑性，完全可以通过规律的体育锻炼和营养的辅助来弥补先天的不足，改善身体素质。

王超等人在我国十一个城市抽取自愿参加实验的 9 至 17 岁身体健康青少年 3121 人，首次将加速度计运用于体育锻炼科研当中，实验结果表明：相比于其他青少年，经常参加课外体育锻炼的青少年在 BMI 和体脂比这两个指标上数值更低。建议青少年利用课余时间积极进行体育锻炼，长此以往，可以提升其体力活动水平，同时可以预防肥胖风险。李红娟将影响青少年体力活动的因素划分为前置因素、促成因素和强化因素，同时指出：青少年的体力活动不应只依赖学校体育课，还应大力发展课外体育活动，提倡积极活跃的交通方式，养成健康的生活和饮食习惯，组织学校内外开展丰富新奇的运动项目等。

以上学者主要是研究体育锻炼对青少年身体素质的影响，实验结果显示，适度的体育运动对青少年身体健康是有益的，同时指出传统学校体育课不是青少年进行体育活动的唯一方式，提倡丰富青少年课余生活，这为本研究提供了一定的参考价值。

三、健全青少年心理健康

1948 年，联合国世界卫生组织（WHO）将健康定义为："健康不仅仅是没有虚弱和疾病，还包括生理、心理和社会方面的完满状态。"张梅指出，体育锻炼对于提高青少年生活抗压能力、心理健康以及人际关系具有十分关键的意义。吴家舵通过研究表明，青少年学生参加体育活动对促进心理健康具有积极性效应。

现如今的学校教育，教育工作者和学生家长往往只关注学生考试成绩的高低，从而忽视了学生心理的健康。青少年是一个脆弱的群体，这一阶段的青少年心智尚未成熟，人格还未定型，再加上学业任务繁重，竞争十分激烈，容易产生嫉妒、敌意及不满等不良情绪，更有甚者会酿成自杀、仇杀等无法弥补的后果，严重影响社会的稳定和家庭的幸福。发泄情绪的方式有许多种，而体育锻炼是其中最健康的方式，在运动中流汗可以消除一身的不痛快，在与同伴完美配合中可以获得胜利的喜悦，在遗憾失败后和同伴一起尝尝失败的苦涩更是别有一番滋味，这些都是体育锻炼带来的特殊效果，能够让青少年在情绪得到释放的同时，也提高了社会适应能力。

四、提高青少年学习成绩

"世上万般皆下品，思量唯有读书高"，自古以来，在我国的教育理念中，对文化成绩十分看重。现如今，面对繁重的学业和激烈的社会竞争，很多家长在子女教育方面心态浮躁、盲目攀比，宁愿花费大量的金钱投入到教育培训机构，也不愿意给孩子买一身合适的运动装备，更有家长不顾孩子的个人意愿，剥夺其参加体育运动的机会，限制其体育锻炼的时间。然而许多家长不知道，孩子在运动时会产生三种神经传导物质：多巴胺、血清素和正肾上腺素。多巴胺是一种正向的情绪物质，人如果想要快乐，大脑中一定要有多巴胺的受体。青少年在进行适量的体育运动后，心情舒畅，情绪高涨，脾气随和，这有助于青少年集中注意力，提升学习效率。血清素左右着人们的记忆力，记忆力会随着血清素的增加而变强，学习效果自然会得到提高。正肾上腺素跟注意力有直接的关系，运动后青少年的肾上腺素上升，专注力也随之上升，使得青少年心情愉快、注意力集中，在同等的时间内能够获取更多的知识，学得快、记得牢，自信心和自尊心也相应地得到了提高。

据中国教育新闻网报道，美国芝加哥地区一所中学实施“零时体育计划”，让学生在早晨正式上课之前进行跑步等体育运动，而且要达到一定的负荷要求，监测学生的心跳达到最高值或最大摄氧量的 70%，才开始上课。这项计划开始执行时，家长们都持反对的态度，他们认为孩子原本就厌恶早起，如果再去参加体育运动，那孩子走进课堂时的精神状态肯定是不佳的，势必会影响学习成绩。然而结果恰恰相反，在进行适量强度的运动后，学生的头脑愈加清新，上课气氛愈加活跃，记忆力得到一定的提高，注意力更加集中。

综上所述，人们长期错误地认为参与体育运动会耽误学习成绩。然而科学事实告诉这些偏见者，适量的体育运动对孩子的身体形态、身体素质、心理健康和学习成绩等方面有着积极的促进作用。教育和运动应该相辅相成，缺一不可。学习本身是一件愉快的事情，不应一味地追求学习成绩，就把孩子拴在课桌上。孩子不是牢笼里面的小鸟，他们需要自由的空间才能展翅高飞，给孩子一点自由时间去参加体育运动，劳逸结合，这样学习才会取得更加出色的效果。

第二节　运动行为干预对大学生负性情绪的调节与应用

大学生的情绪调节与心理健康日益受到人们的关注，身体锻炼具有显著的情绪效益. 采用文献资料研究法，结合目前国内外运动行为干预改善大学生负性情绪及调节心理问题的研究，从负性情绪的概念及表现，身体锻炼情绪效应的研究范式、影响因素及作用机制等方面，研究运动锻炼及行为干预对大学生负性情绪的调节作用以及在大学生教育管理实践中的应用。

近年来，随着社会经济的发展，大学生面临着学业压力、人际交往、情感困惑、经济负担及就业困难等各方面的压力和问题，这些问题易引起大学生的情绪问题，往往会产生负性情绪，甚至产生心理困惑与心理问题。负性情绪困扰着大学生的学习、生活及工作，严重者可能造成身心伤害，影响其学习和生活，需引起高校学生管理工作者的重视。

运动心理学研究表明，身体锻炼主要通过产生情绪效益，发挥心理效益作用，促进心理健康。身体锻炼对情绪调节具有显著的效果. 运动锻炼对负性情绪的改善与调节起着重要作用，因而可作为大学生自身情绪调节简便易行且行之有效的手段和方法。

有研究表明，一次性运动锻炼可产生明显的短期情绪效益，长期运动锻炼能够获得长期情绪效益。运动锻炼能够降低消极情感，提升积极情感；激发进取心、自信心，磨炼意志；增强自我价值与效能感；促进青少年认知发展，延缓中老年认知衰老；能够改善自尊，对人格及认知产生积极影响；增强社会适应及应对突发事件的能力，获得更多的社会支持；提升主观幸福感与生活满意度等。

本研究依据身体锻炼产生情绪效益，促进心理健康的相关理论研究，结合当前大学生自身特点，在总结探讨以往研究的基础上，以期为更好地提高身体锻炼的情绪效益以及科学干预负性情绪及心理问题，促进大学生身心健康，提供理论支撑和方法指导.

一、负性情绪的概念及表现

情绪是人对客观事物的主观体验，分为积极情绪和消极情绪。积极情绪能给人带来幸福和向上的感觉，消极情绪即负性情绪（negative emotion），是指使人产生紧张的情绪状态。心理学中把焦虑、沮丧、悲伤、紧张、恐惧、抑郁、愤怒、嫉妒、痛苦及脾气暴躁等情绪统称为负性情绪，又称为负面情绪，其主要特点为非自愿、抵触性，情绪不稳定，易激怒或易哭泣，控制力差，注意力不集中，易受干扰。积极情绪能让人头脑清醒，精神焕发，提高学习及工作效率；负性情绪体验消极，会使人身体感到不适，降低学习和工作效能，令人精神沮丧、萎靡不振，损害身心健康。此外，负性情绪易传染给他人，经常有焦虑、悲伤、嫉妒、愤怒、恐惧等情绪的人，能够引起大脑皮质和丘脑下部兴奋，产生心脑血管疾病。

当前高校大学生在学习和生活中难免会遇到各种各样的矛盾和问题，或受到一些突发事件的刺激，或面临巨大困难，这些压力一旦超出其自身承受能力，一时难以克服，都会产生不良的负性情绪。大学生面临着学业、经济、人际交往、情感及就业等各方面的压力，稍遇困难和挫折，就容易情绪低落、垂头丧气，缺乏自信心与耐挫力，产生心理危机感。大学生在产生负性情绪时，表现出高度的焦虑、紧张、压抑、烦恼、恐惧、愤怒、抑郁，并伴有头晕、失眠，食欲不振、胃部不适等状况，情绪上焦躁不安、反复无常，不能集中精力专心学习或工作。由于负性情绪的影响，大学生在事物认知过程中，观察问题、判断是非容易主观化、简单化及片面化，易于偏激，易固执己见；看待和处理问题容易情绪化，缺乏理智，多感情用事，甚至产生一些极端想法与念头。

二、运动锻炼对大学生负性情绪的影响

（一）运动锻炼情绪效应的研究范式

研究运动锻炼对情绪的影响主要有两种方法：一是身体锻炼的剧烈效益研究，即通过一次性身体锻炼研究被试者锻炼前与结束后的情绪效益；二是运动锻炼的长期效益研究，即通过持续的训练或长期的身体锻炼研究所带来的被试者情绪变化效益。两种研究范式各有利弊，身体锻炼的短期效应能够严格地控制实验过程，但不能准确反映身体锻炼与较稳定情绪的关系；长期情绪效应的研究通常是观察 8 – 10 周，每周 2 – 4 次的身体锻炼后情绪的变化，能够更准确地反映身体锻炼对情绪改善的作用，但不能够严格地控制无关变量。

（二）运动锻炼调节大学生负性情绪效应研究

负性情绪会对大学生的生活质量与学习效率产生直接影响。众多研究已证实身体锻炼能有效地降低焦虑与抑郁水平，增进心理健康。自主情境或合作情境的锻炼都能产生良好的情绪效应，合作情境下的身体锻炼对焦虑、抑郁等不良情绪具有更好的改善作用。研究表明，体育锻炼对特质的焦虑和抑郁也产生轻微影响，减少表情行为，降低情感体验，减轻焦虑等负性情绪的不良影响，提高自信心和自我概念水平。长期习练八段锦可以提高大学生的免疫机能，缓解心理焦虑，改善亚健康症状。张兰君、李娜等研究发现，具有强迫症状的大学生，在体育活动后能够调节认知、情绪和行为，改善强迫倾向及症状，其效果与运动处方相关，这表明有计划、有目的的体育锻炼和娱乐性群体运动，有利于改善大学生的强迫症状，培养健康的个性和稳定的情绪特征。

体育运动能够改善身体器官的机能，发展机体的代偿能力，增强体质，改善情绪状态，培养坚强的意志品质。肌肉力量性练习能够促进身体自尊、情绪稳定性、自信心和外向性格，形成良好的自我概念。良好的情绪能够激发学生的学习积极性，调节情绪状态，从而有利于保证较高的学习效率。研究表明，经常参加体育锻炼的大学生容易接纳自己，有自信心、忍耐力和意志力，改善不良个性，培养稳定的情绪。研究还发现，经常参与中长距离的中速跑、慢速跑、变速跑等有氧运动，能缓解紧张情绪，消除过度精神紧张，而群体性的球类活动有利于培养大学生的协作精神。大学生参与感兴趣的体育游戏活动、球类比赛及对抗性比赛等积极、有益的活动，可使他们产生强烈的情感体验，以取代负性情绪体验。

（三）影响运动锻炼产生情绪效益的因素

影响运动锻炼对负性情绪缓和效应的变量主要有大学生的自身因素和运动锻炼的因素等方面。大学生自身因素包括年龄、性别、体能水平和运动锻炼前的情绪状态等。研究发现，年龄差异、性别、体能水平对运动锻炼后焦虑水平的改善没有显著差异，运动锻炼对高焦虑水平的被试者效果显著。运动锻炼的因素包括运动锻炼的类型、强度、频率及持续时间。研究发现，塑身训练、慢跑、游泳、瑜伽及剑术等有氧运动锻炼能够降低焦虑水平；高强度的身体锻炼比低强度的身体锻炼更能降低焦虑水平；急性身体锻炼对暂时的心境影响较大，慢性身体锻炼对持久的情绪影响较大。在运动锻炼对情绪调节的过程中，体育锻炼固然重要，但人的情境关系、心理变量及认知评价也会影响锻炼效益。有规律、有计划及有组织的运动锻炼能够有效地改善大学生的心境和情绪。不同运动项目对大学生心境的不同方面有不同程度的影响，也存在性别差异。由于情绪的复杂性，情绪研究方法学存在的困难主要是难以进行定量分析，通常采用心理测量法和心理生理指标测定法，测量中可能出现记忆效应，对研究结果的可靠性产生影响，同时运动锻炼后的情绪效益应从生理以及心理过程的角度进行严密的思考与评价。

三、运动锻炼在调节大学生负性情绪中的应用

（一）注重校园体育文化环境的作用，营造良好的体育文化和运动氛围

校园体育文化是营造学校人文气息和校园文化不可缺少的内容，是推动校园文化发展的有力手段，良好的校园体育传统与风气会对学生产生潜移默化的影响。高校应重视对大学生运动锻炼的引导和教育，使大学生形成正确的体育态度、兴趣及爱好，养成良好的体育锻炼习惯，提高学生的体育文化素养。比如，加大体育基础设施建设投入与维护，扎实开展“阳光体育运动”，繁荣体育类社团文化，丰富课外体育活动，规范课堂体育运动，将体育运动及体质测试列为考核评价的重要指标，全面推进校园体育文化建设. 通过良好的运动氛围，增强校园软实力，以补足不够完善的物质环境，使学生主动参加运动锻炼，让广大学生不仅加强身体锻炼，也能缓解不良情绪，释放心理压力。

（二）构建心理健康干预体系和机制，对学生心理问题予以正确疏导

学校应构建心理健康干预体系，建立健全心理危机干预机制，加快心理健康教育及体育师资队伍培养步伐，将心理干预措施与体育运动紧密结合。首先，在保障正常教育教学的前提下，通过多种方式对学生管理队伍、心理咨询工作人员及体育教师进行培训，不断提高教师整体素质和业务水平，打造高素质教师团队，为学生阳光体育运动及心理健康咨询提供人才支持。其次，加强师生之间的交流和互动，更加注重人文关怀与个性培养，将“快乐

体育”的理念融入具体的活动中，让学生的关注点不仅着重于活动本身，更着重于在体育运动中所得到的情感教育与情绪调节，从而对学生存在的不良情绪及心理问题予以科学、合理地疏导。

（三）在体育教学及日常学生管理中，注重创新心理危机干预方法

在体育教学及日常管理中，改革高校现有公共体育课模式与教学方式，尝试设置针对负性情绪及心理危机学生的调适性体育课程，创设适合心理危机学生参与的复合型体育教学内容，开设针对负性情绪及心理危机学生的特别体育教育班或单独组成教学班，科学合理地创设体育行为干预的内容与方式。重视个体差异，结合学生自身特点设置体育项目与内容，组织针对性的课外体育及心理疏导活动，从而提高体育行为对当代大学生情绪调控及心理危机干预的有效性。运动处方以学生感兴趣和有利于减轻焦虑、抑郁等不良情绪的项目内容为主。运动量和强度需适中，运动量过大容易产生身体疲劳及恐惧心理，适得其反；运动量过小，又会因刺激量过小而失去运动兴趣，达不到目的。

（四）加强对大学生的心理健康教育及运动干预

无论是身体疾病，还是心理疾患，都是“防重于治”，通过课堂教学，对大学生进行生动活泼、形象具体的心理健康教育。体育行为是情绪调节、干预心理危机的重要措施，但必须依据负性情绪及心理危机的类型、性质与大学生实际情况，针对存在不良情绪的学生，鼓励通过第二课堂、课外活动，选择合理的体育干预活动方式和内容，教给大学生防治与化解心理障碍、疾患的具体方式、方法，将运动干预措施作为大学生不良情绪调节及心理疏导的重要手段和举措，从整体上提高大学生的心理素质，增强心理调适能力和社会生活的适应能力，预防和缓解大学生的心理问题。

心理学家指出，一般人口中约有 15% ~20% 的人有情绪障碍、心理困扰，而许多疾病的发生都与情绪波动有关。将体育行为干预作为调节当代大学生情绪及解决心理危机的措施，已经得到多项研究的验证，但影响预期效果的因素也较多。只有将运动行为干预真正落实到大学生心理辅导，大学生管理、服务，心理危机干预及自我调适的过程实践当中，才能有效地提高运

动行为对当代大学生负性情绪调节及心理危机的干预作用，做好大学生心理问题防治工作，促进大学生的身心健康。

第三节　体育锻炼对青少年认知能力和学业表现的影响

体育锻炼对青少年认知能力和学业表现影响的相关研究可以追溯至20世纪50年代。21世纪以后，在认知神经科学相关理论和研究方法的影响下，涌现了一批令人瞩目的研究成果。目前，大部分研究认为，适量的体育锻炼有助于改善青少年认知能力，提高其学业表现。但是，体育锻炼影响青少年认知能力，学业表现的作用机制、体育锻炼与认知能力，学业表现的量效关系等一系列关键问题，仍有待学者进一步的研究。

国务院颁布《全民健身计划纲要》至今已有20年，然而，我国青少年体育锻炼不足的问题依然存在，中国学生家长和学校重视学生智力发展而轻视体育锻炼的情况并未有根本改观，其原因可能有：第一，中国传统文化重文轻武，轻视体育锻炼的作用；第二，家长和学校普遍担心体育锻炼影响学业，而学术界缺乏有力的证据证明体育锻炼对青少年的认知能力和学业表现具有促进作用。

纵观体育锻炼与青少年认知能力、学业表现的相关研究的历史，自20世纪50年代起，陆续有零星论文发表。21世纪以后，随着神经科学相关研究方法和技术的迅速发展，极大地推动了认知神经心理学的兴起，相关论文数量呈爆发性增长。神经科学领域中的脑电成像、脑磁成像和功能磁共振成像等技术的应用，有助于研究者们观测在认知过程中的大脑活动，研究人类大脑学习和记忆的工作机制，为揭示大脑“黑箱”提供了宝贵的研究经验。借助于认知心理学理论的发展和神经科学技术手段的进步，近年来，体育锻炼与青少年认知能力和学业表现的相关研究取得了巨大突破，已经引起了学术界的广泛关注。更值得注意的是，目前，大部分研究结果与我国传统观念恰恰相反，体育锻炼非但对青少年的学业表现没有负面影响，还能在一定程度上帮助青少年改善认知能力，提升学业表现，这些研究结果无疑将有利于我国全民健身计划的宣传和实施，也为我国阳光体育运动的开展提供了新的思路和方法。

21 世纪以来，神经科学技术飞速发展，这些技术与医学、生物学、社会学、教育学和心理学等多个学科理论有机结合，孕育了认知心理生理学、认知神经生物学、计算神经科学等一大批交叉学科，极大地开拓了各个学科的发展领域。伴随着认知心理学基础理论的发展演进和神经科学技术的应用，认知神经心理学应运而生，认知心理学也在 21 世纪初进入了一个崭新的发展时期。在这一大背景下，认知心理学的相关理论和神经科学的先进技术被引入体育锻炼与青少年认知能力和学业表现的相关研究中来。如果说 2000 年以前体育锻炼与青少年学业表现相关研究还是一些单一学科的、零星的、不成系统的研究，那么 2000 年以后的相关研究则呈现出体育科学、心理学、神经科学等多学科共同参与，研究的论文数量呈爆炸性增长，研究的理论和方法更加丰富，研究成果也更加丰硕等特点。

一、具身认知理论的影响

体育锻炼影响青少年学业表现的一些早期研究是源于对唤醒理论的探索，2000 年以后的一些相关研究，则受到了具身认知理论的影响。近年来，以具身性和情境性为重要特征的第二代认知科学日益受到重视，推动认知神经科学进入了新的发展阶段。传统的认知心理学深受计算机科学的影响，认为认知是信息的表征和操控，类似于计算机的符号加工。在这种研究范式下，认知被认为是可计算的，也是可离身的，即独立于包括大脑在内的身体。不过，学术界从未停止质疑认知过程的计算机隐喻。哲学家们反对心物二元论，强调认识的主体与世界具有不可分离的特性。随后，具身认知的相关理论逐渐被心理学家所认同，并通过应用 ERP、fMRI 等认知神经科学技术在心理学实验中加以论证和发展。目前，具身认知已经成为心理学中一个研究热点，“是当代西方心理学中一股汹涌澎湃的实证研究思潮”。具身认知理论认为，“身体及其感觉运动系统在认知过程中发挥着关键作用，认知是通过身体及其感觉运动系统的活动方式而形成的”。与传统认知心理学的符号加工模式不同，具身认知强调身体的构造和状态，身体的物理属性及其大脑与身体的特殊感觉（运动通道），对认知具有的塑造作用。比如，有研究发现，紧握拳头有助于提升男性的坚定、自信和自尊等心理品质，而握拳的身体姿势改变了男性的自我概念。因此，具身认知理论的发展为体育锻炼、认知能力和学业表现的研究奠定了良好的理论基础。

二、认知神经科学相关研究方法的应用

方法的进步是推动研究发展的重要动力。在2000年以前，体育锻炼影响认知能力和学业表现的主要研究方法是问卷调查，随着近年来神经科学和心理学相关研究技术的应用，体育锻炼影响认知能力和学业表现的相关研究取得了重要突破。目前，应用于本领域研究的主要神经科学研究技术包括：

（一）医学影像学技术

在医学影像学技术应用以前，人们对大脑的认识主要来自尸体解剖和大脑局部损伤患者的个案研究，随着计算机断层扫描CT和核磁共振MRI技术的发展，研究者可以无损伤地研究大脑的内部形态和结构。有研究者将MRI成像技术应用于体育锻炼与青少年认知能力的相关研究，发现体育锻炼可能会改变大脑的某些与认知功能相关部位的形态和结构。

（二）脑电成像和脑磁成像技术

CT和MRI能够展示的是大脑的结构，但更具有研究意义的是大脑功能发生变化的区域和特征，因此，脑电成像和脑磁成像被引入测量大脑活动时电磁信号，从而研究大脑功能的动态变化。脑电成像可以通过在头皮表面放置记录电极，记录大脑活动时的头皮表面的电信号，而脑磁成像则是通过超导量子干涉装置，记录大脑活动时的头皮外磁信号。在体育锻炼和青少年认知能力相关研究中，由于认知活动产生的脑电信号比自发的脑电信号弱得多，认知活动产生的脑电信号容易被自发的脑电信号所掩盖而不易观察。研究者们常常应用事件相关电位技术ERP。ERP是脑电成像技术的一种，它运用计算机多次叠加的相关技术，可以将认知刺激引起的脑电信号从复杂繁多的脑电信号中提取出来。然而，无论是脑电成像或是脑磁成像，都是基于放置于头皮处的感应器信号，因此，对大脑各部位定位的空间分辨率还比较差。

（三）功能磁共振成像技术

近年来，在MRI技术的基础上，逐渐发展形成了功能磁共振成像技术。

磁共振信号与血液中含氧量有关，因此，测量大脑活动时大脑各部分血流中含氧量的变化，就可以间接反映相对应的神经细胞活动的变化，fMRI 正是基于这种原理发展而来。fMRI 作为一种功能脑成像技术，克服了 EEG 空间分辨率比较差的缺点，可以检测大脑功能活动发生部位血流变化情况，从而了解大脑高级功能的发生部位和特征，因此，fMRI 是目前认知神经科学研究的重要技术之一。

（四）其他相关技术

正电子发射断层现象技术（PET）是目前临床上比较先进的核医学检查技术。PET 将发射正电子的核素标记的化合物注入人体，进入脑部，而在体外测量正电子湮灭发射的 γ 射线，从而获得这种标记物在大脑内分布的断层图像。PET 技术具有较好的空间分辨率，不过时间分辨率较差，且具有一定的放射性。其他的相关技术还包括单光子发射计算机断层显像技术 SPECT，近红外谱技术 NIRS 和光学相干层析成像技术 OCT。这些技术发展非常迅速，有可能在未来成为体育锻炼与青少年认知能力相关研究的重要研究工具。

三、2000 年以后体育锻炼影响青少年学业表现横断面调查研究的现状

进入 2000 年以来，许多国家和地区针对青少年的体育锻炼（或体力活动）和学业成绩进行了横断面调查研究。由于影响学业表现的混杂因素较多（如家庭社会经济地位、父母的教育程度等），在研究中需对这些混杂因素进行必要的控制，因此，此类横向调查大部分样本量较大。总体而言，经过研究发现，青少年的体育锻炼水平（或体力活动水平）与青少年的学业表现呈比较弱的正相关，不过也有部分研究结果显示，青少年的体育锻炼水平与学业成绩不相关甚至呈负相关。这种矛盾的研究结果可能源于两方面：第一，研究设计中对混杂因素控制效果不同，造就了不同的研究结果。第二，此类横向调查测量工具一般为主观性较强的调查问卷，测量工具不同的信效度水平影响了研究结果。

四、短时间体育运动对青少年认知能力的影响

随着具身认知理论不断发展和 ERP、fMRI 等神经认知科学研究技术被引入神经认知心理学研究中，测量大脑功能的即时变化不再困难，因此，一些

研究者开始关注短时间体育锻炼对青少年认知能力的影响，这里的短时间体育锻炼一般是指1h以内的体育活动。如Budde等人研究发现，一组既锻炼身体又锻炼头脑的10min协调性练习，有助于提升儿童青少年的专注力和注意力。另一项研究则让两组儿童分别进行静态的电子游戏和需要结合运动的电子游戏，然后比较了两组儿童的执行功能，结果发现，两组儿童执行功能有差异，提示“手脑并用”的游戏可能有助于提升儿童的执行功能。PESCE等人对52名11－12岁健康儿童分别进行基线测试，并在1h集体游戏和1h循环训练后测试了即时记忆和延时记忆。研究结果也显示，参加完循环训练后的延时记忆和即时记忆有所不同。该研究认为，以群体活动为主的集体游戏和基线测试相比，有所提高，而参加集体游戏后效果更佳；而以即时活动为主的循环训练，对于儿童的社交能力、认知能力，影响记忆、延时记忆，与基线测试相比，都有所提高。

五、青少年体质健康与认知能力和学业表现的关系

因为长期对青少年的体育锻炼进行干预的操作难度较大，且不易控制，所以，许多研究转而研究受长期体育锻炼影响较大的体质健康水平，特别是有氧耐力对青少年学业表现的影响。

有学者通过问卷和心理测试的方法测试了青少年的认知能力相关指标，采用折返跑测试（PACER测试）测量，研究发现，青少年的有氧耐力与认知能力存在相关性，有氧耐力水平高的青少年具有更好的算术和阅读能力。随着无损伤脑功能成像技术的发展，事件相关电位ERP等新技术被应用于体育锻炼与脑功能的研究中，P3是ERP中最受关注和研究的一种内源性成分，P3的波幅被认为反映了刺激引起的注意力水平，而P3的反应时间则被认为反映了大脑认知处理的速度。美国伊利诺伊大学香槟分校的Hillman教授率领的团队将ERP应用于青少年体育锻炼与认知能力的相关研究中，研究发现，与有氧耐力水平低的青少年相比，有氧耐力水平高的青少年进行认知能力测试时，大脑事件相关电位ERP中的P3反应时间更短，波幅更大。研究结果提示，长期的体育锻炼可能有助于提升青少年的认知能力。还有的研究者则采用核磁共振的方法研究了青少年体育锻炼对大脑的结构的影响，研究发现，与有氧耐力水平低的青少年相比，有氧耐力水平高的青少年背侧纹状体的容量更大，记忆力测试得分更高。

六、体育锻炼影响青少年认知能力和学业表现的机制研究现状

（一）体育锻炼影响青少年认知能力的可能生物学机制

虽然大部分研究都认为，适量的体育锻炼能够改善青少年的认知能力，但目前还不能很好地揭示运动促进认知能力的机制是如何进行的。一些研究人员总结了目前研究的几种可能机制：（1）运动可以改善乙酰胆碱、多巴胺等神经递质的合成和分泌，激活传导通路，提高突触传递效能，从而促进学习记忆功能的发展；（2）运动能够增加胰岛素样生长因子-1、脑源性神经营养因子等神经生长因子的释放，从而促进学习记忆功能的发展；（3）体育锻炼还可能通过影响糖皮质激素的释放来提升学习记忆表现；（4）体育锻炼可以通过增强与学习记忆相关脑区的基因表达、神经生长、血管生长来提升认知能力。（5）体育锻炼可能通过改善脑组织抗氧化能力，保持和提高认知能力。

总而言之，体育锻炼对认知能力相关的大脑区域的神经递质、激素、神经生长因子、神经发生和氧化还原状态的影响，均可能参与了体育锻炼提升认知能力的机制中，具体的生物学机制仍有待深入研究。

（二）体育锻炼影响青少年学业成绩的可能机制

最近10年的研究中，有一些学者提出体育锻炼可能并不是直接影响青少年的学业表现，而可能通过一个或几个中介变量对学业表现产生影响。最早被学者们关注的中介变量是体质健康因素。有研究发现，青少年的数学成绩、阅读能力与心肺耐力、体脂率存在相关性，提示青少年的体适能水平可能与认知能力、学业成绩有关。还有研究发现，青少年的体重水平与认知能力存在相关性。另一项研究系统则总结了26项关于青少年智商和肥胖程度的研究，发现青少年智商可能与肥胖程度呈负相关。学者们推测，作为改善青少年体质健康水平最重要手段之一的体育锻炼，可以通过提高青少年的体质健康水平，从而提升其认知能力和学业表现。还有研究采用加速度计测量了401名学生连续3天的体力活动水平，通过标准测试测量了其阅读、拼写和

数学的学业成绩，通过路径分析研究证实，体力活动可以通过影响有氧耐力，进而影响青少年的数学成绩，但是，这种中介效应并没有在阅读和拼写成绩上得到体现。不过一项来自瑞典的研究发现，女生的学业成绩与高强度体力活动有关，但是体质健康并非两者的中介变量，而男生的数据则显示，体质健康与学业成绩相关，但是数据也不支持体质健康作为中介变量。

来自心理学的研究还提示，体育锻炼与自我效能、自尊等心理因素有关，而这些心理因素又可能影响青少年的学业表现。基于前人研究的基础，Tom－Porowski 等学者假设了一个理论，体育锻炼影响青少年学业表现的路径可能是比较复杂的，体育锻炼可以直接影响认知能力和学业表现，也可以通过体质因素、健康因素和心理社会因素等中介变量施以影响。同时，性别、年龄、文化及家庭社会经济地位等因素还可以作为调节变量影响两者的关系。总体而言，该模型比较系统地汇总了可能的作用机制，但是该理论模型仍有待今后的研究予以验证和修订。还有一些研究认为，体育锻炼能够改善青少年在课堂上的行为表现，从而提升学业成绩。比如，有研究通过教室内的体力活动对小学生进行了干预，结果发现，小学生不仅增加了体力活动水平，还提高了注意力水平。另一项研究创新性地在学科课程中融入了体力活动，这种新型的课程被发现能增加学生在课堂中的注意力。最近的一项研究则比较了小学生在课间进行高强度体育运动和不进行体育运动对课堂表现的影响，结果发现，在课间进行体育活动后，小学生上课时开小差（讲闲话、做小动作等）的比例出现了较为明显的下降，该研究证明了高强度的体育运动能够改善青少年的课堂行为表现，这也可能是体育锻炼改善学业成绩的可能途径之一。

第四节　身体锻炼的情绪效应

研究身体锻炼对情绪的影响主要有以下两种基本方法：一个是身体锻炼的长期效益，即持续的训练或长期的身体锻炼所带来的效益；另一个是身体锻炼的剧烈效益，或者说是一次性身体锻炼所带来的效益。身体锻炼的长期效益研究，是指被试者在执行训练计划前与完成训练计划后的情绪变化比较，这种研究方法，说明需要重复多次的一次性身体锻炼才能获取情绪的变化。

相应地，身体锻炼的剧烈效益，是指一次性的身体锻炼后也能获得这种心理效益（虽然普遍地认为有训练者和无训练者在这些效益上有差异），这种类型的研究方法是对被试者参与一次性的身体锻炼前与结束后自我报告的情绪进行比较。

一、身体锻炼产生情绪效益时的影响变量

身体锻炼对焦虑具有一种缓和的效应，这种缓和的效应主要由被试者的因素和身体锻炼的因素等方面变量起作用。

被试者的因素包括被试的年龄、性别、体能水平和身体锻炼前的焦虑水平等。研究年龄变量对身体锻炼后可能对焦虑减轻的影响比较困难，因为这个领域的大多数研究都采用大学生作为被试者。仅一项研究是对年轻人和老年人在自行车测力计上练习前后焦虑水平的变化进行比较，结论是身体锻炼后焦虑水平没有显著的年龄差异，性别在一次性的剧烈身体锻炼对焦虑水平的影响方面没有显著性的差异，体能水平对身体锻炼后的焦虑水平的降低也没有显著性的影响。许多研究都表明，身体锻炼对那些高焦虑水平的被试者特别有效。

影响身体锻炼后焦虑水平的变量中和身体锻炼方面的变量中，我们对身体锻炼的类型、强度、持续时间比较感兴趣，但是没有有关不同持续时间的身体锻炼比较研究，因此，我们只是提供了有关身体锻炼的类型和强度的研究。身体锻炼的类型的研究有对 30 分钟的慢跑和游泳的被试者的焦虑水平作了比较，发现只有慢跑的被试者的焦虑水平有降低，此外，也有研究者对游泳、塑身训练、瑜珈及剑术等练习后被试者的焦虑水平作了比较研究。关于身体锻炼的强度对焦虑影响，研究发现身体锻炼的强度对焦虑水平有影响，认为高强度的身体锻炼比低强度的身体锻炼更能降低焦虑水平。

二、身体锻炼情绪效益的机制

目前，已有许多关于剧烈身体锻炼对情绪影响的过程和机制的研究，这方面的研究主要有内啡肽假说、单胺假说、基因假说、分散注意力假说和掌握假说等。

（一）内啡肽假说

内啡肽假说认为剧烈身体锻炼对情绪的影响尤其是安乐感的产生，是由于在大脑受体的位置释放并进而生成的一种叫缩氨酸（notably）和 -脑啡肽的结合物的结果。发现内啡肽后不久就出现了这个假说，并得到了研究者很高的重视，并采用了两种策略：一种策略是看被试者剧烈身体锻炼期间或结束后的情绪是否同 -脑啡肽循环的水平相关；另一种策略是对一群服用抗安眠药（烯丙羟吗啡酮、环丙甲羟二羟吗啡酮）的被试者身体锻炼后，同服用含盐物质的被试者的情绪反应进行比较，表明两者是相关的，两个关于服用抗安眠药的研究支持了这个内啡肽假说。这个假说在表面上具有很高的效度。有许多关于身体锻炼的“跑步者高峰”之类的趣闻报道，但是目前尚无法直接地验证这一假说。

（二）单胺假说

单胺假说认为身体锻炼的情绪效应是伴随着身体锻炼的中枢神经递质的单胺水平提高而引起的，尤其是去甲肾上腺素。这个假说比较直观地揭示了单胺活动和抑郁之间的关系。然而，用这些零星的数据来说明其中的因果关系，不足以令人信服。除了承认单胺和抑郁的关系外，唯一支持这一假说的是剧烈身体锻炼后尿和血浆中的去甲肾上腺素（3 - 甲基 - 4 羟基 - MHPG）的代谢研究。

（三）温度假说

温度假说认为身体锻炼过程中的体温升高有助于情绪的改善。这个假说只是从观察剧烈身体锻炼和积极的加温（桑拿）对中枢神经系统的唤醒水平的 EMG 值变化而得出的一个非直接的支持性研究。

（四）分散注意力假说

分散注意力假说认为，情绪的改善实际上不是剧烈身体锻炼本身的结果，而是身体锻炼能够使人们从日常生活中的压抑和担忧中解脱出来，从而情绪得到暂时的缓和而已。因为许多研究发现身体锻炼对焦虑的减轻并不比沉思或安静休息对焦虑的减轻更有效。

三、身体锻炼的情绪效应的研究不足

第一，情绪概念的界定。由于概念界定不清，使得许多研究中一些术语

被重复和错用。比如，心理效益、心境状态、情感和情绪等术语常被交替地进行使用。这些变量的范围都很广，但其含义是不同的，如心理效益可以指情绪的改善，甚至还可以指那些与情绪无关的认知功能的提高。如急性的身体锻炼可能对暂时的心境影响较大，而慢性的身体锻炼可能对持久的情绪影响较大。由于这种术语混乱的使用，导致了研究结果的差别，因此，研究学者们需对经常采用的术语给出一个清晰的定义。

第二，身体锻炼属性的界定问题。陈作松、季浏认为，一直以来有很多的学者致力于从不同的角度和观点来进行研究，每一个角度和观点反映了身体锻炼与情绪不同维度的联系，为我们提供了重要的信息，但研究者在研究身体锻炼的身体本质属性时，多数研究身体锻炼的自然生物属性，忽略了心理、社会属性。即更多考虑锻炼时间、锻炼内容、锻炼频率及锻炼强度等，缺乏对锻炼情境和心理变量的考虑。可以认为在验证身体锻炼有助于情绪改善过程中遇到的困惑，缺乏对锻炼情境和心理变量的考虑，是其重要原因之一。

第三，身体锻炼情绪的两种研究范式各有利弊，在身体锻炼的短期效应的研究中，尽管实验过程可以较严格地控制，但是，它却难以揭示身体锻炼与较稳定情绪的关系，诚然，也有研究报告显示，一次性的身体锻炼对心境状态等较稳定的情绪水平有明显的改善，但也可能是由于情绪概念混乱的原因造成的。在长期情绪效应的研究中，在实验设计上多选择较长的锻炼时间周期，研究通常是通过观察 8 – 10 周，每周 2 – 4 次的身体锻炼后情绪的变化，尽管这种研究范式为身体锻炼对情绪改善的作用提供了有力的证据，但在实验过程中无关变量却难以进行严格的控制。

第四，这一领域的研究，在描述因变量（即情绪）变化时，通常采用心理测量法和心理生理指标测定法，将测量的结果作为衡量情绪变化的指标，这将出现使用同一量表对同一组被试进行重复多次的测量，而且时间间隔十分短暂，测量中极有可能产生记忆效应，对研究结果的可靠性产生影响。虽然采用心理生理的方法测得与情绪相关的指标，对进一步明朗身体锻炼与情绪关系提供了帮助，但是，身体锻炼后的情绪不能单独地从生理的角度进行测量，而应该从心理过程的角度进行严密的思考。

第五节 身体锻炼对青少年心理健康的影响

体育锻炼对于促进人的心理健康具有积极的影响。因此锻炼心理学领域长期以来一直，重点研究身体锻炼与心理健康的关系，尤其青少年的心理健康更是重中之重。本书主要研究长期科学身体锻炼可以促进青少年的心理健康，同时也可以预防和治疗青少年心理健康问题。

随着社会的高速发展，竞争、压力的逐渐增强，并且现在大部分青少年都是独生子女，使得家长和社会对青少年的期望水平愈来愈高，因此造成很多青少年心理压力不断增大，导致各种心理障碍和行为异常现象的产生，如厌学、逃学、焦虑、抑郁、早恋、自卑及自杀等现象，并在很多学校呈上升趋势，据相关调查表明，我国青少年的心理健康状况不容乐观，其中约有16.5%的青少年存在中度以上的心理问题。因此，本论文主要阐述长期身体锻炼对青少年的心理健康的影响，并在前人研究的基础上，研发一套专门为解决青少年的心理问题锻炼身体的方法。

一、长期科学身体锻炼对青少年的心理健康具有促进作用

长期进行体育锻炼和长期进行渐进性放松练习，都可以降低学习压力较大的学生的焦虑水平，并提高青少年的自定效能，经常进行身体锻炼的人可改善心理状态，比如降低其抑郁、焦虑程度等。同样，长期身体锻炼也可以增强青少年的身体素质，同时也能促进青少年的智力的发展、自我意识的发展和良好个性的形成，还可以调节情感情绪和减轻心理压力。

（一）长期科学身体锻炼促进青少年的智力的发展

从王荣辉等人对我国跳水运动员心理和智力特征的研究中可知，跳水世界冠军的智力平均水平要高于国家队平均水平，也要高于省市队水平，因此，可以预测身体锻炼对智力提高有一定的促进作用。这种智力是在平时长期锻炼和比赛中才能积累出来，可见长期的身体锻炼能在一定程度上提高青少年的智力。青少年经常进行身体锻炼可以促进新陈代谢水平，使大脑获得更多的养分，有利于大脑的记忆、思维和想象，提高大脑工作效率，同时可以增

强大脑神经系统的稳定性，提高反应性和灵活性，因此，长期的身体锻炼有利于青少年智力的发展和提高。

（二）长期科学身体锻炼促进青少年的自我意识的发展

自我意识情绪是一种产生在自我评价基础上的社会化的高级情绪，可调节个体认识与行为，在维护个体心理健康中扮演着重要的角色。青少年正处于身心高速发展的黄金时期，也是自我意识变化很大的时期，对于社会阅历和科学文化知识不足的青少年来说，用科学的方法可以引导并为青少年建立一个较好的自我意识，能客观地认识和评价自我。长期的身体锻炼可以提高学生的兴趣、自信心，同时不断修正自己的认识和行为，发扬自己的潜能和长处，这有利于处在青少年时期的学生自我意识提高。

（三）长期科学身体锻炼可以促成良好的个性

刘俊升等人有关青少年心理一致感发展及其应激水平的研究也显示：心理一致感在青少年阶段的发展表现出不平衡的特点，这说明青少年处于一个易变的心理敏感发展期和关键阶段。因此，在这个敏感期，我们要更加关注随着年龄增长的青少年的自我意识情况、成人感、独立自主性、自尊心、自信心和坚强的意志品质。长期科学身体锻炼是一个自我认识和自我改造的过程，也是一个个性发展的阶段。

1、增强青少年的自尊心和自信心

身体锻炼是提高青少年的身体自尊的有效方式。Coni 和 Zulailca 研究发现，46 名 10 至 11 岁的小学生在 6 个月的体育课后，自我观念尤其是身体自我观念会显著提高。Fax 研究发现，运动可使身体自我价值以及其他重要的身体自我知觉内容如身体意象发生显著变化。Holloway 在一项研究中以 27 名青年女子为实验对象，其结果显示做 6 周力量训练的实验组，不但提高了力量训练的自我同一感和身体能力的信心，而且还提高了整个生活的自我效能和自信心，可见体育锻炼有助于保持社会认同，增强身体自信，因而可以相对提高青少年的自尊心和自信心。

2、培养青少年的良好的意志品质

意志品质是有意识的支配、调节的行为，通过克服困难，以实现预定目的的心理过程。坚强的意志品质是在关键时刻要有积极主动的比赛作风，果断的判断力以及拼搏精神，才能完成艰巨的比赛任务，才能打硬仗。通过长期有效的身体锻炼，可以锻炼青少年的不成熟的心理素质，可以使他们慢慢学会遇事冷静应对，懂得如何去竞争。因此，长期的身体锻炼可以培养青少年良好的意志品质。

（四）长期科学身体锻炼可以调节青少年的适应能力

网络的迅速发展使社会不断更新，青少年能更快、更科学地去适应当今社会，不仅能学很多知识，还能不被社会淘汰。“适应”这个名词起源于生物学，通常表示能增加有机体生存机会的那些身体和行为上的改变，心理学上用来表示对环境变化做出的反应。在心理学中，心理适应能力是心理健康一个重要组成因素，也是心理健康者的特征之一。已有研究表明，从外部环境的改善和主观能动性的开发两个方面入手，能够提高青少年学生的心理适应能力，也能增强环境适应能力，还能调节生活满意度。

1、提高心理适应能力

在青春期时期，青少年在躯体和心理方面都呈现快速的发展，主要有肌肉、骨等组织全面地急剧成长，生殖系统的成熟。目前有关体育锻炼与青少年良好适应性关系的研究，大多数为描述性的研究，实际应用的研究较少。但有关于身体锻炼促进心理适应能力的影响进行描述性的推断、概括，由此可见，身体锻炼对心理适应的提高有一定的影响，但身体锻炼对心理适应能力的作用途径仍然有待于进一步研究。研究出一套科学、有效并实用的身体锻炼方法，不仅仅在于不同的运动项目提高青少年的不同的心理适应能力，也可以消除脑力劳动所产生的疲劳，进而减轻压力。

2、增强环境适应能力

环境的影响是影响青少年的成长的重要因素之一，主要的环境是家庭、学校、社会和自然环境，身体锻炼可以青少年亲近以上环境，同时可以促进青少年与这些环境的关系。有报道称，经常在户外从事体育运动能提高人体应变能力，使人善于应付各种复杂多变的环境，尤其对心理承受能力相对薄弱的青少年来说，当身边的环境突然变化，有可能终身影响青少年的心理。

而经常身体锻炼，可以增强人体本体感觉，改善大脑皮层对各种刺激的分析综合能力，增强对空间、时间和体位能力的判断能力。因此，长期的身体锻炼，不仅可以增强身体素质，同时也可增强青少年对环境的适应能力。

3、调节生活满意度

随着物质社会的丰富多彩，对于新一代的年轻人来说，追求物质和攀比已经成为现代社会的文明中“怪圈”，每个人都追求个人生活质量，同时不满足个人的幸福指数，对生活满意度就成为现代年轻人的“弊病”，它也是衡量心理健康的重要指标之一，也日益受到相关研究者的大力重视。生活满意度是心理幸福感的重要组成部分，是一个人根据自己选择的标准对其生活质量所做的总体性认知评估，对于处于生长发育较快的青少年来说，心理的成长也常处于易变性，锻炼心理学为了能让更多的青少年能够健康成长，他们积极探索身体锻炼对青少年的心理健康的影响，利用不同的形式的身体锻炼和训练强度，提高青少年对生活满意度同时减少物质欲对青少年心理的影响。

二、长期科学身体锻炼对青少年的心理健康具有治疗效应

（一）长期科学身体锻炼可以治疗青少年的抑郁症和焦虑症

当今青少年由于大部分都是独生子女，家长更加重视孩子的教育，有时候会忽略孩子的压力的倾诉，因此青少年有些压力不能有效地释放，就容易积存在自己的心中，长久下来，容易变得抑郁。青少年学生因学业的压力、同学间的人际关系以及对未来前程的担忧而持续产生紧张、焦虑和烦躁等消极情绪，参加体育锻炼能有效疏导不良情绪，放松心情，增强自信。青少年在体育锻炼中，能体会到成功的喜悦和失败的沮丧，因此，欧美一些国家用体育手段和康复治疗抑郁症。从朱淦芳、魏纯镭对体育运动对改善大学生焦虑和抑郁的研究中可知，体育运动对焦虑和抑郁有不可低估的作用，也是其它手段和方法不可替代的，同时也是维持和增进健康的重要的方法。因此，长期科学的身体锻炼不仅可以治疗青少年的抑郁症，而且可以预防青少年产生抑郁症。

（二）长期科学身体锻炼可以调节青少年的心理活动

人体的心理活动，其本质乃是大脑对外界客观事物的反映。现代生活的紧张节奏，尤其青少年的竞争，学业压力、出国压力以及同学之间人际关系的压力等，都会使青少年产生紧迫感、压抑感，而紧张的体力劳动和脑力劳动又会使他们产生疲劳感。有规律的身体锻炼是一种青春常在的运动，不仅可以使他们身体强壮、形体美丽，还可以使他们变得活泼开朗、朝气蓬勃。因此，科学的身体锻炼可以调节心率活动，陶冶情操。

（三）长期科学身体锻炼可以提高青少年的神经系统机能水平

体育运动是在中枢神经系统的支配调节下进行的，人的心理活动其本质是大脑对外界客观事物的反映。中枢神经系统由脑和脊髓构成，主要是由大脑皮层来控制身体运动，不仅管理和调节人体内部各器官系统的活动，而且维持着人体与外部环境的平衡。因此，长期进行身体锻炼，可以提高中枢神经系统的机能水平，也可以通过记忆动作过程，提高神经的强度和集中能力，提高有机体对内外环境的适应能力。由此可见，坚持身体锻炼，有助于青少年的毅力的提高。

综上所述，由长期科学身体锻炼对青少年心理健康的影响可知，已被很多相关学者证实了长期科学身体锻炼对青少年的心理健康有调节和促进作用，也具有心理医生不可替代的作用，尤其对青少年智力和个性的发展，意志品质的培养以及对生活的适应能力的提高有重要作用，也可以治疗和预防青少年的抑郁和焦虑症，并提高青少年的神经系统机能水平。因此，在前人的基础上，去研究并制作一套具有针对性、科学性和有效的身体训练方法，针对不同年龄、不同性别以及不同的症状研制相应的身体的训练方法，可以有效提高青少年的心理健康水平。

第六节　体育锻炼降低大学生吸烟依赖性：自我控制的中介作用

一、自我控制模型

体育锻炼可以帮助戒烟者控制戒烟后的体重增加，缓解焦虑、抑郁等负性情绪，人们把它作为一种理想的预防和缓解吸烟依赖性的干预手段。大量的研究者对运动与吸烟依赖性的关系进行了研究，发现短时有氧运动可以降低吸烟依赖性，长时有氧运动戒烟的结果仍存分歧。两项综述文章回顾了短时有氧运动与尼古丁脱瘾症状和后续的吸烟行为之间的关系，发现短时有氧运动能降低吸烟渴求度及脱瘾后不良症状。最近一篇综述（15 篇随机控制戒烟研究）回顾了长时有氧运动戒烟的效果，发现有两项研究证实了长时运动的积极效益可维持到 3 个月和 12 个月后；另一项以女性为研究对象研究发现，长时运动后即刻和 12 个月后运动组与对照组之间不存在显著性差异，但运动后 3 个月两组之间存在显著性差异。对同一个问题形成两种不同的观点，其中的原因之一可能在于没有深入考察影响二者关系的中介变量，因此很有必要重新检验二者的关系，如果加入某些重要的中介变量一并考察，可能会更好地说明二者之间的关系。

自我控制（self - control）是一个包含多维或多层次具体能力的复杂心理结构。国内学者谭树华等认为自我控制是个体因抑制或克服自身的欲望、需求而改变固有的或者习惯的行为、思维的方式的过程，是一个行为、思维的方式代替另一个行为、思维的过程。自我控制能力对追求成功和幸福生活极其重要，控制冲动的缺陷和失败已经和一系列的个人和社会问题相联系，包括成瘾、犯罪、学业失败、赌博及吸烟等。研究表明，自我控制能力的高低与吸烟成瘾密切相关，自我控制能够负向预测吸烟依赖性。

自我控制力量模型，将自我控制力量类比于肌肉，肌肉可以通过锻炼变得更加强壮，自我控制是否也能通过锻炼得到提高呢？以往提升自我控制能力的相关研究大多采用追踪研究，所采用的训练方法各异，比如情绪控制、控制饮食、控制花钱以及坚持学习习惯等，但这些研究的共同之处就在它们都需要消耗自我控制能力，此外，这些研究的训练时间从两周到两个月不等。Baumeiter 等研究认为，有规律的自我控制训练不但可以达到拓展资源库，抵制损耗的效果，而且其所带来的自我控制力量的提高是非特异性的，也就是说，在某一特定领域的自我控制训练，同样有助于提高其他领域的控制力量。Oaten 和 Cheng 完成的一系列研究支持了这一观点，他们让被试大学生完成 2 -4 个月的自我控制训练，结果发现，与对照组相比，那些完成某一训练项目（如健身、财务管理）的被试者在其他领域（如学习、压力应对和情绪调控等）的自我控制力量也得到了明显的改善。Muraven研究发现，实验组在完成两周的自我控制训练后（如姿态端正、心境调节、饮食监控、语言管理等），在双任务实验中的表现要明显好于对照组。另一项研究发现，两周的自我控制训练能够显著延长戒烟者坚持戒烟的时间。这些研究具有重要的实践价值，它说明，当我们在某一个擅长或相对容易的领域完成自我控制训练后，其训练效果是可以迁移到其他领域的。

综上所述，尽管已有研究结果表明，体育锻炼、自我控制能够影响大学生吸烟行为，体育锻炼可以提升大学生自我控制力，但国内外尚未有借助结构方程模型分析探索自我控制在体育锻炼与大学生吸烟依赖性关系的中介作用。因此，建立在已有研究结果和实践基础上，本研究提出如下假设：体育锻炼降低大学生吸烟依赖性，这是通过自我控制中介变量实现的。以期揭示自我控制在体育锻炼与大学生吸烟依赖性关系的中介作用，为全面揭示体育锻炼降低大学生吸烟依赖性的心理机制提供研究基础。

二、体育训练与自我控制研究

（一）研究对象

采用分层随机抽样的方法选取扬州大学一、二、三年级的学生，每个年级抽取500名学生参与本研究，所有学生均为非体育专业学生。每位学生需要完成三份问卷，分别为：体育锻炼等级量表，大学生自我控制量表和Russell吸烟原因问卷。以上每种问卷均回收1500份，在对全部问卷质量进行审核的基础上，剔除无效问卷。三种问卷均合格的学生的问卷视为有效问卷，最终共获取有效问卷1346份，有效率为89.73%。完成有效问卷的大学生年龄为19.75±1.19岁，其中男生824人，女生522人。

（二）测量工具

1、体育锻炼情况测量

使用体育锻炼等级量表测查，该量表由武汉体育学院梁德清等人修订，从体育锻炼的强度，一次锻炼的时间及频率（每周）三个方面来考察体育锻炼量，并以体育锻炼量来衡量体育锻炼参与水平。体育锻炼量的得分＝锻炼强度得分×（锻炼时间得分－1）×锻炼频率得分。每个方面各分5个等级，记分从1－5分。体育锻炼量最高分为100分，最低为0分。体育锻炼量制定标准是：低锻炼参与≤19分，中等锻炼参与为20－42，高锻炼参与≥43分，该量表重测信度为0.82。

2、大学生自我控制测量

采用谭树华等修订的大学生自我控制量表，该量表包括19个项目和五个维度，五个维度分别为冲动控制、工作或学习表现、健康习惯、节制娱乐和抵制诱惑。本研究的内部一致性系数为0.78。

3、吸烟依赖性调查

采用Russell吸烟原因问卷，由英国伦敦大学Russell医生于1974年编制，原有34个条目，后经过修改，成为目前的24个条目。此24个条目分别隶属两大维度：社会心理维度和药理维度。共有八个分量表，即心理意象、手口活动，享乐、镇静、刺激、瘾、自动和辅助量表，其中前3个分量表与社会心理因素有关，后5个分量表与依赖、成瘾有关。另外，将瘾、自动和辅助分量表分相加即为依赖分。在国内被应用于不同人群及研究领域的个体吸烟原因的吸烟评价。一项对医学生的群体信效度检验结果显示，该量表内部一致性信度为0.86，具有良好的结构效度。

4、人口统计学变量测量

自编的调查条目，主要包括与吸烟依赖性有关的人口统计学的变量。

（三）数据采集程序

测试团队由专业教师牵头，学生若干名，接受心理测试统一培训。团队组建严格，做到人员稳定、专业结构合理，按照测试指标、测试仪器、测试人员进行分工，岗位相对固定；选定一名工作认真负责、业务能力强的人担任测试组长，全面负责测试工作的顺利开展。

（四）统计方法

采用社会统计分析软件包SPSS 17.0进行统计分析。首先，对大学生体育锻炼量、自我控制和吸烟依赖性进行独立样本t检验。然后，采用单因素方差分析，考察体育锻炼参与水平对大学生自我控制和吸烟依赖性的影响。最后，采用中介效应检验方法来检验本研究提出的假设模型。统计显著性水平设定为 a = 0.01。

三、研究分析

（一）大学生体育锻炼、自我控制与吸烟依赖性的特点

大学生的体育锻炼量处于中等水平，大部分学生有定期进行体育锻炼的习惯。大学生的吸烟依赖性显著低于社会人员。在有效的1346份问卷中，达到可能依赖水平的被试仅为201人。对男女大学生的体育锻炼量、自我控制和吸烟依赖性进行独立样本t检验，结果表明：大学生的体育锻炼量和吸烟依赖性存在显著的性别差异，男生体育锻炼量和吸烟依赖性显著大于女生；自我控制能力不存在性别差异。

（二）体育锻炼对大学生自我控制和吸烟依赖性的影响

为了考察体育锻炼对大学生自我控制和吸烟依赖性的影响，根据体育锻炼量高低将大学生受试分为三组（低锻炼参与组≤19分；中等锻炼参与组20－42分；高锻炼参与组≥43分），考察三组大学生群体在自我控制和吸烟依赖性上的差异，结果表明：不同体育锻炼参与组大学生自我控制和吸烟依赖性存在显著差异，高锻炼参与组自我控制得分显著高于低锻炼组和中等锻炼组，高锻炼组吸烟依赖性得分也显著低于另外两组。

对体育锻炼量与自我控制和吸烟依赖性进行相关分析，结果表明：体育锻炼量、自我控制和吸烟依赖性之间均呈现显著相关，这为中介效应检验提供了基础。其中自我控制与吸烟依赖性呈现负相关（$r = -0.404$），自我控制能力越强，吸烟依赖性越低。体育锻炼量与吸烟依赖性之间也存在负相关（$r = -0.241$），体育锻炼量越大，吸烟依赖性也就越低。体育锻炼量与自我控制之间呈现正相关（$r = 0.233$），说明经常参与体育锻炼可提升大学生自我控制能力。

综合上述结果可知，体育锻炼对大学生的自我控制和吸烟依赖性均产生影响，体育锻炼量大的学生自我控制能力强，吸烟依赖性越低。体育锻炼量对吸烟依赖性有直接效应，即体育锻炼量越大，吸烟依赖性越低；体育锻炼量通过自我控制对吸烟依赖性有间接效应，即体育锻炼量大的大学生自我控制能力强，而自我控制能力越强，吸烟依赖性就越低。

四、研究结果

本研究结果显示，大部分学生有定期进行体育锻炼的习惯，大学生的体育锻炼量处于中等水平，但女生体育锻炼量显著低于男生。大学生体育锻炼量处于中等水平这一现象是由大学生群体的特殊性所决定的，因为大学生在学校有足够的时间和条件来进行体育锻炼，并且通常学校也会鼓励甚至组织各种体育活动。而女生锻炼量低于男生这一现象，也与前人的研究结果一致：与男生相比，女生每次锻炼时间短，强度小，频率低，坚持性差。

吸烟依赖性研究结果表明，受调查的大学生吸烟依赖性处于较低水平，均值未达到依赖水平。这可能与大学生的自我控制力有关，自我控制理论认为，自我控制强的人很少有与健康相关的不良行为，如吸烟、过度饮酒等。男生的吸烟依赖性显著高于女性，这可能与身边的同伴影响及社会评价有关。这也验证了前人有关大学生中两性吸烟差异的研究结果：男生吸烟率是女生的 10 倍及以上。

本研究结果发现，体育锻炼与大学生吸烟依赖性关系的相关分析及方差分析结果，基本验证体育锻炼降低大学生吸烟依赖性的假设，这也验证了前人的研究结果：体育锻炼能降低吸烟渴求度、脱瘾后不良症状。另外，运动戒烟的行为替代机制和神经生物学机制也为该研究结果提供了强有力的理论支撑：前者认为体育锻炼可以降低或缓解吸烟者焦虑、抑郁情绪，还能控制其戒烟后的体重增加，可作为一种吸烟的替代行为；后者认为体育锻炼可以促进大脑内啡肽的分泌，该物质能发挥类似尼古丁的效能，使人产生愉悦感，因而体育锻炼具有戒烟的功效。因此，该研究结果提示，体育锻炼可以作为预防和缓解吸烟依赖性简单易行的有效手段。

同时，本研究还发现体育锻炼可以提升大学生自我控制力，该结果已被相关研究所证实。有研究发现，相比于对照组，实验组进行体育锻炼可以有效提高自我控制力，并且这种自我控制力的提高可以在多种条件下被观察到，也就意味着该种增强效应是普遍存在的。体育锻炼对自控能力增强这一效应也有着广泛接受的理论解释：自我控制资源模型指出，自我控制依赖于有限的能量资源，这种资源会因为连续的使用而暂时被消耗。体育锻炼过程中需要消耗自我控制资源，在耐力跑训练中尤其存在这样的现象。当极点出现时，人的生理负荷增加，坚持下去会有更大难度，如果能控制自己坚持下去，就会提升自我控制能力，即：坚持一定时间需要较多自我控制资源参与的行为，能够提升个体的自我控制能力。这就很好地解释了体育锻炼量越大，自我控制力越强这一现象，也为验证自我控制在体育锻炼降低吸烟依赖性的中介作用假设提供了理论支持。

本研究中，将自我控制作为中介变量来探讨体育锻炼和吸烟依赖性之间的关系，结果发现，自我控制起了部分中介作用。这说明，体育锻炼降低吸烟依赖性是一个复杂的过程。首先，体育锻炼可以直接降低吸烟依赖性，该效应可以直接由一系列生理上的反应而产生。其次，体育锻炼影响吸烟依赖性不仅是一个直接作用，还通过自我控制这一中介变量起间接作用。这一中介过程可简单描述为两个环节：第一，由于体育锻炼量高，所以自我控制能力也高；第二，因为自控能力提高，从而降低了吸烟依赖性。这一中介效应的两个环节都有相应的实证研究作为支撑，因此具有坚实的理论基础。第一个环节可以用自我控制资源模型解释，坚持体育锻炼需要消耗自我控制资源，克服难度坚持下来的人，自我控制资源会增多，因此自我控制能力会提高；第二个环节，即自我控制提高可以降低吸烟依赖性，也被实证研究所证实。在对这些理论进行梳理后，可以对这种中介效应给出容易理解的解释：体育锻炼本身作为一种身体活动形式，对大学生的吸烟依赖性的直接作用可能并不显著，但是自我控制作为一项重要的意志品质，对于吸烟依赖性却起着重要的作用，自我控制能力越强，对吸烟酗酒之类的不良行为的抵御能力就越强，而自我控制的提高的一个重要的方式就是通过增加体育锻炼来实现。

本研究首次探讨了自我控制在大学生体育锻炼影响吸烟依赖性的中介作用，揭示了通过体育锻炼来提高大学生的自我控制能力，从而降低吸烟依赖性的心理中介作用机制，为全面揭示体育锻炼，降低吸烟依赖性的心理机制提供了实践基础。在本研究中，排除中介作用后，体育锻炼量对吸烟依赖性的决定系数仅为0.185，说明该因素起到有限的直接作用，这可能是存在着其它能够影响大学生吸烟依赖性的潜在因素所导致，比如同伴影响，父母对吸烟的认识以及吸烟行为的相对影响力等，以上因素都会影响大学生的吸烟行为。未来的研究应该更加着重于揭示更多的中介变量和调节变量，以探明体育锻炼降低吸烟依赖性的心理机制，为采用体育锻炼手段进行预防和缓解吸烟依赖性提供更多的理论基础。

体育锻炼量与自我控制之间呈现正相关，体育锻炼通过自我控制这一中介变量影响吸烟依赖；体育锻炼可有效提高大学生自我控制能力，从而可降低和缓解吸烟依赖。因此，大学生加强体育锻炼是降低和缓解吸烟依赖性的有效方法。

第四章　青少年身体素质锻炼的现状

第一节　青少年体育素养的现状

体育素养是人在社会实践中养成的稳定的体育价值观，是一个人能够长期、主动参与体育活动的最主要的驱动力。目前我国青少年体育素养培养面临着很多的困境，学生缺乏必要的运动理论知识，没有形成稳固的运动参与意志，而且部分学生还对运动健身的认识存在偏见，进而抑制了运动实践行为向更深层次推进，最终影响了青少年终身体育意识的行程进度。

青少年体育素养的现状并不令人乐观。2000 年全国青少年体质健康调研结果表明：青少年所在几个年龄组的身体素质水平呈整体下滑趋势，据 2013 年《北京晨报》报道，我国青少年体质已连续 25 年下降，这种下降趋势令人担忧。有人说青少年在测验时没有全力以赴，成绩的可靠性值得商榷，但这种不能全力以赴的现象却从侧面反映了青少年的意志品质水平和对体质调研的责任感不强，从说明了他们的体育素养有待于进一步提升。

一、青少年体育知识匮乏

体育知识包括运动解剖学知识、运动损伤学知识、基本的锻炼常识、体能储备要求常识和各单项运动技术与肌肉神经协调知识等。体育知识的缺乏导致了青少年体育锻炼自觉性的低下。中小学体育课主要是体育活动实践课，偏重身体锻炼，把对运动技术技能的传授放在首要位置，忽视体育理论方面的教育，理论课教学比重在整体教学中所占比重小，而且内容过多关注技能解析、学习任务、项目规则及生理卫生等纯概念，只注重了眼下要求，没有顾及学生长远发展的需求，尚未形成长期、系统的体育理论知识教育体系，导致学生对一些基本体育卫生保健常识，如运动保健知识、技能赏析知识、运动效果评价等方面知识掌握不足，难以用来指导他们的体育实践。体育教师在专注于运动项目技能研究的同时，淡化了体育文化对人整体素质提升具有重要作用的问题，忽视了将运动专项技能和该项目的体育文化综合起来进行教育的作用。在运动技能教授的基础上，教师要运用现代化的科学理论分析成果，将运动项目的“工具理性”与“价值理性”综合考虑，切实提高青少年体育素养的培养。长期以来，学校体育考核只要求了技能达标标准，而忽略了体育基础常识的考核，从根本上错误地引导学生的体育学习行为，才造成了如今青少年体育知识亏匮乏的现象。所以，在今后的体育教学中，学校要加强体育理论的灌输，把体育理论知识作为体育考核的内容，让学生从根本上认识体育理论知识的作用，进而从整体上提升学生的运动兴趣。

一、青少年体育能力低下

体育技能即人们在大脑意识的调节下，借助于肢体活动来表现技术动作的行为方式。伴随学校体育教学全面发展，我国青少年的体育兴趣明显提高，体育能力也逐步增强。在丰富多样的学校体育教学中，教师选取不同的上课形式，使用各种各样的技能练习方法和队列展开方式，组织班内、校内体育竞赛，以及不同方式的器材布置等，都可以刺激学生的运动心理，并获得各式各样的运动情感和满足感，从而促进了学生运动兴趣的养成，为成为符合国家“四有人才”的标准打下基础。

然而，通过教育部“关于 2010 年全国学生体质与健康调研”的结果分析，我国中小学生身体素质仍呈现下滑趋势，视力不良检出率继续上升，并出现低龄化倾向，肥胖检出率继续增加，龋齿患病率出现反弹，青少年耐力素质提高幅度不大。由于个人意志、身体素质以及旧观念等不良影响，青少年中男生的体育成绩普遍好过女生。另外，体育教师过于注重“达标”，导致很多学生在体育活动中处于被动地位，难以实现科学地指导自己的体育行为，也不能正确地评价锻炼效果。学校体育教授的运动项目延续了旧有的传统内容，在学生学习的过程中不能推陈出新，导致许多学生对体育课不感兴趣、不喜欢体育运动。更为严重的是学校体育如此展开，终身体育必将失去一个重要的基础。

二、青少年体育意识淡漠

据《北京晨报》2013 年 1 月 27 日报道：我国青少年体质在过去的 25 年

间持续下降，其中肌肉力量、运动速度、爆发力及体能储备等身体素质全面下滑，肥胖、豆芽菜型孩子和近视孩子的数量直线上升。造成这一现象的主要原因是各级各类学校过多地关注于学生智力的开发，忽视了学生体质的促进，使得体育活动在校内得不到持续、有效的开展。在如今这种教育体制的影响下，学生的体育参与意识得不到积极有效的引导，使他们丧失了对各种体育活动和运动竞赛的兴趣，阻碍了他们运动参与意识和团队协作意识的发展。

在校学习期间，由于校方对竞赛成绩的过分看重，导致学生运动竞赛参与的机会匮乏，形成了竞赛只是体育尖子发挥才能的现象，进而影响了普通学生的竞赛参与行为，过去学校体育竞赛的组织过程中，竞赛制度限制了普通学生的参与。体育竞赛制度推动了学校体育竞赛的蓬勃发展，同时也忽视了学生普遍参与的可能性。

另外青少年对体育的认识还比较浅薄，对许多运动项目的实际价值还不了解，而且体育参与意识缺乏整体性，良好的健身习惯和终身体育意识尚未形成，参与体育锻炼的持久性较差。加之体育基础教育发展不平衡，中西部体育教育发展差异较大，体育资源严重不足，造成我国青少年整体体育意识相对较差。

课前体育活动、团队锻炼、运动竞赛、整体技能学习及体育教学开展技能表演等各种活动，以多种多样的内容和形式在公平、互利的条件下开展，在一定程度上促进了学生对运动参与的意念，有利于塑造学生拼搏进取、吃苦耐劳的精神。另外根据学生的锻炼取向，结合《新体育课程》标准的要求，合理利用课间活动时间，也能很好地塑造学生的体育锻炼行为，为学生的终身健康打好基础。

三、青少年体育品德模糊

我国素质教育的开展已初见成果，青少年的体育品德也有了很大提高，调查中显示青少年体育品质有较好的一面，大部分学生并没有在体育运动中发生过偏激的言行或体育测试舞弊作假等状况，多数学生能够在教师的要求之下保护好运动器材。但是在调查中同样还发现，在经历到有意破坏体育器材的行为时，多数学生没能表现主动保护意识。

在面对体育比赛当中出现的违反道德的现象时（包括比赛中的刻意犯规），大多数人都能够服从裁判的判罚，能够主动向裁判示意，很少一部分学生用“以牙还牙”的方式来发泄心中的愤怒，这充分说明了体育道德行为在学生群体中的不平衡发展。此外，在学校体育课堂教学过程中，体育品德方面的教学枯燥无味或流于形式，使一些青少年在体育活动中表现出与体育道德规范背离的行为。

四、青少年体育个性缺乏

目前学校体育普遍存在这样的现状，在传统的统一模式的教学大纲和教学计划的教育体系下，体育教师在课堂中只侧重了运动技术的实践教学，很少从学生本身的体育素质教育出发，教学的主体作用被忽视，青少年的个性发展在很大程度上受到了压抑。这一系列行为表现造成了学生对体育教师甚至体育课的抵触情绪，许多学生会受到这种消极情绪的感染，进而影响了群体的体育锻炼开展。这种现象反映出当今学生严重缺乏坚持体育锻炼的毅力，许多学生的运动锻炼行为都具有盲从性，受周围环境的影响较大，这种盲目随从、不以自身实际和兴趣为导向的体育参与行为往往不能持久进行，阻碍了青少年体育个性的发展。

五、青少年体育行为盲目

随着生活水平的不断提高，我国青少年的体育行为日渐丰富，用于购买体育运动相关的费用显著增多，青少年所喜爱的体育项目已经不仅仅局限于传统的篮球、足球、乒乓球，网球、健美操及户外运动等已成为时下的热门项目。但是一些青少年的体育行为缺乏自主性，盲目跟风现象有待改善，很多学生在体育活动中缺少总结，无法掌握体育运动的内在规律，往往使自己的体育锻炼效果不显著。由于我国现阶段的经济和基础教育发展不平衡，来自不同地区、不同学校的青少年的体育素养也千差万别，偏远贫困地区的学生在体育基础知识、基本技能方面的储备较为缺乏，而知识、技能的落后使他们存在自卑心理，进而导致他们远离运动场。青少年体育素养的缺失及失衡状况，是学校体育课程改革必须解决的问题，我们必须建立学校体育课程面向现代化、面向未来及面向每个学生的理念，从学生的实际出发，保证每个学生都能熟练掌握，促进自身身心发展。

第二节 影响青少年体育素养的因素分析

一、家长对青少年体育素养的影响

中小学学生家长在运动方面所具有的认识、情感、体育品行及运动理想等体育素养，在一定程度上反映了家长的运动引导能力，对锻炼方式的选择能力及在锻炼过程中提升家庭凝聚力的能力，从而决定了子女处在什么样的家庭体育生活环境之中。因此，家长的体育涵养会对孩子的运动品行和态度产生引导性或推动性的影响。

家长要尽量教育、引导孩子养成良好的体育锻炼习惯，要积极配合学校，为孩子参与体育活动提供支持，尽量不干涉孩子自主选择活动的机会和时间，在能力可及的范围内，尽量满足其在体育方面的要求，节假日和周末要多抽出点时间和孩子一起参加体育锻炼活动，平时应注意及时吸收和学习新的体育思想，加强自身的体育素养。

二、班主任对青少年体育素养的影响

班主任对班级具有引导、组织和管理的作用，全面负责班级的日常工作。《中小学班主任工作的暂行规定》从学校管理的实际决定了班主任的日常任务："按照培养学生德、智、体、美、劳全面发展的规定，积极组织班级成员，顺利开展班级工作，整体塑造、管理、引导学生，将他们培养成为有理想、有道德、有文化、有纪律，体魄强壮的公民"。所以，组织好学生的日常健身开展同样是班主任的职责范围。

学校体育活动校长是主抓，任课教师是策划者和指导者，学校体育课程是学校体育的主要开展形式。班主任是每个班级体育的主要负责人和执行人，是在体育活动中与学生接触最多，对学生了解最深的人，是接受素质教育课程改革新思想最早、接受培训最多的人，班主任的体育素养，在很大程度上决定着班主任在体育方面的理想、体育情结、体育道德水准、体育教育能力和教育方式的运用，在体育活动中处理师生关系的能力，班主任的体育素养

会对学生的体育态度和行为产生指导性或动力性的影响，它直接决定了学生体育素养的养成。

班主任对学生参与体育活动产生强化影响。班主任体育素养高，很容易与学生产生互动，容易促进学生体育参与能力的提升。班主任主动带领学生参与体育活动，言传身教，他们在思想和行动上与学生融为一体，形成浓厚的班级体育氛围，学生在活动中接受思想、学习、人生观、人际关系、团结协作、吃苦耐劳及遵守规则纪律等教育，进而促使体育参与意识薄弱的学生向终身体育运动方向的发展。班主任的体育素养对开展班级体育活动频率和效果影响较大，班主任对体育的认识与态度是决定班级能否开展好体育活动的关键。

三、学校体育对青少年体育素养的影响

教育是一个庞大而复杂的系统，基础教育要全面扎实，满足学生认知需求，为他们继续发展垒层筑基。学生在知识积累中，将形成其基本的科学素养、人文素养。在学校教育中，学生基本素养的提高关键在于知识传习。这也是体育教育的价值所在。学生日常的体育学练行为本身就是一种固有的不断超越自身、挑战自我极限的活动，体育技能作为一种普遍身体运动形式，使学生在学练中持续地超越自我，进而强化了自我意念对于身体的控制和调节，这种自我调控促进了学生自主意识的发展，进而丰富了他们的个性生活。

对于体育课程而言，学生体育素的高低取决于对运动技术的掌握程度。专家张洪潭在其《技术健身教学论》一书中运用详细的理论分析了“运动技术是一项操作性知识”的结论，学生的运动技术水平对体育素养的高低就有决定性作用。

体育课要通过运动技术的传习来实现传承体育文化之功能，这离不开学校这一广阔领域。在学校体育开展的现实下，运动技术是主体，学生是否进行运动技术学练是体育文化可否传递下去的重要环节，也是学校应主要侧重的内容。因此，根据对这一情况的具体分析，社会和学校所要做的，都指向于运动技术的继承和练习上，而体育技术既是运动的主体，也是体育文化的依附载体，因此，在学校体育开展的后续进程中，应该侧重通过体育技术的学练培养青少年的体育素养。

四、社会体育对青少年体育素养的影响

社会体育主要是由企事业单位职工、城镇居民等全体社会成员组成，为达到健身、健美、娱乐及保健等目的而进行的多种形式、多种项目的身体锻炼活动。主要有四个特征：一是以健身娱乐为主要目的；二是业余时间进行的；三是以社会全体成员为对象的；四是多样化的活动形式。社会体育的发展在不同的方面直接或间接促进青少年体育素养的提高。

社会体育的发展为青少年体育素养的培养提供良好的社会环境。社会体育是青少年体育的发展和延伸，成年人自觉地参加社会体育活动，能为青少年树立良好的榜样。社会体育的蓬勃发展，为青少年积极踊跃参加体育锻炼提供了良好的社会环境，使青少年增强对体育运动的兴趣和积极性，加强他们对体育基础知识的重视和学习，提高体育文化素养，提高社会实践能力，极大地促进青少年体育素养的提高。

社会体育的发展促使传统学校体育教育观念的改变。社会体育开展的内容和形式丰富多彩，社会群体对自身健康要求逐步提高，如各种球类竞赛活动，太极拳、健身气功、体育舞蹈等在社区和企事业单位倍受青睐。受社会体育的影响，我国学校体育教育观念和教学模式发生了很大的变化，学校体育课程设置更加依托于社会，对青少年体育教育更加注重体育文化素养、体育保健知识和体育锻炼知识等基础知识的培养。

社会体育的开展加强了青少年体育素养教育与社会的联系。社会体育的顺利开展在一定程度上取决于学校体育对青少年体育素养的培养，青少年体育素养教育的内容不仅与青少年未来所从事的事业有一定的联系，还会成为他们走上社会后体育锻炼的重要内容。青少年的体育素养影响着他们步入社会后的体育锻炼的内容和方式，青少年良好的体育素养是社会体育发展的重要基础，社会体育的顺利开展也加强了青少年体育素养教育与社会的联系，使得学校体育与社会体育的关系更加紧密，它们之间相互协调配合形成了一个统一的整体。

五、竞技体育对青少年体育素养的影响

随着国家经济水平的不断提升，国家和社会不断加大对教育的投入力度，

这从整体上缓解了学校体育经费紧张的局面，从而促使了青少年体育比赛轰轰烈烈地开展。全国中学生运动会是全国最高级别的中学生体育比赛，各种针对青少年体育蓬勃发展的比赛如火如荼地开展起来，这从根本上刺激了青少年的体育锻炼意识，为青少年体育素养的养成创造了条件。

竞技体育可以不断提升学生的竞争意识。竞技运动比赛，提高了学生们的竞争意识和顽强拼搏的毅力。竞技体育可以培养学生良好的社会适应能力与团结协作精神。各项竞技体育项目有其严格的规则要求，这就培养了学生的严谨作风，而且有利于学生遵纪守法作风的形成。竞技运动还遵循着“机会均等、优胜劣汰”的根本理念，从而塑造了学生在社会中的平等竞争观念，增强抵抗挫折的能力，培养出良好的体育道德，进而促成良好的社会品德。竞技体育促进个人优良品行的养成。竞技体育可以培养学生的吃苦耐劳精神和坚强的意志力，使学生在社会生活中敢于面对挑战，克服困难，从而养成自我更新、自我超越等优秀个性心理行为；通过竞技体育参与，还能养成学生服从管理的自律性，充分展现自我约束的良好品行。当然体育教学不能只依赖于竞技运动知识，对那些难度高、技术复杂的竞技性运动项目，应当从学生的实际能力出发，将竞技体育降低要求、难度，以达到激励学生进行体育锻炼，提升学生体质与体育文化素养的目的。

六、大众传媒对青少年体育素养的影响

青少年体育认知和体育行为受大众传媒体育新闻报道的影响。体育新闻的传播，使得他们对运动健身、健美知识、各类比赛及明星运动员等有了更多的了解，并且很多体育新闻的介绍，使得他们逐渐加强了对体育的喜爱，并积极主动参与到学校或同学组织的各种体育活动中去。很多学生对体育活动的兴趣并不是固定的，缺乏自己特别喜爱的运动项目，很多学生通过大众传媒体育新闻获得了相关体育热点内容，根据体育新闻中的热点内容选择和调整自己的体育活动行为。大众传媒给学生们提供了随时选择新运动项目的基础，对他们选择尝试不同的体育活动的影响也比较巨大。体育新闻的传播对学生也产生了一定的积极的影响作用，学生接受、认可和喜爱体育新闻传媒，对提高体育兴趣，掌握更多体育技能，提高自身的体育运动水平以及养成坚持体育锻炼的习惯有着积极的影响。

第三节　青少年体育锻炼不足的学校体育实践反思

目前我国青少年体质健康下降与体育锻炼不足的现象依然明显，研究从制度文本、价值论及现象学等角度分析当下的学校体育教育实践失效问题，发现学校体育 作为身体规训与健康心智的教化活动，制度层面凸显了其法理的强制性，而现实中其价值与功能则不断被弱化，地位被边缘化。身体教育存在严重的行为失范，如对体育教育价值理念的悬置，体质健康测试的滥用，课程教学的目标泛化以及课外体育锻炼组织的异化等。因此，学校体育应自觉追求全人格教育的价值导向，让体育真正回归人本教育。此外，为谨防学校体育政策实践的“灯下黑”问题，须强化政府与社会的协同治理。

2016 年 5 月 6 日，《国务院办公厅关于强化学校体育促进学生身心健康全面发展的意见》（国办发〔2016〕27 号）正式发布，该意见罕见地指出，学校体育仍是我国整个教育事业相对薄弱的环节，对学校体育重要性认识不足。2016 年 10 月，中共中央、国务院印发《“健康中国 2030”规划纲要》，提出人民身体素质明显增强的目标。2017 年 4 月，中共中央、国务院印发了《中长期青年发展规划（2016－2025 年）》，提出青年健康的发展目标，即持续提升青年营养健康水平和体质健康水平，青年体质达标率不低于 90%。上述政策文件的理念不只是符合人的身体历史发生、发展的规律，代表整个生命的趋向和人类的未来，也表明只有健康、幸福和快乐才是人生的终极目标，只有健康的身体才是人类至真、至善和至美的载体。青少年健康成长作为关系国家和民族未来的大事，赢得青年才能赢得未来，塑造青年才能塑造未来。

教育的最终目的是使学生得到充分发展，但过度突出学生接受的被动学习正折磨着学生的身体，失去了对学生身体的关怀，更没有使被奴役的肉体得到解放。正因为体育课程是学校教育的重要组成部分，亦是基础教育内容之一，其被边缘化的实践问题不能置若罔闻。面对青少年体质健康与身体锻炼问题，更不能再对符号化、工具化及制度化的身体无动于衷。因此，需要通过分析学校体育实践中的现实矛盾，探索青少年身体锻炼与体质健康问题的有效治理的方法。

一、青少年体育锻炼行为的隐忧及学校体育治理政策

（一）从青少年体育锻炼与体质健康两个问题说起

从全球范围来看，许多国家的青少年日常身体活动状况都不容乐观。在美国，青少年在校期间课外体育锻炼在 1 小时以上的比例偏低，不到 80.32%，研究显示，我国青少年在校期间课外体育锻炼在 1 小时以上的比例也偏低，仅为 21.8%，小学生表现好（27.4%），青少年次之（20.1%），高中生差（11.9%）。虽然我国学生体质与健康调研结果显示，7 - 18 岁中小学生爆发力、柔韧性，力量、耐力等身体素质指标持续下滑的趋势开始得到遏制，但 19 - 22 岁年龄组仍呈现出进一步下降的态势，各学段学生的视力不良率仍然居高不下，肥胖和超重检出率继续增加。从某种程度上讲，继 1985 年开展全国学生体质健康测试以来，青少年体质的下降趋势仍没有得到根本性改变。总体而言，近年我国青少年学生的速度素质、耐力素质、柔韧素质有止跌上升的趋势，但力量素质、体重及肥胖率仍不容乐观。由于青少年的日常身体活动量不断减少，久坐少动行为日趋流行，正在加剧青少年体质下降。这主要是学校体育教育并没有得到应有的重视与发展，急需学校体育工作者反思自身存在的问题，同时还应该考虑外部的社会制约因素，使学校体育教育从政策引领转向强化落实。

（二）学校体育政策的文本理解

党中央、国务院历来高度重视青少年的健康成长，尤其是近年来，为了扭转青少年体育教育工作的不利局面，党中央、国务院以及教育部先后出台了一系列的政策文件。为了切实贯彻与执行中央文件，从课程改革、体质健康及器材设施要求等方面不断完善相关政策制度建设，教育部颁布了一系列相应的配套制度规范，如《中小学体育工作督导评估指标体系（试行）》《学生体质健康监测评价办法》《国家学生体质健康标准（2014 年修订）》《中小学校体育工作评估办法》《学校体育工作年度报告办法》《学校体育运动风险防控暂行办法》等若干文件。同时，为更好地落实国家在体育方面的方针政策，全国各省市区都下发了具体的实施文件，据不完全统计达 401 个，其中

地方下发的认真贯彻落实《国家学生体质健康标准》的文件36个，贯彻落实中央七号文件的34个，贯彻落实53号文件的55个，积极落实《中小学体育工作督导评估指标体系（试行）》政策的84个等等。

2007年，中共中央国务院印发实施《关于加强青少年体育增强青少年体质的意见》（中央7号文件），明确了青少年体育事业发展的战略定位、方针政策和改革方向。文件指出要通过5年左右的时间，使我国青少年普遍达到国家体质健康的基本要求，耐力、力量、速度等体能素质明显提高，营养不良、肥胖和近视的发生率明显下降。而体质健康调研结果显示，所提出的5年发展目标并没有完成。2012年，国务院办公厅转发教育部等部门《关于进一步加强学校体育工作意见》，要求力争到“十二五”末，学校体育场地设施总体达到国家标准，初步配齐体育教师；完善学生体质健康监测制度，基本建成科学规范的学校体育评价机制，基本形成政府主导、部门协调、社会参与的学校体育推进机制。目前而言，学校体育仍然是教育工作的薄弱环节，青少年运动不足的现象突出，学生体质健康状况仍没有得到根本改变，为此，2013年十八届三中全会报告中又一次提出，“强化体育课和课外锻炼，促进青少年身心健康、体魄强健”。

2016年作为“十三五”规划的开局之年，学校体育教育工作又被提上重要议程，国务院及时发布了27号文件，首次强调学校体育是整个教育事业相对薄弱的环节，学校对体育的重要性认识不足，学生体质健康水平仍是学生素质的明显短板。其总体目标体现在“一个中心两个基本点”，即全面提升学生的体质健康这一中心任务，以强化体育课程教学与完善竞训体系为基本保障。由此可见，政策环境已提供了学生形成健康身体的重要场域，发挥着价值引领作用。尽管其构成了 为显性的权威控制，而学校、家庭以及社会层面应该承担起正确引导，并对不良影响进行规避和纠正的责任，促使青少年建立正确的身体意识和身体规范，这方面值得做出更多的理性与实践探索。

二、青少年体育锻炼下降的学校体育实践反思

（一）教育中的身体缺席与在场

尽管身体一直是未思考的，有待于在感受到身体重量的思想事件中发生。

一旦身体本身开始思考，身体将以自身的重量，以心、手、耳等器官来思考，身体在感受到自身时，身体才出场。人类发展的历史过程中，身体在政治、经济、文化、信仰等外力作用下，导致人类精神层面对身体的否定和蔑视，使身体长期处于被奴役的地位，使其沦落为精神施暴的对象，并蜕变为被操弄的工具。当前，身体不断引起人们的极大关注，在追求时尚身体、消费身体及规划身体的过程中，发生身体话语的反抗与建构。

众所周知，学校变成一种不断考试的机构，日益缺乏对生理化、物质化、社会化身体的规训与操练，这种规训可以强制在肉体中建立能力增强与支配加剧之间的聚敛关系，各种规训技术其实也是一种“创生”意义的进化，通过操练把任务强加给肉体的技术，使人的行为趋向某种极限。任何人都可以通过训练获得身体的强壮和快乐，并由此产生“运动文化趋向于成为 高程度的身体文化展示，继续提升和改变着人们的身体观、运动观、生活观、价值观和人生观，使更多的人自觉积极地参与体育锻炼，投身体育运动，确立体育理想，践行体育人生。

有学者指出，身体是教育实践组织与建构的意义纽结，从学校教育时空的制度化运作，纪律的有效实施，各种教育教学实践活动的组织安排，到知识的内化、个性的养成、品德的培养及自我的建构等，都离不开身体，因为教育过程实质上是外部影响借助于受教育者身体得以实现的过程。然而由于教育理论中身体的生理化、工具化定位及进一步研究中的“缺场”，致使教育实践在处理“成人”与“修身”，“治人”与“治身”，“身体”与“存在”时，突出并强调的只是身体物质化、工具化的意义。回归身体，以身体为出发点的体育教育，不仅可以看到身体已经被铭刻的伤痛，还可以让包裹着层层文化衣衫的身体变得轻盈。当前教育实践对体育教育的轻蔑与忽视尤甚，在一定程度上助长了青少年体质健康的下降，体育锻炼的不足以及学校体育的边缘化，应该进行深刻反思并发生改变。

（二）学校体育的法理强制与地位弱化

自 1903 年清朝政府实施《癸卯学制》并设置体操科开始，我国政府从法理层面规定了体育课程的强制性与义务性。近些年来，我国学校体育法规文件不断完善，如《学校体育工作条例》（1990）、《体育法》（2009 年修正）、《关于加强青少年体育增强青少年体质的意见》（2007 年）、《体育与健康课程标准（2011 年版）》等等，均明确规定教育行政部门和学校应当将体育作为学校教育的组成部分，学校必须开设体育课，并将体育课列为考核学生与学业成绩的科目。2016 年国务院发布的 27 号文件中还明确要求，各地中小学校要按照国家课程方案和课程标准开好体育课程，严禁削减、挤占体育课时间。当前，学校体育的困局是，如果没有语文、数学、英语老师的话，学校肯定不敢办学，而没有体育老师就能办学，不仅说明没有按照党的教育方针办学，更加说明我们的学校教育有多么畸形。此外，我国大中小学体育教师总量约有 50 多万，相对其他学科数量较少，预计我国体育教师总体数量缺额约 30 万人，并且四分之三在小学。就学校体育场地器材而言，达标小学不到 50%，中学不到 30%，这使得开展学校体育教育工作面临更加严峻的挑战。

总之，在实际教学中，体育课的处境有点尴尬。一些地区囿于体育师资匮乏的原因，难以保证规定的体育课时，甚至存在一些学校为了升学率减少或取消体育课。有的学校因为担心安全问题，难、险、苦的体育项目教学课被屏蔽掉了，教学质量和锻炼水平还远远不够。很多家长也反对孩子在业余时间参加体育锻炼，把参加体育锻炼当作不务正业。上述异化现象比较普遍，也是由于社会发展凸显的知识经济价值观念，忽视了身体的存在价值，甚至形成了对身体教育的集体沉默，致使人们逐渐轻视、漠视、忽视学校体育教育。现代性社会中，由于人类的身体兼具生物属性与社会属性，有更多的选择性、规划性、不确定性，人为意向下的身体缺席随处可见。但在追求科技、经济与文化创新的同时，忽视人类自身身体的客观存在是一种短视行为。如毛泽东所讲“鄙运动者之自损其体”，人们已经看到了运动不足带来的后果。运动缺乏症已经是一种儿科疾病，如果没有明智的干预措施和人们认识的改变，像青少年体力活动缺乏这样的新的医疗问题将不断出现。尽管我国的学校体育具有法定性强制、规范性强制和规律性强制的特征，但学校体育教育的衰微却不减反增，应唤起整个社会的共同认知。

（三）课程改革与教学实践的背离

从 1978 年“以增强体质为主”到 1999 年“健康第一”，再到 2013 年“强化体育课和课外锻炼，促进青少年身心健康、体魄强健”，体育课的价值指向从来都是明确的。教育部先后印发的 2001 版与 2011 版《体育与健康课程标准》，也强调“健康第一”的指导思想，要尊重教师和学生对教学内容的选择性，注重教学评价的多样性。改革试图使体育课程原本内隐的多种功能和价值外化，并主动将体育与健康进行连接，建构多层次的课程目标体系和课程内容。课程标准理念的飞跃式发展，从过去对体育教学活动微观的框定与指导，转变为宏观的顶层设计与引导，但由于学校教育制度与实践的匹配问题，体育课程改革的理念并没有完整地呈现在教学实践当中，以至于我国学校体育思想从单维向多维转变中，体育功能的泛化模糊了强身健体的本质功能，因此，我们需要充分重视体育课程身体运动弱化的倾向。也有人认为体育课不应改造成保健课，学练运动技术本身就是强化体能的手段保证。

虽然新一轮体育课程改革倡导自主学习、合作学习和探究学习等新型的学习方式，让学生成为学习的主人，但是体育教学“工具主义”品性的强化式偏离和精神品格的弱化式偏离的现实表现，使体育教学变得越来越外在化和空心化。体育的特殊性决定了体育课程目标的实现需要更多的运动锻炼，只有这样，才能有效实现体育课程所承载的工具价值和本体价值。因此，需要建立课内、外相结合的体育教学计划方案，将运动技能、体质健康、课外锻炼及业余训练活动等纳入体育课程教学与评价体系，鼓励学生更多地参与体育锻炼，以体现体育课程的本体价值与目标。

（四）青少年体质健康测试的是与非

在《青少年运动科学》杂志 1995 年第 7 期的编者按中，汤姆斯·罗兰博士指出，“如果学生体质测试这匹‘马’要是快死了，我们就该下来”，他认为，如果学生体质健康测试不能促进青少年的体质健康，就不应该再想当然地大行其道，而是应该将其废弃。有学者认为，若能够勒紧缰绳或许也是件好事，不要让体质健康测试再主导学生身体活动。若把体质上的“成功”等同于体育的成功，必将背离体育特性，将方向性愿望视为达成性目的，一如为了分数的教育是畸形的，为了体质的体育也是残缺的。其他学者指出，既然学生体质健康测试停不下来，就应当深刻反思并从测量评价、教育学、心理学以及身体活动流行病学的角度去审视学生体质健康测试，应合理解释与正确使用其测试的相关结果。

虽然研究显示，青少年的体质健康与智力发展、学业成绩、心理素质等密切相关，并不能说体质健康提高了心智能力。过去的半个世纪以来，青少年体质健康持续下降没有明显的种族差异，而与性别、年龄以及日常身体活动方式等有密切关系。人们已经认识到，无论是对青少年还是对于成年人，相比增加心肺耐力，改变身体活动习惯是更为有效的预防性健康策略。于是，以身体机能素质评价为主的学生体质健康测试仍然大行其道，这似乎与健康促进的趋势存在偏差，引起广泛的质疑与批评也并不意外。学生体质健康测试只是促进体育锻炼的手段之一，并不能培养学生终身体育习惯，作为学校体育教育的一部分，需要重视学生体质健康测试工作，但应该由重测试转向重教育，由重结果转向重过程以及由被动参与转向主动学习等。因此，应强调学生体质健康测试的教育性功能，并通过以测带练，促进学校、教师、学生重视日常的体育锻炼，最终目标是要学生具备终身体育运动的知识、能力、习惯。

（五）课外体育锻炼与学校竞训体系的消解

尽管举国上下在大力实施阳光体育活动，并取得了一定的成效，但在应试教育的大背景下，学校体育仍然是我国教育事业的薄弱环节，尤其是课外训练与竞赛活动。各地的校级比赛、县市比赛、省级比赛少得可怜，甚至是体教结合的运动员培养体制也仅处于理论探索层面。由教育部门组织的校际体育竞赛，学校组织的校内体育竞赛，都普遍存在着竞赛数量及参与人数少的问题。一般情况，多数校际体育竞赛通常每 一至四年举办一届，而且竞赛参与的人数较少。有些地方的中小学考虑到经济、师资、场地设施等因素，怕耽误文化课时间，担心伤害事故发生等甚至还有所削弱，比赛项目不断压缩，参加的人数也越来越少。举办的体育比赛、传统运动项目以及参加的学生越来越少，运动竞赛的育人功能和价值很难得到应有的发挥。

运动训练过程是身体的规练，运动竞赛也是对心智的磨练。运动竞赛同样是身体教育的重要阵地，不仅仅是技能水平、身体素质的比拼，更是意志品质、行为规则意识的培养。虽然每年一次的校内运动会照例继续，但比赛项目与内容已经今非昔比，并美其名曰“体育文化节”。娱乐性、趣味性虽然增加，对学生身体素质要求，能够培养生存技能的运动纷纷销声匿迹，诸如中长跑项目取消了，技巧类项目不见了踪影，跳跃攀爬项目被替换了等等。人们经常发现临近体育中考时，许多家长带着孩子在操场上突击练习，仅仅是临时抱佛脚，更谈不上什么运动技能。多年来，学校体育课外训练与竞赛体系的严重消解，体育运动的多元价值文化与功能传承、传递出现断层，致使青少年不但体质日渐羸弱，而且意志薄弱，缺乏合作，缺少责任等心理问题突出。少年强则中国强，体育在青少年的全人格培养过程中不可或缺，身体训练与竞赛更是必不可少的重要组成部分。因此，应该重新建立与完善青少年体育课外训练与竞赛的体系，这是中小学乃至大学一贯的竞赛体系，也为体育后备人才的培养创造条件。

三、有效促进青少年体育锻炼的学校体育治理路径

自提出深化教育领域综合改革以来，要求全面贯彻党的教育方针，坚持立德树人，强化体育课和课外锻炼，促进青少年身心健康、体魄强健。更多的人需要认识到，高素质的人才不仅需要具备创新精神与能力，还需要强健的体魄以应对未知之挑战。

（一）坚持理念：体育教育的本质回归

体育教育作为学校教育的重要组成部分，是青少年德、智、体、全面发展的内在要求。毛泽东在《体育之研究》中指出，体育的本质在于依照生理结构与发育的基本规律，促进人的身体均衡发展，也是人类的生存之道。此外，还对体育的教育价值与重要性进行阐述，提出“体育一道，配德育与智育，而德智皆寄于体”，且“小学之时，宜专注重于身体之发育，而知识之增进道德之养成次之。中学及中学以上，宜三育并重”。总之，论及体育的功能时，认为其可以强健体魄，促进知识学习，调节情感以及增强意志品质，并且强调“文明其精神，野蛮其体魄”的重要性。

在著名教育家蔡元培的体育思想中，始终坚持教育这一主线，无论是倡导军国民体育，还是坚持三育并重的理念，他都强调了体育在青少年强身健体与全人格培养方面的教育价值。体育教育家马约翰先生认为体育具有迁移价值，并认为体育关系到国家的荣誉与兴旺，体育是培养完全人格的好工具，以及塑造良好的竞赛道德与团队精神。体育对青少年身心各方面的塑造作用是不可替代的，也可以说不可比拟的，难以想象有哪一门课程教育能如此全面地发展青少年的身体与心智。因此，应让体育的教育本质迅速回归，让学生在体育活动中实现身体的规训，心理的磨练以及人格的锤炼，培养全人格的高素质人才。

（二）制度规范：强化体育课与课外锻炼

众所周知，现任篮协主席姚明曾多次提出推广专项体育课的政协提案。他认为，就像学习音乐要以乐器为依托，专项体育课能够让即使运动能力不一定能达到专业水准的学生，也一定会对这个项目有兴趣、懂门道，在赢得自信心的同时，为终身锻炼奠定基础。为了避免前述学校体育实践空心化现象的发生与蔓延，相关管理部门应当重视和保障青年的体育锻炼，教育部门也应制订课程制度规范，着力培养学生的体育兴趣，为养成终身锻炼的习惯打下基础，而体育机构应着力制订各种规范标准，如国民体育锻炼标准，并提供更多的体育公共服务。除了普遍推行《国家学生体质健康标准》测试报告书制度、公告制度和新生入学体质健康测试制度，还应认真贯彻《学校体育工作条例》，建立和完善学校体育工作规章制度。

为此，要确保学生每天锻炼一小时，无论是农村学生还是城市学生，要保质保量上好中小学体育课，全面实行大课间体育活动制度，坚持每天出早操。高等学校要加强体育课程管理，把课外体育活动纳入学校日常教学计划，使每个学生每周至少参加三次课外体育锻炼。举办多层次多形式的学生体育竞赛，积极开展竞技性和群众性体育活动，争取做到人人有体育项目，班班有体育活动，校校有体育特色。

（三）杠杆作用：政府与社会协同治理

在狠抓落实方面，要充分显现出地方执行国家发展战略的成效，通过政府与社会共治的机制，协同治理学校体育问题，这显得尤为重要。长期以来，学校体育存在结构性问题，即“两课一体”，也就是课堂教学、课外竞训活动以及体质健康三个方面，因其涉及学校组织管理、教学活动、考核评价及监督报告等各个环节，如何抓、如何管成为目前治理学校体育的关键。目前来讲，激活学校体育工作的杠杆，应该是学生体质健康测试工作考核内容，只有通过学生体质健康测试与评价来调动各方面的积极性。首先，坚持学生体质健康由学校实施测试、数据上报及年度报告等工作，并将结果向学生、家长和社会反馈；其次，完善社会监督与评价工作，引入第三方机构进行体质健康测试工作的评价；最后，学校体育工作目标考核制度，即体质健康一票否决，当然包括学校、院系、教师、学生等各方的体育行为评价。如此一来，学生体质健康问题可以得到扭转，并带动学校体育工作的开展。但如前所述，不能把学生体质健康测试工作绝对化，导致出现体质健康学生的应试教育现象，忽视课堂教学、运动训练等其他学校体育活动。于是，长远的治理改革应当以完善体育课程实施评价体系为抓重点，即课内、课外一体化，将课堂教学与课外锻炼共同纳入教学计划。首先，完善国家体育与健康课程标准，加强健康知识教育，注重运动技能学习，科学安排运动负荷，重视实践练习。其次，健全学生体育锻炼制度，学校要将学生在校内开展的课外体育活动纳入教学计划。最后，强化落实与保障，不仅加强体育教师队伍建设，推进体育设施建设，健全风险管理机制，而且要加强体育教学质量监测社会化，强化部门与学校的体育业绩考核激励，共同营造良好的尊重体育、爱好体育及参与体育的社会环境。

综合利用杠杆功能的短期效果与长效机制，要充分调动政府部门、学校、学生、家长以及社会参与的积极性，并做到标本兼治的治理效果。因此，在当前的教育背景下，完善与落实学校体育监督评价制度是大的杠杆。无论是学生体质健康，还是体育教学、课外锻炼及训练比赛，应引入家长、学校、社会共同评价的机制，完善多方参与的监督评价体系，通过外部舆论与竞争压力，推进学校体育工作长久地持续发展，以改变内部发展动力不足的难题。

（四）目标治理：行为转变与习惯养成

体育本身就是教育系统的一部分，不仅具有显性的教育价值，也有隐性的育人功能，以实现立德树人的育人目标。同时，体育作为素质教育的重要组成部分，体育教育还要从运动知识、技能建构转变到培养终身运动行为习惯，把提升学生的体质健康与运动行为纳入公共卫生管理。在21世纪的后医学时代，健康生活方式作为改善人们健康状况的手段，具有越来越重要的意义。目前，主要疾病模式正在改变，即由急性或者传染性疾病转变为慢性非传染性疾病，需要从青少年开始实施针对性的健康教育。早在1993年美国运动医学协会的年会上，来自斯坦福大学医学院疾病预防研究中心的 William Haskell 博士提出“体育锻炼促进身体素质”转向“身体活动增进健康”的思维范式。

鉴于学生的身体活动与其体质健康、认知能力及学习成绩有所联系，学习成绩的提高往往伴有较多的体育活动。有学者提出用“health optimizing physical education”（即 HOPE）代替20世纪90年代初的“health - related physical education”（即 HRPE），并认为体育课程应鼓励所有学生在课堂教学中保持50%以上的积极活动时间，以促进学生的身体活动参与和改善体质健康水平。因此，从目标导向出发，体育课程教学与实践需融入健康管理所必需的体育知识、方法及技能等内容，教会学生正确的健康行为观念，培养学生终身体育锻炼的素养与生活习惯。每天保持积极而有活力的身体活动是维持健康的必要前提，即按照健康的体育行为规范，设置课程教学目标，学生应当达到日常身体活动金字塔的标准要求。

青少年是国家发展与民族复兴的基石，体育锻炼在其健康成长中的作用与地位无可替代，这也是学校教育的主要手段之一。因此，事关青少年发展的学校体育治理问题，非常需要观念引领、制度供给、政策激励，以确保体育教育公共目标的达成。因此，学校体育首先应回归教育的本质，使其真正成为身体与灵魂塑造的重要通道，首先，应通过体育教育规训青少年被异化的身体，建构身体认知与具身形象。其次，是强化体育锻炼对人的培育价值，重视运动在使人走向强大、突破自我过程中的作用。通过实施课内与课外锻炼的一体化，广泛组织与开展学校竞训活动，实现身体活动的健康目标与教育价值融合。再次，强调青少年体育锻炼行为的教育效果评价，进一步弱化应试教育的功利价值取向，凸显体育教育的身体参与性、挑战性、发展性。最后，齐抓共管，加强学校体育工作领导管理与监督考核，解决制度落实的“最后一公里”问题。

总之，目前我国学校教育存在的 大问题之一，即是青少年体质健康下降与体育锻炼不足。我们急需在教育理论与实践中反思人的发展这一本质问题，充分审视人类肉体之上的身体多样性，重视个体的多样性与发展的个体性。目前，各种政策文件已经给出了明证，期望教育实践予以回应。

第四节 现代体能训练发展趋势与对策

体能训练为实现运动科学和训练实践的融合提供了良好平台，体能训练发展对我国现代体育的发展有多重价值。探讨现代体能训练国际、国内发展，我国体能训练发展面临的机遇，体能训练发展中的国外政府干预以及国内发展趋势，提出我国体能训练发展对策，为推动我国体能训练的发展提供借鉴。

一、现代体能训练国际发展

以西方体能训练为载体大量研究成果代表西方流派训练学，这区别于传统的苏联和东德体系的传统训练学。西方流派训练学是西方国家几十年竞技训练领域研究成果的集中体现，完美地将诸如生物力学、生物化学及生理学等运动科学密切地融入竞技训练过程中，实现训练过程的科学化。西方国家在体能训练方面有深厚的研究和训练经验积累，以美国体能协会（NSCA）、美国运动医学学会（NASM）、英国体能训练体系、澳大利亚体能训练体系等学术组织，都构建了自身独具特色的系统体能训练理论和实践系统，大大推动了西方国家训练的科学化。

目前，全球最有影响力、最权威的当属美国体能协会（NSCA）竞技体能教练理论和方法体系。美国体能协会竞技体能教练认证体系（NSCA - CSCS）是美国四大职业联盟（篮球、橄榄球、冰球以及棒球）体能教练职业认证体系，美国体能协会独立主办四种体能训练相关研究期刊（Strength and Conditioning Journal；Personal Training Quarterly ；Tsac Report；Nsca Coach），在全球拥有广泛影响。

二、现代体能训练的国内发展

北京奥运会以来，随着体育科研、训练方法的不断对外交流，以体能训练为载体的，代表西方最新的系统的训练体系、训练理念及训练方法得以进入我国竞技研究和训练领域，对我国竞技训练带来深远积极影响。核心力量训练、功能性训练、康复体能及动力链等新的训练理念或方法体系完善了我国传统运动训练理论和方法体系，带来竞技训练理论体系、训练理念及方法应用的革命。

为了顺应国际发展最新潮流，国家体育总局，国内部分省份，体育院校及体育科研所投入大量资源吸收国际最新竞技训练和科研成果，以推动竞技训练、科学研究以及学科发展。国家体育总局相关领导也认识到了体能训练的重要性，在2010 年 12 月 21 日的亚运会总结大会上，体育总局副局长蔡振华特别强调了功能性训练、核心训练及恢复再生等训练理念和方法在现代运动训练中的积极作用，这就是很好的明证。在这次历时两天的总结大会上，体育总局专门邀请了美国知名体能训练机构 Athlete Performance 的专家 Cork，就功能性训练相关理念和方法做了详尽的讲解，以希冀对我国的竞技体育运动训练带来积极影响。国家战略上对竞技体育体能训练的重视为体能训练专业的发展营造了良好的示范效应和政治环境。2011 年 11 月，中国奥委会体育部与美国身体功能训练学院在北京签署正式合作协议，建立长期合作伙伴关系。蔡振华指出，身体功能训练是当前世界上最先进的训练理念之一，其所倡导的核心训练等理念，恰恰都是我国竞技体育发展理念的空白处，其功效已经得到世界高水平运动员的证实。此外，体育总局竞体司、教练员学院近年来大量引进国内外新理念、新方法，大大推动了国家队层面的训练水平和我国竞技水平的竞争力。

（一）地方省市体育局层面。

山东省体育局、北京市体育局、广东省体育局、辽宁省体育局、云南省体育局、安徽省体育局、内蒙古体育局及新疆体育局等多个省市体育局投入专门的人力、物力推动相关领域的发展。山东省体育局在十二届全国运动会上的强势表现和在最新竞技训练理论及方法体系上的重视和投入密不可分；山东省建立专门的体能训练中心，硬件在全国领先，软件也全面跟上，配备精干的体能训练、研究及康复团队，为全省竞技运动队重点队员提供全方位现代化的体能训练计划和指导服务，科学化训练成为现代竞技训练的核心原则，是提高训练成效、节省训练成本的根本指导。

（二）专业体育学院层面

2004 年北京体育大学成立体能教研室，标志着我国体能训练学科发展的开端。2011 年首都体育学院成立体能教研室。值得特别关注的是，首都体育学院以身体功能训练（严格来说身体功能训练属于体能训练最新理念）作为申请博士授予点的突破口已经获得成功。目前，国内体育院校中，上海体育学院、成都体育学院、沈阳体育学院及西安体育学院都酝酿成立专门的体能训练教研室。此外，上海也于 2009 年建立上海体适能协会，挂靠上海市体育职业学院，主要承担美国体能协会培训体系的推广活动，并大大激活了上海市在体能训练领域的发展，为上海市竞技体育做出独特贡献，这在 2012 年的全国运动会得以体现。

三、我国体能训练发展面临的挑战和机遇

（一）竞技体育发展的结构失衡

自新中国成立以来，截止到 2011 年底，我国运动员在国际赛场上共获得世界冠军 2671 个，改革开放以后为 2645 个，占 99%；创超世界纪录 1236 次，改革开放以后 为 1062 次，占 86% 。从 1984 年到 2012 年 7 届夏季奥运会共获 201 枚金牌、474 枚奖牌。

伦敦奥运会设有 26 个大项 302 个小项，共有 204 个国家和地区的 10 500 名运动员参加了比赛。英国有 542 人参赛，男子 280 人，女子 262 人；美国有 530 人参赛，男子 261 人，女子 269 人，女子运动员数首次超过男子，参加了 25 个大项及 246 个小项的比赛；俄罗斯有 436 人参赛，男子 208 人，女子 228 人；中国有 396 人参赛，男子 171 人，女子 225 人，参加了 23 个大项及 212 个小项的比赛。中国在 11 个大项上获得 38 枚金牌，在 17 个大项和 74 个小项上获得 88 枚奖牌，在 22 个大项 和 116 个小项上获得 149 个前八

名。乒乓球、羽毛球、举重、跳水、射击和体操（含蹦床）等六大传统优势项目共获得 27 枚金牌，占中国体育代表团 38 枚金牌的 71%。基础大项游泳、田径和水上项目，共获得 7 枚金牌，占中国体育代表团 38 枚金牌的 18%，游泳夺得 5 金，田径 1 金 5 铜，水上项目仅帆船夺得 1 金，赛艇获得 1 银。潜游式项目共获得 4 枚金牌，占中国体育代表团 38 枚金牌的 11%，击剑发挥出色夺得 2 金，拳击和跆拳道发挥较好，各获得 1 金，自行车项目虽然发挥很好，但仍未能实现金牌突破，柔道、摔跤、网球等项目发挥欠佳，未能获得金牌。集体球类项目整体实力有较大差距，未能获得奖牌。

美国在 13 个大项上获得 46 枚金牌，在 16 个大项和 92 个小项上获得 104 枚奖牌，在 21 个大项和 159 个小项上获得 214 个前八名。总体表现超常发挥，取得了境外参赛历史最好成绩，整体实力仍处于世界第一。游泳和田径历来都是美国的支柱项目，伦敦奥运会共夺得 25 枚金牌，占代表团 46 枚金牌的 54.3%。游泳夺得 16 金，比北京奥运会和雅典奥运会的 12 金多了 4 金，是美国境外参赛取得的最好成绩，占代表团 46 枚金牌的 34.8%；田径夺得 9 金，比北京奥运会的 7 金多了 2 金，男子 3 金，女子 6 金。女子项目发挥出色，其中女子 4×100m 接力以创世界记录的成绩夺得金牌。女子项目夺得 8 金，大大超过了北京奥运会的 2 枚金牌。体操、射击和网球三个项目共夺得 9 枚金牌，占美国体育代表团 46 枚金牌的 19.6%，取得了新突破。集体球类项目整体实力强大，共获得 5 枚金牌（含水球），占美国体育代表团 46 枚金牌的 10.9%。摔跤、拳击、自行车、赛艇及柔道等项目发挥出色，共夺得 7 枚金牌，占美国体育代表团 46 枚金牌的 15.2%，是新的增长点。曾经取得金牌的项目帆船、击剑、马术及跆拳道等表现不佳，未获得金牌，尤其是马术和帆船均未获得奖牌。

中国项目发展结构与美国项目结构反差折射体能短板。中国优势项目：技巧类、个体类、小球类；美国优势项目：基础体能类（田径、游泳）、集体球类。中国运动项目存在问题：伤病多、体能弱、对抗差。美国运动项目存在问题：基础类项目需要不断突破生物极限的科学支撑，集体球类项目需要能够连续训练比赛的突出体能和对抗能力。要改变我国竞技体育非均衡状

况，应加大普及科学化体能训练的力度，完善运动队生理生化监控体系，

（二）国民体质下降影响民族健康

1、三次修订学生锻炼标准

学生体质一直以来都受到体育管理部门的重视，有关部门曾多次制定和修订学生锻炼标准，以评价学生体质，激励教育和体育部门以及社会对学生体质健康的关注。1975 年，国务院首次颁布实施国家锻炼标准，根据不同性别和年龄分组，每组有不同的锻炼项目和标准，在规定时限内达到标准者，被授予国家统一颁发的奖章、证书。国家体育锻炼标准施行办法，1989 年 12 月 9 日国务院批准。2003 年国家体育总局联合 8 个部委对《锻炼标准》进行了第三次修订，颁布了《普通人群体育锻炼标准》，它与同时期出台的《学生体质健康标准》互为补充。

时隔 10 年的再次修订，两套标准合为新修订的《锻炼标准》，这在青少年和普通人群锻炼标准的基础上进行了补充和完善，依然包括力量、速度、耐力、灵敏及柔韧 5 类身体素质测验项目。最大的不同是实现了 6－69 岁人群的全覆盖，在项目设置上删繁就简，在保持测验项目一致性的同时，兼顾各年龄组的身体特点。邢文华概括说："在注重标准连续性和兼容性的同时，简便易行、贯通人群是新标准的特点。"

在青少年身体素质不断下滑的背景下，新《锻炼标准》对青少年体测项目设置上格外重视。邢文华说，"考虑到目前青少年体质下滑，标准相比过去有一定程度的下调"，"我国青少年在耐力和力量方面尤其薄弱，但我们也没有过分迁就，在耐力测验方面依然是首推 800m、1000m。"新《锻炼标准》希望在青少年体育锻炼方面起到导向性作用。

《锻炼标准》还是一种评价全民健身效果的方式，从力量、速度、耐力、灵敏及柔韧五个方面检验全民健身的效果。现行的《锻炼标准》是在 20 世纪五六十年代《准备劳动与卫国体育制度》的基础上历经三次修订而成，上次修订是在 2003 年，本次是第 4 次修订，修订工作于 2011 年启动。值得关注的是，在新修订的《锻炼标准》中，青少年组体育锻炼标准将被调低。

2、学校运动会面临的尴尬

在南开大学召开的全国高校体育工作座谈会上，教育部体育卫生与艺术教育司司长、第九届大运会组委会秘书长王登峰透露：半个月前，他出席北京大学 2011 级学生军训结业典礼时了解到，两周军训期间，近 3500 名学生累计看病超过 6000 人次，特别是第一周，晕倒者众多。王登峰认为，为了弥补学校体育的薄弱环节，我国将把学生体质情况纳入对高校的评价体系中。2013 年 11 月 11 日，华中科技大学秋季运动会开幕，女子 3000m 和男子 5000m 项目被取消。该校体育部称大部分学生身体素质达不到要求，上场有危险。足球队学生称很少看见有人跑步，女生大多表示以羽毛球等代替跑步，不少学生认为长跑“脱离群众”。从郑州大学体育系获知，该校男子 3 000m 长跑纪录已 52 年不破，仍由 1960 年田径运动会上一政治系学生以 9 分 23 秒的成绩保持。广州马拉松 21 岁学生昏厥身亡。西安多所大学取消运动会。

3、中老年体质健康状况堪忧

中国老年目前的体质状况呈现为：骨骼（松）、肌肉（软）、关节（僵）、韧带（硬）、心率（快）、血脂（高）、笨（动作）、挺（肚子）。我国癌症患者新增 700 万每年，死亡 140 万每年；全世界死亡 630 万每年；平均每 6.64 秒就有一个人死亡于慢性病（心脑血管病及糖尿病，高血压等）。1.3 亿人高血压患者中，每 5 人中有 1 人死于癌症，中国肺癌发病率全球第一，2001－2004 年癌症死亡率上升了近 50%。高血压患者高达 9000 多万，其中只有 22% 知道患病，55% 的人在接受治疗。高血压是造成脑中风、尿毒症、心肌梗塞及冠状动脉硬化的主要原因。2025 年前糖尿病患者将达 4000 万，中国的肝炎患者占全世界 75%，近 20% 的人将成为带原者。

（三）行业体能训练的迫切需要

我国行业体能训练起步刚刚起步，现代化大生产组织方式和快节奏的生活方式对多种行业的工作人员的综合素质提出更高的要求。作为多种能力依托的体能素质成为我国行业体能训练的重点和突破口，关系到我国多个行业的竞争力，其中，为我国现代化建设保驾护航的军事体能就是我国行业体能的重点。军事体能训练是进一步提升战斗力，抵抗侵略，维护和平和巩固国防的基础。美国军队特别重视以超前创新的作战理论指导联合训练的变革，美军作战条令指出，“训练必须与作战理论相一致”；美国前防部长拉姆斯菲尔德强调：“美军必须按照未来作战的要求进行训练，按训练的方式作战。”

（四）美国体能训练发展中的政府干预

1956 年，美国总统艾森豪威尔总统成立青少年体能总统委员会，强调将发展体能当作美国青少年日常生活的优先工作，肯尼迪、约翰逊总统更名为体能总统委员会及体能与竞技体育总统委员会。自此以后，美国的国家体育政策便开始提倡全国国民应不分年龄、不分身体活动能力以从事体能活动和维持运动习惯。2006 年是体能与运动总统委员会成立 50 周年，美国总统布什特别宣布 2006 年 5 月为国家体能与竞技体育月，并积极呼吁全体国民，应将健身运动视为每日必做的工作之一，将时间花费在与亲人朋友共同参与体能性活动或竞技体育上，可增加个人自信心和降低紧张生活压力。

美国目前走在世界体能训练前面，这是由于职业体育发展发达的结果。美国 AP 为代表的训练中心具有世界性影响，为德国、日本足球，职业网球、棒垒球、篮球以及多个国家的高水平运动队服务。美国体能协会在全球 62 个国家有超过 40000 会员，在美国有 30000 多会员，各项目国家队都配备有体能训练，多个体能教练，设立体能训练总教练。美国不仅有体能协会和训练基地，还有很多高水平体能训练中心，他们形成多学科交叉的团队模式，包括医生、运动防护师、运动矫正师、物理治疗师、运动营养师、心理咨询师、体能训练师及按摩师等专业工作者，具有很强的研发能力。从高中、大学到职业俱乐部、国家队，都配有体能教练员，美国警察、消防、军队等与美国体能协会等合作，进行各种高强度体能训练。AP 训练的 12 个训练内容板块包括：系统训练方法论；功能性动作筛查与矫正；核心柱力量；动作模式训练；快速伸缩复合力量；个性化训练评价和处方；技术准备；发展能量系统；直线和多向加速；运动营养；主动分离式拉伸和再生方法等内容。

（五）体能训练的国内发展趋势

2001 – 2004 年：启动体能训练培训，美国体能协会到中国举办培训。2004 – 2008 年：核心力量训练，先后组织专家到美国、德国等地学习。2009 年以后：核心柱力量训练、功能训练、动作模式、能量再生等。2011 年冬训：国家体育总局备战办与美国 AP 合作系统引进功能训练技术体系。2012 年 12 月：总局组织全国体能培训及研讨会，提出体能培训和认证。2013 年：开始组织编写《体能训练认证课程》，拟成立中国体能训练协会；国家体育总局成立备战伦敦奥运会身体功能训练团队，其中包括国家体育总局训练局所属国家队体能训练中心，北体大科研中心体能训练实验室和体能训练教研室，首体身体功能训练专业博士点，北京体科所的 BRISS 体能训练营，上海市体能协会（美国国家体适能协会上海分部）。其他省市体育局，体科所体能中心，体能研究室及体能工作站等则是国内在现代体能训练领域做出积极尝试、践行现代训练体系和新理念的平台。

我国体能训练理论源于苏联和德国，主要呈现如下特点：传统体能训练理论来自苏联专家和德国，从专项训练出发总结一系列的训练原则、训练原理和训练方法。现代体能训练来自职业体育训练。重视素质训练，重视肌肉力量提高，注重大肌肉群力量训练和局部力量训练作为提高专项能力关键。比较忽视神经对人体控制能力训练，起码没有一套理论和技术体系。缺乏维持平衡稳定的小肌肉群力量训练和神经肌肉功能的训练。局部负荷量和强度高，技术动作代偿、技术效益低，缺乏主动的和系统再生恢复，伤病概率高。运动员身体外形看起来很强壮，但场上跑不快、跳不高、停不住、转不动，比赛的专门动作做不出来。

整体概括起来，传统体能训练重视肌肉训练，不重视动作训练；肌肉训练未必能提高动作质量和动作表现能力；动作训练能把专项动作所需的肌肉力量更好地聚集起来，更好地提高运动员技术质量和效益。美国格瑞·库克讲道："训练动作能够完善肌肉，而训练肌肉却不能改善动作"。

（六）发展我国体能训练的主要对策

重新认识体能在体育发展中的重要价值，提高体能在竞技体育、特种行业、青少年体质及大众健康等方面的综合功能；开阔眼界，转变观念，创新理念，整合资源，加大培训，培养更多具有国际视野和全球眼光的体能训练专家；建立中国体能训练协会；组织体能教练认证培训体系；加大体能训练原创性研究。

第五节　学生身体素质与家庭教育的影响

当前，中国学生身体素质不佳已成为一个普遍的问题。2010 年，教育部等部门对近 35 万名 7 至 22 岁学生的体质健康进行了调查。调研结果显示，自 1985 年以来，我国的学生除柔韧素质外，爆发力、力量、耐力水平仍继续呈持续下降状态。出现这一情况，除了社会、学校引导和重视不够之外，家庭教育的影响也是一个重要原因。就这一问题，在问卷调查分析的基础上，就家长如何帮助学生加强锻炼和提高身体素质提出建设性意见。

一、当前学生身体素质状况

2011 年 10 月，一篇题为《足球从娃娃输起》的报道刺痛着国人神经：来自俄罗斯的少年球队先后以 11 比 0（之前误传 15 比 0）击败地坛小学队，继而 7 比 3 战胜北京市冠军南湖东园小学校队。然而，相比起生硬的技、战术配合和悬殊的比分，中国学生比俄罗斯学生高大年长的事实以及上场 20 分钟后就体力透支的窘相，更引发了人们对教育理念和体制的反思。前不久公布的上海市中小学生《国家学生体质健康标准》抽样监测结果显示，消瘦和轻体重的“豆芽型”学生少了，耐力素质提高了，但学生近视问题、运动能力不平衡等情况仍不容乐观。数据显示，上海市青少年总体超重肥胖率为 19.4%；学生视力近视检出率 11－12 岁为 47.77%，13－15 岁为 66.32%，（16－18 岁）达 75.83%。有人把“祸根”往往归结到学习压力太大及高考竞争激烈上。不可否认，竞争的确是这个时代的主题之一，但竞争的内容并不仅仅是成绩、能力和业绩，还应该包括身体素质是否健康。“身体是革命的本钱”，人力资源强国的基础是大批高素质的人才，高素质一定包括良好的身体素质，如果没有一个好身体，一切都是空谈。

二、家庭教育对学生体质健康的不利影响

学生体质健康的问题，不仅是一个学校体育工作的问题，而是政府、社会和家庭共同关注的问题。导致学生身体素不高，健康状况不佳的原因，固然与社会、学校重视不够有关，但不可否认的是，家庭教育对学生体质健康的影响也是很大的。现今，家庭教育在对孩子的培养方向上有所偏离，相当

一部分家长为了不让孩子输在起跑线上，热衷于各式各样的辅导班、考证班，忽视了孩子自身特点和身心健康发展的同时，也剥夺了孩子玩乐和参与体育锻炼的权利。家长对孩子的期望值和将来的职业定位过高，调查结果显示，家长对孩子参与体育锻炼的重视程度不够高，怕锻炼影响学习，家长表示不愿意带领孩子进行体育锻炼的占了 52%；对孩子过分溺爱，害怕孩子在锻炼或活动中受到意外伤害，不支持孩子经常性地参与体育锻炼或体力活动锻炼的占 34%。这些家长往往对体育活动比较排斥，而校方为了提高升学率和避免安全事故，往往迎合家长的心理，对体育教学课、课外活动采取不主动和不严加管理的方法，使得学生的身体素质、生理机能、心理素质等能力得不到有效的锻炼。

三、家庭教育对学生体质健康正面影响的建议与措施

（一）更新观念，提高认识

通过各种渠道，对社会、家庭进行体育锻炼价值的宣传，让人人树立健康新观念，更新社会、学校及家庭的体育观念，提高对体育锻炼价值的认识，使各方认识到健康体魄是青少年学习、工作和生活的基本前提，是中华民族旺盛生命力的体现。家长要树立“学习在忙也要多运动”和“健康第一”的理念，只要转变认识，积极行动，方法得当，体育锻炼非但不会影响学习，反而会促进学习。

（二）以身作则，共同锻炼

家长是学生的第一位老师，调查表明，如果家长喜欢运动、锻炼，他们的孩子 90% 都是喜欢运动，在不影响孩子学习的基础上，家长在周末不妨和孩子一起踏青、登山，打打羽毛球、篮球等；寒暑假和孩子一起制定一份合适的锻炼计划，让你的孩子真正地参与到运动中来，鼓励和监督孩子锻炼身体，这样不仅能使孩子身强力壮，而且还可以锻炼孩子的意志和自控能力。其实这也没有什么难的，孩子一般都认“死理”，他喜欢的事情，不用家长催促，他自己就会做得特别好；而他不喜欢的事情，即使在家长拳头的权威下，他也会怀着应付的心态去做，所以，家长不妨选择他喜欢的运动项目，或者想办法调起他的“胃口”，引导他去锻炼身体。世界上没有懒惰的孩子，

只有不会引导孩子的父母。只要父母积极地开动脑筋，用心地去思考，即使有点懒的孩子，也会心甘情愿地参加运动。

（三）构建学校和家庭的学生体质健康平台

在家长中倡导“健康第一”的理念，树立正确的教育观、成才观，注重从小培养学生文明健康的生活方式，提倡家长和孩子共同参加体育锻炼，尤在家庭和学校两方，应建立互动反馈机制。一方面，校方可通过举办学生体质测试展，亲子趣味运动会等多种形式、渠道，邀请家长一同关注孩子的体质健康状况，共同参与学校的体育工作；另一方面，家长则可利用这样一个平台，主动积极参与，获取孩子体质健康的变化情况，真正关注孩子的体质健康问题。

（四）加强家庭和社区的青少年体育活动

加强青少年体育俱乐部建设，积极开展丰富多彩的社区体育活动，积极组织学生参加社会、家庭社区体育活动及娱乐游戏，突破家庭、学校时空局限，走向社会，促进课外体育活动的现代化与多样化，以学生自身的青春活力和独特的文化优势，感染和带动社会大众中更多的人参与到全民健身活动中。值得一提的是，教育行政部门、学校及社区和家庭密切配合，鼓励学生参与到社会、学校、社区等各种形式的体育锻炼中，对他们进行奖励，如可建立起完善的社会学生健身奖励机制。

总之，如果我们真正以育人为本，以学生为主体，把体育与学生的健康，学生的发展乃至国家和民族的未来联系起来考虑，或许我们能更深刻地认识到提高学生健康素质的重要性和紧迫感。健康不保，谈何教育？生命不保，谈何发展？当家长们深刻认识到提高学生健康素质的重要性时，“健康第一”的理念才能深入人心，体育锻炼的时间才有保证，《国家学生体质健康标准》才能坚持并得以落实。

第六节　青少年体育素养目标体系的构建

一、对青少年体育素养目标体系的理解

对青少年体育素养构成的论述，应充分考虑到青少年的个性特点及现状。

青少年身体的生长发育已开始，而青少年进入社会后，锻炼将成为个人自身的事情，而不是强制的教育内容。因此，青少年体育素养的评价指标体系应建立在学生终身体育活动的基础之上，应注重群体终身体育锻炼的身心修养。

通过对“健康第一”指导思想的理解，社会并没有将竞技运动激烈的竞争看成是体育素养塑造的主要方面，但并不反对学生掌握一些竞技体育常识和技能，只是认为可以把竞技体育教材化，因而不应把竞技体育作为体育素养的必须学习常识让所有学生掌握。因此，体育活动的常识和基本运动能力作为体育素养的普及内容，更加贴近大众，也遵从了全民健身的基本要求。

学生体育素养的培养要达到一定的目标，一方面通过对运动技术和战术的学习，使学生认识自己与外界的关系；另一方面由于运动的团体性氛围，使得学生需要学习解决和处理各种人际关系所必需的态度和方法，这种社会性学习是其他学科教育难以取代的。

二、影响青少年体育素养目标体系实现的因素分析

（一）青少年体育素养的特点

1、青少年体育素养的生理特点

青少年时期是由儿童期过渡到成人的一个快速发育阶段，在这个时期内，青少年生理机能迅速增长，并逐步趋于成熟，其身体形态、运动能力及第二性征等方面都会发生很大的变化。身体机能呈现出的发育特点主要包括肌肉发育、循环机能、呼吸系统及神经系统等。人体各部位和各器官、系统发育的时间和速度不同，其展现出来的特点也不同。

1.1 身体形态

青少年最明显的外形变化是身高迅速增高，身体形态向成人转化。而体重方面主要表现为骨骼、肌肉和内脏发育的增长，骨骼的生长不仅体现在长度，在形态、比例和结构方面都会发生变化。儿童期，骨骼的组成主要是软骨和纤维组织；青少年时期，软骨已由坚硬的骨骼所代替，肌肉发育随着骨骼的变化而变化，大肌肉群先增长，小肌肉群随之增长，肌肉力量增强，耐力提高。

1.2 身体机能

肌肉在青少年时期发育特别快，肌肉发达了，力量也增大了，肌肉横断面积与体重的比例是随着年龄的增长而逐渐增大的。在身高不断增长的时期，肌肉以长度增长为主，而在体重不断增长的时期，则以肌纤维的增粗为主，女孩 11 – 13 岁，男孩 13 – 15 岁身高增长迅速，肌肉长度明显增加；16、17 岁以后身高增长减慢，肌肉纤维明显增粗，也变得坚实有力。随着肌肉组织的发育，作为身体重要机能的运动能力也随之迅速发展完善起来。

此外，心脏容积扩展也是最快时期之一，心脏由于心肌的不断加厚而迅速增长，心脏的收缩也显著提高，心脏每分钟收缩的次数逐渐减少。青少年在发育过程中，肺的发育过程不是匀速发展的，而是呈现波浪形，肺泡的容积随着身体的发育而增加，肺泡容量增加，呼吸频率降低，肺活量增加，到青春期末已经达到成人的水平。

1.3 身体素质

身体素质是指人体在运动中所表现出来的运动机能能力。青少年各项身体素质随年龄增长而不断增强，身体素质在不同的年龄段，其自然增长的速度不同，即使在同一年龄阶段，不同部位的身体素质发展速度也不同。青少年时期，身体素质自然增长的速度快、幅度大。另外，在身体素质发育过程中，有一段时期某种素质增长速度特别快，也就是说，各项身体素质都有自己的敏感期，这个时期也是锻炼该项素质的最佳时期。

青少年身体素养发展的特点：第一，呈自然增长的特点，各种素质随年龄递增，增长速度快慢有序。第二，呈现出阶段性的特征，各种素质都有特定的发育阶段和稳定时期，速度、灵敏素质率先发展，耐力素质随后发展，力量素质最后体现。第三，每项素质都有达到最高水平的年龄段，大多在 19 –21 岁。

（二）青少年体育素养的心理特点

1、观察力和记忆力

青少年观察的目的性、精确性和概括性都获得了显著发展，青少年时期的学生开始针对性地根据自身的需要观察社会形态，并制定主动性的计划，对细节的感觉性逐渐提高。由于思维的参与，使直觉的概括性明显得到发展，观察变得越来越客观、全面，青少年时期是人的记忆力的最佳时期，在学习、生活和社会活动中，逐步形成自己的记忆特点和方法。

2、思维力和想象力

思维能力有较大发展，具备一定的独立思考、批判能力，能够很好地理解和掌握一些抽象概念。通过对一些具体形象事物的理解，开始掌握和理解一些基本的概念，而对那些高度抽象且缺乏经验支持的概念，则不能正确理解，想象时空已从具体的虚拟的事物向抽象的、现实的事物转化，想象的目的性不断增强，想象中的创造成分不断加大，想象的现实性不断落实。

3、意志力

青少年学生意志的坚韧性有了较大的发展，他们不再依赖于家长、教师，并处处表现出独立、勇敢的一面，但他们意志行动的自觉性还不稳定，因此行动呈现盲目性；意志的果断性水平不高，轻率与冒失比优柔寡断突出，自制力虽有发展，但是情感起伏较大，容易冲动，因此自制水平较差，对自己的行动不能自我控制。总的来说，青少年在学习生活中常常有坚持下去的意愿，但遇到困难和挫折时，往往表现出意志力不够坚韧，容易放弃，有时还把任性、个性当作理由。

4、情感

一是情感的两极性明显，情绪体验强而又难以自控。情绪变化波动大，容易从一个极端走向另一个极端；二是情感的内容不断丰富深刻，主要表现在集体感、友谊感的发展和与人的社会需要相关联的情感，如道德感、理智感、美感有了很大的发展。

发育期的青少年随着身体生理的变化，周围环境和学校教育的影响，心理处于迅速发展而又尚未完全成熟的过渡期。青少年学生具有极为强烈的好胜心和自尊心，这对于学校开展体育活动，增强学生体育素养有一定帮助，但其心智发育水平尚不完善，情绪不稳定，自制力差，自我意识较强，可能会出现畏惧困难，逃避挫折，团队意识不强等心理问题。在这一时期，随着青少年智力的快速发展，学生的心理品质往往具有很强的可塑性，学校在体育教学过程中要注意加以引导。

（三）体育能力素养和体育文化素养形成的特点

体育文化素养是对日常锻炼经验的积淀和经过对运动锻炼的实际体验而形成的所有运动表现和行为的综合体现。它表现在人们对运动常识认识的高低，运动技能认识程度深浅，运动技术运用的水平，锻炼意识的强弱，体育特点的明显与否等方面。提升学生的体育文化素养是进行现代体育教育的要求，是学校教育由应试教育向素质教育蜕变的一个必要基础，是学生在激烈社会竞争中生存必须具备的个人品质。

医学资料显示，青少年时期是人体记忆力发展的最佳时期，这一时期青少年学生的学习欲望强烈，认知能力强，对体育知识充满学习兴趣。青少年阶段身体素质的可塑性强，模仿能力强，体育学习能力强，能很好地掌握体育技能，所以培养青少年的体育能力要把握住这一阶段。青少年活泼好动，对体育锻炼有浓厚的热情和兴趣，同时对其自身健康有强烈的要求，但是这一时期青少年的体育文化素养还在形成期，还在体育知识的学习环节中，掌握的体育知识很少，对基础知识的掌握不够扎实，即使掌握了一些体育知识也不会运用。因此，学校体育应重视青少年的体育文化素养的培养。青少年学生在校期间，对体育知识了解的多与少，技能学习的好与坏，能力的强弱以及对体育的爱好程度，对其走上工作岗位后参加体育锻炼的影响是不可忽视的。青少年在体育活动中，体育安全知识缺乏，这就需要体育老师特别注意。青少年体育技能学得快，但是忘得也快，在学习运动技能过程中注意力不集中，对单一的教学内容会表现得没有耐心。青少年时期的学生，由于身体素质各方面的指标都有不同程度的提高，所以在学习运动技能时，要根据各个指标发育，在其最敏感期学习相应的内容。青少年的自觉性有了较大的发展，所以说有一定的体育意识，能够有意识地去参加一些自己喜欢的体育运动，但是他们对体育知识的理解还不是很深，因此要在这方面加强。学生在校期间培养良好的体育能力和体育文化素养，是社会体育发展的前奏和基础，能够带动更多的人参加体育锻炼，能够有力地促进社会体育的发展。

（四）青少年体育素养的社会性特征

青少年在校学习的期间内，与教师、同学和集体相互联系、相互影响，在丰富多彩的校园生活过程中，逐步学会了遵守规则要求、平等竞争、分工合作、团结协作，服从、争执、同情、互助、独立等个性品质，青少年阶段是自我意识快速发展的时期，他们的道德品质和价值观日渐成熟，成人感、性意识和自我评价能力有了较大发展，在这些基础上青少年开始对自己的需要、情感、能力及目标有了逐渐稳定的看法，这对他们以后的成长有长远的影响。

三、影响青少年体育素养目标体系实现的因素分析

（一）体质素质的影响因素

1、遗传

遗传是指父母与子女之间在形态结构和生理功能等方面的相似。在社会经济发展水平、自然环境等各方面因素一致的条件下，个体之间生长发育仍存在差异，显示了遗传因素的作用。对于种族、家庭间形态和功能的研究分析中，可以看到遗传的作用表现得非常明显。在同等条件下成长的非洲和欧洲青少年，其平均身高无明显差异，但非洲青少年的腿长超过欧洲青少年。美国黑人婴儿在出生时，其发育水平比美国人高，恒牙长出的平均年龄也较白人提前一年。另外，在一个家庭中，子女与父母有密切的关系，青少年在较好环境中成长，其身高 75% 决定于遗传，因此，遗传是影响青少年生长发育的重要因素。但必须指出的是，遗传潜力的发挥还要取决于环境条件，遗传只是为青少年生长发育所达到的水平提供了可能，只有在良好的环境条件下，遗传因素才能充分体现。

2、营养。

食物和营养是保证生长和发育的物质基础，青少年正处在迅速成长阶段，为满足身体成长的需求，要不断从外界摄取营养物质，尤其对热量、蛋白质、微量元素和各种维生素的需要增加，只有满足身体的需求，才能保证代谢的同化过程超过异化过程，才能保证机体的正常发育。如果长期缺乏营养，会导致身体发育不良以及各种营养缺乏症。一般来讲，缺乏蛋白质会导致儿童青少年发育缓慢，缺少钙和维生素则容易导致骨骼发育不良，缺碘则极易影响智力。运动会促进新陈代谢，营养必须与运动结合起来，才能有效地促进

青少年的生长发育。而缺乏运动，营养不良，不能发挥营养促进儿童生长发育的作用。

3、体育锻炼和劳动

新陈代谢的改善可以通过体育锻炼来实现，在加强异化作用的同时，利用体力活动后超量恢复的规律，使同化作用超过异化作用，从而加快青少年的生长发育。体育锻炼和营养是决定青少年生长发育最基本的相互影响的两个因素，必须把两者很好地结合起来。一方面，体育锻炼需要有足够的营养保证；另一方面，营养与体育锻炼相结合，才能充分发挥营养促进生长发育的作用。体育锻炼通过促进人体结构和功能，对体力活动产生适应性变化，对骨骼肌和心肺功能发育有显著的促进作用。经常参加体育锻炼和劳动的青少年对运动负荷、体力劳动的承受能力更强。青少年运动应多在户外进行，阳光、空气、水等自然因素，对促进青少年的新陈代谢、体质增强，提高发育水平，增强对气候突然变化的适应能力，增强身体对疾病的非特异性抵抗能力以及降低发病率等都有良好的作用。

4、心理素质方面的影响因素

4.1 家庭因素

孩子的第一所学校是家庭，而父母则是孩子的第一任老师，孩子具有父母的影子，父母的言行举止、生活表象都对孩子的行为具有长远、深刻的影响，因此，消极的家庭环境会对青少年心理发展水平产生重大影响。相关研究表明，家庭结构的不完整以及家庭气氛不和谐是影响青少年心理发展水平的直接原因，这类家庭的家长往往无法细心地照料子女或者孩子长期处于父母的争吵中，体验不到父母的爱，心理上没有安全感，往往容易变得孤僻、自卑、抑郁或形成攻击、易怒、仇视等不良个性。另外，父母的期望过高也是使青少年产生不良心理的重要因素，主要表现为不切实际地将自身意愿强加在子女身上，无形中加大了孩子的学习压力，使孩子在学习产生了焦虑、恐惧，导致厌学，有的孩子由于担心自身的能力无法达到父母的要求而产生内疚心理，甚至由此走上自杀的道路。

4.2 学校因素

在现行教学体制的影响之下，学校最关注的是学生的升学率，以文化基础成绩作为评判学生优秀与否的标准，忽视了学生整体素质的培养。繁重的课业负担影响了青少年自由活动时间和自身兴趣、爱好的发展，越来越多的作业负担和考试造成了学生恐惧和焦虑的心理。此外，教师是造成学生不良适应的另一个重要原因，有些老师的教学观念老化，经常以学习成绩好坏来评价学生，教师评价学生的不公平性以及对差生的“有色”认识，使学生的自尊心和自信心受到极大伤害，从而更加消极、自卑。民族文化、社会风气、社区环境以及社会的迅速发展，都一定程度上对青少年心理成长产生深刻的影响。同时，社会当中的一些消极因素也影响了学生的日常学习和生活。学生要成长，要前进，就要慢慢适应社会发展的需要，而当未来社会的需要与青少年自身的素质发生矛盾时，就会产生各种不同的心理问题。而且，消极的社会思想观念，坏的社会风气以及大众传媒中的不健康内容也在影响青少年，使他们产生不良心理，而不良的书刊、电影、电视、影碟以及网络资讯等，也会深深毒害青少年学生幼稚的心灵。

4.3 个体因素

环境因素虽然对青少年的不良心理的产生有重要影响，但它只是外在因素，必须通过个体的内因才能发生作用。人的各种心理活动的功能调节和发展水平对于人的心理健康都有影响，对于心理发展还不成熟的青少年来说，这种影响更加显著。青少年心理素质对心理健康的影响集中表现在动机、意志和性格等几个方面，如学习动机不明确，学生缺乏自信心，缺乏坚强的意志，易产生消极的情绪，同时形成较差的适应能力。

4.4 经济生活水平

随着物质文明生活水平的逐步提高和“421”型家庭的不断增加，绝大部分的青少年都是独生子女，他们的心肺功能、体育能力和身体素质普遍很差，尤其是以有氧运动为代表的耐力素质大不如前。例如：在体育课的中长跑测试中，部分青少年成绩很不理想，甚至有相当一部分学生无法坚持，实在令人担忧。此外，有一些青少年对生理卫生常识和体育锻炼技巧的掌握程度较差，如空腹进行体育锻炼课；刚进完餐，就上体育课；在体育活动中遇到较低的运动创伤，如韧带拉伤、皮肤挫伤等，都表现出慌乱的样子。

（二）各地区基础教育发展的不平衡性

基于现阶段我国基础教育的实情，一些学生在进入大学之前，从未接触过球类运动，而且有些地区个别学生还存在广播操都不会做的现象，知识与技能的落后使他们产生了自卑的心理，从而导致他们更加远离运动场。还有少数学生对运动认识不足，盲目认为自己目前身体良好，无任何疾病，不需要进行体育锻炼，从学的主要目的是学好文化科学知识，将来有个好工作。更有甚者认为，自身身体没有任何问题，完全能够游刃于体育课程的学习和考核。但也有部分学生由于繁重功课占据了大量的自由活动时间，从而缺少了锻炼时间。

从人的发展的长远观点与锻炼需求的角度来看，其中大部分的学生是缺少身体锻炼的自觉性。出现以上的种种问题，是青少年体育素养低下造成的，证明青少年体育素养达不到目前年龄段的要求。这就要求各级体育部门在日后的体育锻炼开展中，切实落实“中学体育教育必须面向所有学生，针对学生的需求，面向学生的未来”，保证每个学生都能具有从事体育锻炼，保持身心健康的知识和技能，从而为他们终身的体育锻炼行为奠定坚实的基础。

（三）学校体育锻炼方针和措施

当前各学校往往过分注重文化成绩，例如部分学校必须是综合排名前多少名才能评三好、评奖学金，各类奖项也都是文化成绩优秀者包揽，却不管这些学生身体素质有多差。学校重视的还有社会活动，但凡优秀生、奖学金评定时，都把参加社会活动看作基本条件之一，全然忽视了身体锻炼作为学生生活的必要组成部分的重要性。学校主体思想对体育锻炼认识的不足，造成了一个学校体育教学总体方向上的错误引导。

首先，身体素质教育理念推行的缺失。身体素质教育的过程建立在健身知识授受和运用技能的基础上，通过对学生的身体素质增进意识和身体素质自主学习能力的教、学、练相统一过程的培养，最终达到促进学生身心发展的目的。让学生通过教师刻意的、有规划的指导，经过积极主动地掌握系统的身体素质教育、基本技术，从而增进基本运动技能，发展身体运动能力，锻炼体魄、增强体质，加强将身体锻炼看做是一个有自身规律、内容及方法体系的观念，为终身体育行为奠定坚实的基础。

其次，体育锻炼兴趣缺失。很多兴趣是通过日常的生活培养出来的，针对当前青少年体育锻炼普遍缺失的情况，体育教师重中之重的任务是培养学生的锻炼热情和兴趣，这是当今体育教师面临的主要任务之一。

四、青少年体育素养目标体系的构建

（一）青少年体育素养目标体系构建的原则

1、以人为本原则

现代人本主义教育思想强调以人为本，一切从人的角度出发，关注人的情感体验，但在具体的实施过程中，却带有某些以偏概全的特征，这在一定程度上背离了社会和现实，造成了自身对教育价值的认识不足。人本主义教育思想寻求的是社会需要与人的需要的平衡，理性发展与情感发展的平衡，它是指导现代教育的重要教育思想。这就启发我们，体育政策的制定应当把国家和社会的要求与学生个体的需要有机地结合起来，把追求体育的健身价值和生态体育的价值结合起来，把传授体育知识技能和为青少年终身体育打基础结合起来，真正确立青少年在体育中的主体地位，全面提高学生的体育素质与体育素养，促进学生身心和谐全面的发展。

2、社会需要原则

承认并接受学生之间的差别，重视现代教育技术与因材施教原则的配合，使每个学生都得到健康快乐、积极主动的发展，为学生养成终身学习、生存与发展的能力打下坚实的基础，使学生成为身心全面发展的人。体育的健身功能首先是面向全体社会成员的一项基础服务内容，它针对的是个体的身心需要。青少年体育素养的构建过程必须要考虑学生的身心需要，以需要为前提，通过个体的需要，有针对性地培养学生的体育素养。

（二）青少年体育素养培养的目标体系

我国青少年体育素养目标体系的构建，要求构成青少年体育素养的各个因素达到一定的目标，只有这样才能实现目标体系的构建。也只有这样，才能将各因素全面综合起来利用，在相互影响、相互促进的基础上展开评价。

1、体育知识

通过教师多方面的体育知识的传授，使学生对体育有全面的认识，真正理解体育的涵义及其功能，培养青少年积极的人生价值观，形成良好的体育意识。掌握一定的基本体育卫生知识，掌握基本的锻炼身体的方法，能主动地运用科技手段收集体育运动与身心健康的相关信息，注重掌握运动保健知识、运动方法以及运动规则，明确体育概念、发展与分类，实现体育目的任务的基本途径与要求，体育的实施方式和手段，了解体育学科教学、体育运动训练、竞技运动比赛和体育休闲锻炼的一般任务、内容、原则和方法，体育教学的组织形式、结构与方法，身体锻炼的原则，体质、体格和体能的区别与评定等，能科学地使用体育运动器材及医疗资源，提高自己的健康水平，防治身心疾病，在参与体育活动的同时，获得必要的理论指导，为终身体育搭桥铺路。

2、体育意识

社会个体的意识水平取决于个人的文化素养，思维惯性习惯，对外在事物的认识能力以及个性心理倾向和智力等多种要素。一个已经获得终身体育意识的人会对体育活动产生积极的认识，享受体育活动带来的乐趣，这种浓厚的情感体验可以转化为参与体育锻炼的内驱力，从而积极地、有目的地参与体育锻炼，培养终身体育锻炼，保持身心健康的习惯，并能主动规划生活，达到终身受益。学生在体育课中，不断地提高自我锻炼意识，从运动比赛中感觉到自身技术的缺陷，在学习中由被动转为主动，通过教学比赛，加深对体育活动的浓厚兴趣，把积极的锻炼热情投入到日常的学习锻炼中，完成从“要我健身”到“我要健身”再到“我会健身”的过程的转变。

3、体育行为

体育行为衍生了体育意识，个体在体育生活和锻炼过程中所呈现的状态总和称为体育行为。科学合理的体育行为可以促进青少年体育素养水平的提高，体育行为还是表现体育个性的重要方面。要爱护生命，需要有很好的自我调节能力，才能自信心强、情绪饱满、身体健康以及不易患病。充分尊重学生个体的兴趣取向，选择自身热爱的多项运动内容，发展特长运动技能。

在比较系统的学习过程中，形成区别于他人的风格，发展个性体育特征，塑造良好的体育品行，这不但遵从了素质教育的理念，而且也符合了青少年体育素养培养的任务要求。

4、体育能力

身体基本活动能力是指青少年掌握和应用肢体基本活动的程度。青少年在参与和完成一项活动中所必须具有的身体素质、心理条件和基本技能，就是基本运动能力，它是我们从事体育活动的基础，也是培养和发展兴趣的重要前提。青少年应该了解一些体育保健和运动心理常识，运用运动卫生知识预防损伤，学会简单的急救，掌握一些简单处理运动中常见的损伤的基本方法。

青少年还应该具有良好的体能储备，在运动的过程中表现出力量、速度、节奏等美感；具有自我锻炼、自我娱乐的能力；熟练运用与运动项目相关的运动心理学知识，提高基础动作与相对的高难动作，技、战术意识及临场发挥等，在各运动项目广泛了解的前提下，能熟悉认识一些常见的运动技能，并熟悉掌握几项充满兴趣的、便于开展的终身体育运动项目；具有体育组织能力，观察问题和解决问题的能力，想象力和创造力，经常参加校内各种体育竞赛的组织工作，将课上、课下锻炼行为相结合，充实闲暇生活，为终身体育参与搭桥铺路。

5、体育品德

体育品德是一个人在日常的体育生活过程中养成的体育道德规范，在体育活动的参与过程中表现出稳定的心理特征和个性倾向，是体育道德在个体体育行为中的具体体现。此外，在体育锻炼过程中表现出来的体育品德也是体育个性的重要方面。体育主张公平竞争，诚实、公正、平等、尊重对方和裁判是其固有的道德特点，也是青少年必须具备的体育品德。协调一致、互相配合的集体力量不但是取得成功的保证，也是体育活动与运动能够正常进行的必要条件，即使是个人的项目也需要他人、集体的帮助和鼓励，因而团结友爱、互相帮助、互相尊重以及顾全大局的道德风貌是青少年应具备的基本体育素养。

第七节 学生的体育态度与行为现状

体育锻炼行为是运动主体参与体育运动所展现出来的一种具体锻炼行为，且是为达到某一结果而进行的，是有利于身体健康的躯体运动。体育锻炼行为包罗的内容比较多，延伸的范围比较广。它受参与体育锻炼主体的自身即主观所影响，但社会、学校、家庭等的客观因素也影响着体育锻炼。体育锻炼行为的调研是一项复杂的工作，除了需要对相关运动的频率，运动的时间以及运动强度等方面进行研究外，体育锻炼还有很多外延的内容，如参与体育锻炼所需要的场地、器材、装备以及对运动技能、方法的掌握等。为了使我们的研究更为直观、具体以及准确，我们对大学生体育锻炼行为进行了量化处理。

一、学生间接体育锻炼行为的现状分析

间接体育锻炼行为是指人们不是直接的参与体育锻炼的行为，只要是同体育有关的行为，主要内容有对体育课及体育教师关注的程度，体育健身消费，消费支出项目以及对体育运动开展的愿望等。间接的体育锻炼行为多为外在环境对运动主体的影响，是学校、社会等各种外界因素对学生体育活动的影响，学生对这些影响会产生反应，进而间接地影响着学生的体育锻炼行为。

（一）大学生对体育关注程度的调查

体育关注程度不仅包括学生对学校体育的关注，还包括对社会赛事等的关注，对学校体育的关注包括对体育课的关注，对体育老师的关注，对学校锻炼场所的关注等。在《体育锻炼行为问卷》中，有明确设有对大学生体育关注的问题，根据大学生对体育关注的调查结果显示：男生关注的人数比女生多，男生认为体育课重要的人数比女生多，所占比例比女生大。男生觉得体育课“很重要”占58.9%，“不重要”和“说不清楚”的各占1.7%和3.4%；女士认为体育课“很重要”占5.4%，“不重要”和“说不清楚”的各占9.1%和30.3%。大一学生和大二学生相比，大一学生整体对体育课的关注度要比大二学生高，其中认为“很重要”占18.6%，“不重要”和“说

不清楚的各占6.2%和24.2%；大二学生认为“很重要”的占10.8%，“不重要”和“说不清楚”的各占8.4%和19.2%。大一学生受教育情况相对来说比大二学生稍好，每一年教育都在进步，大一在义务教育阶段，不管在体育课还是体育活动等方面，都接受了良好的教育，这使得他们在接受教育时，对体育的关注度相对较高，对体育活动的热爱程度较好。

大学生对学校体育老师教学内容感到满意的人数较多，满意度都在80%以上，这表明学校体育老师的教学水平高，对学生的身体素质了解得比较清楚，因而得到大学生的高度认可。高校男生对体育教师的体育教学的满意度没有女生高，证明高校的体育教学内容不能满足高校男生的要求，高校体育老师的体育教学水平以及学校设置的体育课程内容都应按照学生的自我发展要求进一步改善，这样才能满足男生对体育的高要求。对学校体育场地的满意度调查问卷显示，大学生对本校学校体育场地的满意度仅在30%左右，表明学校体育场地设施不能满足学生进行体育锻炼的基本需要，并离学生对体育场地的要求相差很远，大学生对学校体育场地设施不满意的主要前三位理由是体育设施少，体育场地少，体育场地小。学校应该重视这一问题，进一步改进学校的体育场地设施，满足大学生对体育各方面的要求。

（二）大学生体育消费状况的调查与分析

体育消费是指人们用于体育上的一切的消费，它包括购买实物的消费、观看类消费和参加型体育消费，例如：买运动服，买健身工具，订购体育书籍或者报刊等属于购买实物的消费；观看体育比赛，体育表演，体育各种博览会等都属于观看型的体育消费；参与形式多样的体育活动，统一的健身，参加体育健康医疗保险等属于参加型的体育消费。体育消费是现在生活中必不可少的一部分消费，包括对自身以及对社会的各种各样的体育消费，它既是一种经济活动，又是一种社会活动。学生的体育消费形式主要可以分为体育实物消费、观看型的消费。体育实物消费主要是学生购买体育运动服，从性别上，高校男生的消费区域排在前三位的是51－100元（29.2%），小于50元（25.2%），101－150元（20.8%）；高校女生的消费区域排在前三位的是小于50元（43%），51－100元（34.2%），201－300元（7.7%）；大学生的主要消费形式排在前三位的是购买运动服（49.1%），体育运动附属消费（17.8%），购买体育器材（17.3%）。

大学生总体体育消费水平较低，因为学生生活费主要来源是父母，自己并无经济来源。大学生的主要体育消费形式是购买运动服，学生的经济能力仅仅支撑运动的基本需求，只有一小部分的学生能够消费体育运动附属消费品。学校应多举行多种项目的体育活动，把体育活动重视起来，组织各种竞技类的比赛，奖励学生相应的奖品，让学生的体育锻炼积极性得到提高。

二、大学生直接体育锻炼行为现状分析

直接体育锻炼行为是运动主体直接参与体育运动的躯体运动，其中包括各种各样的运动项目，课外时间参与体育锻炼频次，课外参与锻炼持续时间以及以何种方式参与体育活动现状分析等，直接的体育锻炼行为是学生自我参与、自我感知，与学生自身条件有着很大的关系，并且学生自身条件直接影响学生的体育锻炼行为。

（一）大学生课余时间的安排现状

大学生课余时间安排的活动依次为：图书馆看书报、杂志，查资料（21.9%），玩电脑（18%），参与体育类活动（16.8%），买东西(15.5%)，社交活动（14.2%），文化娱乐活动（9.8%），睡觉（3.8%）。不同性别学生课余时间安排现状的调查显示：男生课余时间安排的活动前三位分别是：玩电脑（43.8%），社交活动（33.8%），参与体育类活动（29.8%）；女生课余时间安排活动的前三位分别是：图书馆看书报、杂志，查资料（24.8%），买东西（18%），社交活动（17.4%）。

高校大学生课余时间安排的比例比较合理，主要用于图书馆看书报杂志、查资料，而用于玩电脑的时间也是比较多的，这是由于现代生活是信息高度化的时代，而电子产品的普遍应用，越来越影响着更多人的生活，电脑显然已成为现代人生活中必不可少的一部分。课余时间，学生选择参与体育类活动的较少，这表明大学生对体育锻炼的认知不高，并没有养成良好的锻炼习惯。男生与女生相比，男生的体育锻炼认知较好，有一部分男生已经把运动锻炼看作是课余时间生活的一部分，但女生的天生爱美之心让她们在课余时

间去购物；有研究表明，长时间地玩电脑并不有利于学生的身心健康发展，学校、学生家长以及相关部门必须把这一问题当作重中之重来解决，各方应通力合作，采取有效方法，尽可能地减少学生的上网时间，引导学生多关注体育活动，让学生慢慢喜欢上体育运动，并将体育锻炼和生活融为一体，做一名合格的体育人。

另外，55%的学生比较重视课外体育锻炼，男生参与体育锻炼次数明显多于女生参与体育锻炼的次数。根据我国体育人口标准，加之学校每周的两次体育课，有17.8%的学生超过了每周锻炼3次的标准，但锻炼人数比例还是很少。国务院《关于增强青少年体质意见》提出：高等院校要重视体育课程，应把课外体育活动加入学校日常课程，保证每一位同学每周至少参与三次课外体育锻炼的机会。调查结果显示，山西省四所师范院校大学生的体育锻炼情况并不是很好，因此，学校应积极采取措施，把这一问题纳入日常管理，鼓励学生多参与体育锻炼活动，让学生逐步养成体育锻炼的好习惯，把体育锻炼作为一生的事业。

（二）大学生体育锻炼持续时间的现状分析

体育锻炼持续时间是指参与一次体育锻炼实际所用的时间，有利于健身强体和提高心理素质，是体育锻炼的评价一个重要依据，并对运动锻炼后的效果有着很大的影响。运动时间短，有可能对主体没有作用；运动时间长，有可能对主体增加负担，所以确定体育锻炼持续时间，应根据每个运动主体的锻炼目的，以及他们身体所能承受的锻炼强度来决定。我国对体育人口的界定是每次身体活动时间持续在30分钟以上，前人研究结果显示，参与一次运动锻炼持续时间在30分钟以上，身体的脂肪能够燃烧6个小时，效果最好；如果以健身为目的来进行体育锻炼，适宜的时间在15分钟以上。长时间坚持体育锻炼对人们的疾病会有一定的预防力，还会缓解人们的已有病症，有研究表明，如果患有糖尿病的前期病人，在他身体能承受的范围内，坚持每天参与低强度的体育锻炼活动，早期的糖尿病人应该特别注意体育锻炼，通过体育锻炼，糖尿病是有望康复的，但这是以低运动量为前提的。

大学生整体的体育锻炼时间在0－30分钟左右的占总人数的72%，表明大学生的体育锻炼持续时间还是不错的。从性别上看，男生的体育锻炼持续时间在 30（含 30 分钟）分钟以上的占总人数的 93%，表明高校大部分的男生已符合国家对体育人口的界定标准，应该让高校男生的这一好现象继续保持；女生体育锻炼持续时间在 30 分钟内的占总人数的 91%，离国家体育人口的界定标准有一定的差距，但女生的这一锻炼习惯相对来说还是比较好的。学校应多引导高校的女生多进行体育锻炼活动，多举行体育活动，把女学生的课余时间充分地利用起来，鼓励她们走到运动场地，参与到体育锻炼中去，让高校女学生也成为国家体育人口的一份子。

大学生还是很注重体育锻炼，很重视身体健康的，并且大多数学生所选择的锻炼项目并不要求锻炼场，所以及锻炼形式的要求也不高，他们选择的这种体育锻炼更加随意、随心，跟着自己的喜好所选择的，不会受太多客观因素的影响。体育锻炼项目的选择会受到自身喜好、性别及外在因素的影响，但有的锻炼项目会对学生的身体素质有较高要求。高校男生所选择的锻炼项目排在前几位的分别是散步跑步，足篮排等球类运动，健身器活动；高校女生选择的锻炼项目排在前几位的是各种体操，民间舞蹈，散步跑步，交际舞、体育舞蹈，高校男生和女生选择的锻炼项目相比，男生选择的体育锻炼项目更加自由一些，相对项目种类分散一些，表明男生的体育喜好比较宽泛，这可能和学生所在学校的体育产地、体育设施有很大的关系，各种体育设施不能满足男生的需求；女生则是根据自己对身体美的要求而进行的体育锻炼，大多选择体操、舞蹈，这两个项目比较受女生的欢迎，不仅能够提高身体素质、强身健体，而且也能达到女生对锻炼所要达到的目的。

在高校体育中排名第四的是健身器材活动，这表明大学生不喜欢利用器材进行体育锻炼，因此，学校应该增加器材数量，体育设施应多样化，满足学生对体育设施的要求，并一步步让学生认识到借助器材进行锻炼的好处，让学生把体育锻炼作为业余时间的一项重要的事情，逐渐把体育锻炼养成是一种生活中必不可少的习惯，为做一名合格的体育人打下坚实的基础。

第五章　青少年身体素质锻炼的方法

第一节　正确选择锻炼项目

一、青少年锻炼身体项目的正确选择

（一）全面锻炼，注意实效

我们锻炼身体的目的，是为了把身体练得结实、健壮，为了更好地学习和从小打下身体基础，为了实现四个现代化和保卫祖国而服务。所以在选择锻炼项目时，应从这些目的出发，不能单凭个人的爱好和兴趣，而是要全面锻炼。例如把跑、跳、投掷、攀登、爬越等基本活动能力作为锻炼主要项目，还要根据性别、年龄、季节及环境来确定项目。

（二）坚持经常，持之以恒

青少年要锻炼身体、意志，就必须持之以恒，那种“三天打鱼，两天晒网”或“一曝十寒”的做法是不会有任何成效的。无论学习或者掌握基本运动技能，还是提高运动技术水平，作为基本的身体器官系统的机能，各项身体素质发展都需要坚持经常锻炼。

（三）循序渐进，逐步提高

锻炼身体要遵守循序渐进的原则，要防止和克服蛮干或急躁情绪。运动负荷，是指体育锻炼时身体的生理负荷量，它是由许多因素所决定的。体育锻炼之所以能够增强体质，是由于具有一定运动负荷的刺激作用，使机体产生相应的变化。如果运动负荷过小，不能促进机体发生变化，就达不到锻炼身体的目的。如果运动负荷过大，超过了机体能承受的范围，就会引起不良的反应，出现血压降低，脉搏急促而微弱，面色苍白，出冷汗，头晕、恶心，睡眠不好，食欲不振以及长期不能消除疲劳等现象。

（四）遵循锻炼规律，做好准备活动和整理活动

每次参加体育锻炼前，要根据体育项目的特点，相应活动一下身体各部

位，这叫准备活动。人体各器官的机能有一定的生理惰性，准备活动是使人体从相对安静状态到活动状态，就是使人体的血液循环、呼吸等器官动员起来，发挥最大的工作能力。

（五）加强体育保健，学会自我身体检查

自我身体检查就是用生理卫生和医学知识对自己的身体情况进行检查和观察的一种方法。下面介绍几种简单的方法，供同学们在实践中应用。

1、自我感觉

在正常情况下，每次锻炼前应该是精神饱满，体力充沛，对锻炼有兴趣，锻炼后能很快消除疲劳。如果在锻炼前感到体力不佳，精神不振，缺乏锻炼的愿望；锻炼时容易疲劳和出汗，有头晕等感觉；锻炼后长时间不能恢复等，就应及时调整运动负荷。

2、睡眠

经常运动的人，会很快入睡，睡得熟，很少做梦，起床后精神饱满。如出现失眠，屡醒、多梦及起床后精神不好等现象，如无其他病因，就应检查锻炼的方法和运动负荷是否合适。

3、食欲

经常运动的人食欲良好。有时因运动负荷过大或大量出汗，过多失去水分和盐而使食欲减退。最好在运动后半小时左右进食，使身体恢复到安静状态，就会有良好的食欲。

4、脉搏

运动员通常每分钟脉搏 50 – 60 次左右，甚至更少，初中的学生每分钟脉搏 70 – 80 次左右，脉搏减少说明训练水平有所提高。锻炼期间，如出现锻炼后脉搏加快的趋势，说明疲劳逐渐积累，应注意减少活动量。

二、青少年科学锻炼身体的原则

锻炼身体是为了增进健康，全面发展身体，以求增强体质，所以不能只凭兴趣和热情，如果只是盲目地锻炼，不但不能促进身体的生长发育，反而会妨碍健康，甚至会发生伤害事故，影响学习。为了使体育锻炼达到增强体质的效果，锻炼时需要按以下几个要求进行：

（一）渐进性原则

渐进就是前进、发展、提高，而不是停留在一个水平上。是逐步的、依次的和循序的变化，而不是突然或急剧的变化。渐进性原则是根据体质增强的规律，对应用各种体育手段去锻炼身体的过程所确定的规矩。

（二）反复性原则

反复是一次次重复的意思。反复性原则是指运用各种手段锻炼身体的过程，具有一次又一次，多次重复的特性。经验告诉我们，在锻炼身体中，只练习几次对人体的作用不大，只有多次练习到一定程度时，才能对身体产生良好的作用，而反复次数过多，也会对人体带来副作用。因此，反复是有规律、有限制的重复，是锻炼身体的又一个规矩。

（三）全面性原则

人的身体是一个整体，要想增强体质，必须使构成人体的各局部都得到锻炼和发展，具体说就是要使身体各部分（如头颈部、躯干部、四肢），各器官系统（如心血管、肺、神经、胃肠等）功能，身体各种素质以及人体各种基本活动能力都得到发展。有些人认为全面性只是指大肌肉群的活动，这是片面的看法。体质的强弱涉及构成人体各有关局部的发展，就是一个不会危及生命的小局部不健全，也会对整体带来不良影响。

（四）意识性原则

意识性原则是指要有意识地从增强体质出发去进行锻炼，而不是盲目地或无目的地乱练一气。人的活动除了有机体的自律活动和反射活动之外，所有的随意活动都伴随着一定的意识。盲目性不是无意识，而是意识不清，意识程度浮浅，意识的指向性错误。增强体质的意识与竞技比赛意识有极大区别，在科学锻炼身体的过程中，要把意识指向发展身体及增强体质的目标，而不能指向单纯提高运动竞赛成绩和夺标上。有些青少年把参加体育锻炼的意识指向比赛、娱乐，而把增强体质看作是练习过程中自然可达到的结果，这就产生不了发展身体、增强体质的效益。所以，在参加体育锻炼过程中，每一个人都要增强和树立起正确地意识性。

（五）个别性原则

个别性原则是指在锻炼过程中，要根据个人的特点去安排锻炼的方法、内容和运动负荷。每个人的体质都有各自的特点，只有针对这个特点去锻炼才能收效，所以，这个原则就是要求按个人特点选择手段和运用方法的一条规矩。要贯彻这一原则，需要对自身有一个了解，这就需要对身体的形态、机能、素质和运动能力等进行测量和评价，在取得一定数据的基础上，选择适合自己的锻炼方法。

第二节　课间操身体锻炼习惯的养成

课间操是学校课外体育活动的组成部分。课间操身体锻炼风气，如同一个学校的校风，主要由学校所有学生、体育教师及领导共同构建，同时它又作用和影响着每一个个体。探讨课间操身体锻炼风气的涵义、特征、功能、形成条件及其方法，不仅是深化学校体育改革，全面贯彻国家教育方针的需要，而且对培养学生体育锻炼习惯，实施终身体育，促进体育社会化具有积极意义。

一、课间操身体锻炼风气的内涵

什么是课间操身体锻炼风气？体育界对这个问题研究的甚少，目前尚未见有确切的文字表述。在《现代汉语词典》对风气的注释是：“指社会上或某个集体中流行的爱好或习惯。”可以看出，所谓课间操身体锻炼风气，是指一个学校在课间操时间养成并流行的带有普遍性、重复出现和相对稳定的师生员工共建的一种校园文化，是校风的有机组成部分，这在当前课间操形同虚设的情况下，有利于形成课间操身体锻炼风气。

二、课间操身体锻炼风气的特征

（一）自觉性

它是指主体对课间操活动有所认识和觉悟，在意识的驱动下表现出的一种自愿、主动的行为方式。具体表现为以学生为主体的全校师生对课间操活动的自觉参与，并非强迫或硬性规定。

（二）经常性

它是指学生课间身体锻炼行为发生的重复性与不间断性，它以师生经常性地参与体育实践为基础，把课间身体锻炼作为校园内学习和生活内容的组成部分。

（三）群体性

它是指学生对课间身体锻炼活动的普遍参与，是以人数、班级及年级共同构成，表现为大多数成员的一种群体行为，具有明显的组织性。

三、课间操身体锻炼风气的功能

（一）教育功能

环境对人的影响是重要的，学校课间身体锻炼是一种良好的体育氛围，能够对学生产生潜移默化的影响。因此，学校中多数人对课间操锻炼的态度，必然成为影响所有成员的巨大力量，甚至使原先对课间操淡漠的人转变态度。而一定的锻炼行为，一旦成为多数人的共同行为方式，就将通过模仿、暗示、从众以及认同等心理机制，使少数行为方式不同的个体内化自己的行为，从而与周围的环境协调起来。因此，课间身体锻炼具有一定的教育功能。

（二）导向功能

身体锻炼的意识性原则告诉人们，体育锻炼是一种有意识的实践活动，它不能自然发生。导向功能表现在对学生充分发挥积极性引导作用，帮助学生通过课间锻炼实践，培养课间锻炼的兴趣、爱好和习惯，自觉抵制和排斥某些消极不健康的生活方式。

（三）规范约束功能

课间身体锻炼作为一种群体锻炼文化，它有赖于群体的共建，同时又反馈作用于每个个体，使个体把这种集体的锻炼化为自我要求。因此，在客观上，这对学生的行为方式必然产生一种“规范”和“约束”的效果，对学生的课间锻炼行为习惯养成起到规范约束的作用。

（四）辐射功能

作为课外体育锻炼一部分的课间身体锻炼，一方面对学生个体身体素质的培养与提高产生积极作用；另一方面，还会通过多种形式，对家庭体育、社会体育产生积极影响。更有意义的是，当学生进入社会，转换角色后，学生已形成的体育锻炼的方法、兴趣、爱好及习惯，会随着他们的生活方式、行为习惯传播到社会中，体现出向社会辐射的功能，这对奠定终身体育，促进社会体育具有一定作用。

四、课间操身体锻炼风气的影响因素

（一）社会因素

课间操身体锻炼风气是一定社会文化的反映，它与整个社会的政治、经济、文化和人的体育观念等密切相关。比如社会对人才培养质量的要求，对学校体育经费的投入等，无不深刻地影响和制约着课间操身体锻炼风气的形成。无疑，良好的锻炼风气对造就现代社会全面人才具有积极的作用。

（二）学校因素

一个学校想要形成良好的课间操身体锻炼风气，首先，学校领导是关键一环。可以设想，如果一个学校的领导能全面理解和贯彻国家的教育方针，正确认识课间操的深远意义，课间操就不会出现“形同虚设”的状况。实践证明，凡具有良好课间身体锻炼风气的学校，无一例外地都对课间操高度重视，制度措施得以落实。其次，体育教师对学校课间操锻炼风气的形成具有更重要的作用。这是因为体育教师相对学校而言，它们是稳定的非流动性的校园主体，他们的体育观念、敬业精神、职业能力及编操能力等等，极大地影响着学生。调查显示，70% 的学生回答课间操身体锻炼需要体育教师指导，因此，一个学校能否形成良好的课间操身体锻炼风气，在很大程度上取决于体育教师的素质、水平和奉献精神。其中，体育教师的专业特长，往往对培养学生课间锻炼的兴趣爱好以及锻炼习惯有诱导作用。所以“一专多能”一直是社会赋予体育教师的基本要求。而且，班主任以及其他科任教师也是组织、指导和管理课间操活动的重要力量，他们的“重视”程度，对课间身体锻炼风气形成有一定影响。据调查统计，60% 体育教师和 45% 的学生反映班主任不重视课间操活动；40% 的体育教师和 50% 的学生反映课任教师经常占用课间操时间。因此，如何改变班主任及课任老师的态度，这是一个不可忽视的环节。再次，学校体育的规章制度与物质条件，也影响与制约着学校课间身体锻炼风气的形成。青少年学生的人生观、世界观等尚未真正确立，尚需必要的教育和引导，制定必要的规章制度，往往对创设一种心理环境起到促进作用。它有助于学校全体成员由被动到自觉，由少数到多数，主动积极地参与课间身体锻炼实践，形成稳固的课间操锻炼习惯。学校体育经费和场地器材设备，是开展课间操活动的物质基础。据调查统计，60% 的体育教师认为课间活动体育场地不足，因此，增加器材设备，对课间身体锻炼风气形成有重要作用。

（三）学生因素

一个学校能否形成课间身体锻炼风气，学生是主要方面，关键是使学生对课间操身体锻炼产生兴趣、爱好，养成锻炼的习惯。内容与形式对培养学生身体锻炼的兴趣是至关重要的。对课间身体锻炼的兴趣，是指对课间操具有积极情绪的一种心理倾向，它是在对体育的特点及功能认识的基础上逐渐培养和形成的，它可以转化为对课间身体活动的动机，成为激发学生从事课间身体锻炼的推动力。

五、课间操身体锻炼风气的构建

培养学生课间锻炼兴趣、爱好和锻炼习惯，应该从学生入学时开始抓起。锻炼的过程还应遵循身体锻炼的意识性原则，反复性原则，渐进性原则及全面性原则，只有这样，锻炼习惯才能向更高层次发展。

首先，注重实践，长抓不懈。构建课间身体锻炼风气，使学生掌握基本的体育知识、技能是必要的，更重要的是要求学生天天坚持课间身体锻炼，领导和教师要长抓不懈。

其次，表扬先进，突出榜样。在课间形成良好锻炼风气的重要心理机制是模仿，突出榜样是模仿的关键，这就要求体育教师要乐于参加课间锻炼，不失时机地给学生以指导，使学生在自我锻炼中形成稳固的习惯。

综合上述内容，课间身体锻炼风气是指一个学校在课间操时间养成并流行的带有普遍性，重复出现和相对稳定的一种集体行为，它表现出自觉、经常和群体性的基本特征，具有教育、导向、规范约束与辐射的功能。课间身体锻炼风气的形成，除了与社会、学校等条件有关外，关键在于学生是否具有课间身体锻炼的兴趣、爱好和锻炼习惯。构建课间身体锻炼风气应从学生入学开始教育，要求领导重视，体育教师具有奉献精神，采用多种形式和方法，才能养成学生良好的锻炼习惯。

第三节　功能性训练方法

功能性体能训练是一种新兴的体能训练理念，其独特的训练模式与方法引起了广大专家、学者与教练员的重视，成为我国体育科研领域的研究热点。随着对其研究的深入，功能性体能训练实验室的成立逐渐影响我国竞技体育训练领域，促进了我国传统体能训练模式与方法的深刻变革。但是我国对功能性体能训练的界定尚不统一，其独特价值体现在哪些方面，与传统体能训练关系如何，本土化的训练计划的制定、实施、监控与评估如何，如何融入日常训练中等诸多问题仍然困扰着我国训练界。本研究通过对功能性体能训练研究，希望理清功能性体能训练的内涵、作用机制与实践性研究中遇到的问题，为认识和应用功能性训练提供借鉴，为构筑我国体能训练体系提供理论基础。

一、功能性训练的概述

（一）功能性的体能训练释义

功能性的训练理念来源于美国，最早应用于医疗康复与健身领域，是理疗师通过设计一些动作或练习让患者进行锻炼，以促进身体康复。随着社会的发展，其涵盖范围不断扩大，逐渐渗透到竞技体育中。美国著名的功能性体能训练专家 Vern Gambetta 认为功能训练是多关节、立体的本体感觉的活动，涉及力的产生、增加与减少，身体的控制，重心的稳定，地面反作用力和动量的关系等；Mihael Boyle 认为功能训练是有目的的训练，是一种维持身体平衡和涉及本体感觉的练习；Ian Middleton Bsc 认为功能性训练是多平面、多维度，运用了完整的肌肉收缩范围，适当操作所有急性变量（次数、组数、强度、恢复、频率和持续时间）的身体练习。

关于国内对功能性体能训练的界定，学界尚存争议。闫琪认为，功能训练可理解为获得某种技能，进行的有目的、有计划的身体训练。刘爱杰、李少丹认为，功能性体能训练是一种为提高专项运动能力，增强核心力量与神经肌肉系统的效率的训练方法。余荣芳认为，功能性体能训练是训练的一种，它涉及日常生活中的身体训练活动，以人体结构为基础，在运动解剖学、运动生理学和运动学等学科的指导下，通过设计成套的动作模式，进行多关节、多维度和多系统的运动，使神经－肌肉－骨骼系统更加科学、有效地进行连贯的运动。董德龙认为，功能性体能训练应是一个更加广泛的概念，可以分为功能性力量、功能性速度及功能性耐力等等，它是从一个比较全局的角度寻找运动员个体薄弱点的范畴。

综上分析，功能性体能训练是在解剖学、生理学、力学及神经学等学科的指导下，设计成套的动作模式，进行多关节、多方面、多系统与本体感觉的完整的身体练习，不是单纯增加某块肌肉的力量与单一的动作结构，而是当人体处于减速、加速与不稳定状态下身体的控制能力、重心的转换、对作用力与反作用力的调控能力，提高神经－肌肉－骨骼系统，以此提高专项运动能力。

（二）功能性体能训练的作用机制

功能性体能训练的提出最早基于脊柱稳定性，其作用机制为“三亚系模型理论”，即被动亚系、主动亚系和神经控制亚系部分。被动亚系指关节和韧带主要由锥体、椎间盘与脊柱韧带等组成，也称为内源性稳定系统。主动亚系指相关肌肉和肌腱，通过核心肌群的协调活动来维持脊柱的稳定性，受神经系统的支配，也称为外源性稳定系统。神经亚系指神经－肌肉运动控制系统，通过上述二者的反馈信息，判断稳定性的需要，控制主动亚系，实现脊柱的稳定性。脊柱就是通过各亚系之间相互协调作用实现稳定性，他们相互影响、互为代偿。另一种学说是神经控制作用机制，人体核心稳定性的实现是在神经支配多块肌肉协同工作的结果，这是一个复杂而又精细的过程。神经系统主要通过两种方式对核心稳定状态进行干预，一种是通过运动前期的预兴奋反射性，提高参与肌肉的力量，为姿态的调整和承受外部负荷做好准备；另一种是在运动的过程中，通过肌梭和腱梭反馈式，调整肌肉的力量并协调不同肌肉之间的用力，解决核心部位的稳定、稳定程度以及稳定与不稳定交替转换的问题。

（三）功能性体能训练的独特价值

相比较传统体能训练，首先，功能性体能训练锻炼了运动员动态平衡的控制能力与核心稳定性，为专项力量的表现提供稳定的支撑，为运动员身体姿态的保持，重心的稳定与移动及运动技术的发挥提供了关键的支点。其次，功能性体能训练为运动员完成高效的动作技能提供了动力平台。传统的力量训练一直关注于四肢力量的发展，忽视甚至放弃核心区力量的练习，但核心区域是所有运动项目的主要发力源，虽然它不直接参与运动技术的变化，但核心的稳定性与力量可以为四肢肌肉的发力创造支点，为身体重心的稳定和转换提供力量，为上、下肢力量的产生、传递、控制及身体姿态的快速多变创造条件，提高肌肉收缩的功率。再者，功能性体能训练可以有效预防运动损伤。实践证明，稳定的核心区为人体运动的变换提供了一个“缓冲区”，通过核心稳定性训练，可以提高选手的核心肌群的力量，减少运动关节承受负荷，防止运动损伤。

二、功能性体能训练与传统体能训练的关系

（一）功能性体能训练与传统体能训练的联系

传统的体能训练和功能性体能训练都是通过骨骼肌做功表现出来的运动能力，以人体的磷酸盐系统、乳酸能系统及有氧系统能量代谢活动为基础，遵循人体结构，通过有目的、有计划的一些训练方法，提高运动员的竞技能力，培养运动员的最佳竞技状态，获得最佳的运动成绩。因此，传统的体能训练和功能性体能训练都是体能训练的一种方式，二者互为补充，共同促进高水平专项竞技能力的形成。

（二）功能性体能训练与传统体能训练的区别

我国传统的体能训练是以现代体能训练体系为基础，通过器械，大运动量以及稳定的外部支撑等传统抗阻训练，获得一般力量、耐力、速度等素质的重要手段，它的动作结构以单关节、单方位为主，重视四肢肌肉力量的增长，忽视核心部位肌肉的训练，缺少平衡、稳定、协调及灵敏等重要运动素质的训练。而功能性体能训练将运动训练的过程看作是一体化过程，强调在身体健康状态下进行高效的训练和比赛，注重多关节、多方位及多系统的本体感觉的完整动作模式的训练，通过克服自身体重或强度获得爆发力以及身

体的平衡与核心稳定性等运动能力，重视在不稳定的状态下神经系统、运动系统与肌肉系统全身运动链的完整性，强调运动技能的整体性，并且对运动损伤的预防与身体的康复有良好的作用。因此，功能性体能训练是一种新兴的、新理念的体能训练，它在一定程度上弥补了我国对体能训练的认知偏差，但是传统体能训练是现代竞技体能训练科学化的基石，功能性训练不能代替现代竞技体能训练的全部内容，二者各有优、缺点，在训练中要相互结合，共同促进专项素质的提高。

三、功能性体能训练的内容体系

（一）功能动作测试与评估

功能动作测试（简称 FMS 测试）是由功能动作训练衍生出来的，经美国专家多次临床应用与功能运动的研究获得，已被广泛应用于理疗康复和体能训练领域中。FMS 测试有七个基本测试动作，它包括头上举木杆深蹲，栏架跨，手持木杆分蹲，肩部灵活性，下肢柔韧性，脊柱稳定性俯卧撑和体旋稳定性。通过完成这七个基本动作模式，可以检测身体的平衡性、稳定性与灵活性，人体运动时存在的不对称性，身体的缺陷以及局限性与运动代偿，并通过设计相应的动作模式训练来解决身体的弱链，降低运动损伤，提高运动员的竞技能力。因此，FMS 测试提供了一个实施功能性体能训练计划的基准，是测定运动员体能水平的一种有效的方法，它可以很快地发现身体的缺陷与人体的危险动作模式，此外，FMS 测试可以应用于各种运动级别，操作简单，结果量化，有详细的评分说明以及丰富的矫正训练动作库，是一套非常科学系统的测试方法。但是，目前 FMS 测试还没有针对我国体质特点的相关数据库，因此，还需要广大专家、学者和教练员努力积累和研究，制定一套适合我国训练体制和人体的数据库，以评价并指导运动员的康复和体能训练。

（二）功能性体能训练的动作模式

动作模式是指人体 基本的功能性动作，由多个单关节动作组成，共同实现一种专门的功能，比如深蹲、推拉、弓步、腾空及躯干旋转等，而建立高质量、正确的动作模式是功能性体能训练的基础。体能训练是一个长期、系统的过程，高质量、正确的动作模式能够保证人体运动的系统性和完整性，而不稳定、不对称和代偿性动作模式，将会破坏动作的有效性与运动链传递的完整性，降低神经肌肉系统的稳定性与控制能力，造成运动损伤，限制竞技运动能力水平的提高。

完整的功能性体能训练包含了三个层次，它们是相互联系、依次递进的关系，形成一个“金字塔”模型。第一个层次要求运动员具备高质量、正确的功能动作模式，如身体灵活性和稳定性，这是所有运动项目竞技水平提高的基础，要求都是一致的。第二个层次要求运动员具备竞技体育所需要的力量、速度、灵活、平衡及协调等运动素质，绝大多数运动项目要求都是一致的。第三个层次要求运动员的体能符合运动项目专项比赛的要求，比如对技术结构，能量代谢特征，比赛特点与制胜规律等，达到一种更加专项化的身体功能。

（三）功能性体能训练的主要方法与手段

随着功能性体能训练在竞技体育中发展与应用，训练方法与手段日益丰富，主要有核心力量训练、振动训练、平衡能力训练、悬吊训练与本体感觉功能训练等方法。主要的手段可分为四类：一是徒手的简单练习，如俯卧桥撑、仰卧桥撑、侧姿臂撑与侧姿臂撑提腿等。二是借助单一器械克服自身体重进行不稳定的练习，如平衡球、平衡板、瑞士球及弹力绳等不固定的器械和自由重量的器械，可以有效动员身体躯干部位深层肌群参与。三是借助特定的器械进行身体的平衡与稳定性的练习，增强身体的本体感觉与控制能力，如平衡软踏、泡沫轴、抗力球、核心板及普拉提等。四是综合性的练习，增强身体功能的连贯性、系统性与完整性，如坐瑞士球拉弹力绳，锻炼运动员的身体平衡与控制能力，动态中运动技能的完成质量，更加接近专项比赛特点。可见，功能性体能训练的方法和手段较多，在具体应用时，要根据运动项目、训练目的及运动水平选择合适的方法与手段。

四、功能性体能训练的应用研究

（一）国外关于功能性体能训练的应用研究

功能训练在美国的健身康复等领域的应用已相当普及，在竞技体育的应用与研究也不例外，比如篮球、棒球、橄榄球、网球，高尔夫、举重以及游泳等项目的训练均采用了功能训练方法，已经形成了一套研发、生产、使用和创新的系统。并有实践研究表明，人体的不对称与伤病率、运动能力存在相关性，通过功能训练，运动员的 FMS 分值呈现逐渐增高的趋势，运动员的伤病情况得到了一定的控制，逐渐消除了运动能力的某些限制因素，为运动员达到最佳竞技状态做了充分的准备。并且，一些学者、教练运用功能训练为运动员提供专业的康复训练计划，以帮助运动员早日康复。由此可见，功能训练在国外得到了质的飞跃，他们紧密配合专项教练的意图和要求，把训、科、医有机结合起来，有效地帮助运动员提高体能，减少运动损伤，最终达到提高竞技水平与运动成绩的目的。

（二）国内关于功能性体能训练的研究

相较而言，功能训练方法在我国是一个新兴的领域，关于功能性训练的研究还停留在理论研究，在健身康复与竞技体育领域中应用研究比较少。据调查，我国优秀运动员如孙甜甜、姚明、易建联、郑洁及陈燮霞等均接受过功能训练，认为功能训练方法是有效果的。其次，闫琪等专家将功能性体能训练应用在跳水、体操、曲棍球、排球以及跆拳道等竞技项目训练中，并取得卓有成效的结果。总体而言，我国教练、学者对功能训练的研究较浅，我们需要把国外的理念本土化，有必要对功能性体能训练进行探索和分析，完善功能训练理论体系，以指导我国竞技运动训练，提高运动员的竞技水平与运动成绩，并能够为伤病残患者提供功能训练的日常康复活动方式，实现功能训练与日常生活相结合的理念。

第四节　采取新型体能训练的方法

一、传统体育教学手段的优势与弊端

传统体育教学手段的优势体现在：（1）带有浓烈的历史痕迹，培育了几代体育人，是人们难以忘怀的记忆。（2）为新时代学校体育的改革创新奠定了基础。传统体育教学的弊端体现在：（1）教学目标单一，不能满足学生多元发展的需求。（2）教学方法陈旧，学生已经习惯教师一上课就是讲解示范

老一套，厌烦这种被动学习的方式。教师忽略了学生情感的需要，忽视了对学生进行心理疏导。(3）教学内容与时代脱轨，经济的快速发展，科学的不断进步，使得体育教学媒介发生了巨大的变化，新媒体、新器材都可以运用到体育教学中，而传统体育教学还停留在以练耐力就跑圈，一练柔韧就硬拉，一练力量就负重的老套路上，这些内容不仅仅是学习效率低下，还容易造成运动损伤的发生。(4）评价模式刻板，一味地追求运动成绩，忽视了学生先天的差异，后天的努力以及学习的主观感受。总体来讲，传统体育教学手段逐渐被时代所淘汰，急需新型教学手段来更新换代。

二、新型体能训练组合手段的优势与弊端

新型体能训练组合手段的优势体现在：(1）教学理念先进。教学中既强调“教”，也重视“学”，一改以往灌输式的教学方式，让学生主动参与、积极探索，在思考中学习，在学习中反思，在反思中觉悟。（2）训练内容丰富。根据学生的特点和需求将不同的训练手段进行组合，建立一个内容体系，有计划有目的地进行教学。(3）注重兴趣的培养。兴趣是最好的老师，有研究表明，学生在做自己喜欢的事情时，注意力很集中、效率更高。培养学生运动兴趣，养成每日至少锻炼一小时的习惯，为终身体育奠定基础。(4）教学评价科学客观。训练后重视学生学习的感受，根据学生的运动成绩、课中的表现和成绩提升幅度进行综合评估。

新型体能训练组合手段的弊端有：(1）经验不足。新型体能训练运用到体育课堂具有一定的实验性，没有太多的案例可供参考，只能借鉴体能训练运用于竞技体育和大众体育中的经验，并结合学校和学生的实际情况进行教学。(2）实际操作不流畅。实践中，学生对新型体能训练组合手段很陌生，对这些新鲜的动作有一个适应的过程，再加上学生个体能力存在差异，掌握水平参差不齐，需要更多的时间和耐心，才能达到理想的效果。总体来说，新型体能训练运用到体育课堂利大于弊，可为传统体育教学的改革提供新思路。

三、采取新型的体能训练方法

根据青少年生长发育的生理学和心理学特征，初中体育教学和体能训练

自身的特点，可建立青少年体能训练组合手段内容体系，来改善青少年力量、速度、耐力、柔韧及灵敏等身体素质。

传统体育教学采用的以田径、足球、基本体操和常规身体素质练习为主的手段；新型体能训练采用以基础动作为根本、全面发展为目的，根据不同身体素质发展规律，为青少年量身定制的新型组合训练手段。

经过教学实验，结果显示：新型体能训练手段较之传统体育教学方法，改善青少年身体素质效果更好，其中，力量素质、耐力素质有显著性提高。这一阶段，女生的柔韧素质要明显优于男生，而灵敏素质水平接近。新型体能训练运用于初中体育课堂是可行的，学生对这种新型的训练手段很感兴趣，新型体能训练进校园有着坚实的基础。

新型体能训练手段与初中体育教学相结合，紧抓青少年生长发育的特点，以改善青少年身体素质为突破口，可以培养学生运动兴趣，全面提高学生综合素质，是一门多学科、多种素质有机结合的实验课程。

因此，将新型体能训练引入初中体育课堂是可行的，可作为试点体育教学模式，丰富初中体育课堂的教学内容。首先，可选派优秀在职体育老师走出校门，学习有关新型体能训练方面的知识，加强学校与学校之间的交流，借鉴外校在体能训练融入体育课堂这一领域的经验和模式。其次，在制定训练计划和选择训练手段的时候，要抓住青少年生长发育的特点，以兴趣为先导，以练习为辅助，培养学生自主学习、探索式学习的能力。最后，增加青少年体育课的数量，适量采购先进的体育运动器材，完善学校运动场地开放制度。

第五节　应培养中学生正确的动作模式

中枢神经系统有其基本的运动模式，这是自人类出生之时即已确定的。换言之，婴儿时期的基本动作，如爬、站立、走，这些可以说一个婴儿在正常发育的情况下都要经历的。然而，诸如此类的基本动作模式，却只有在人体基本保持稳定的状态下才能完成。人体的动作，以身体的姿势为基础；而简单的动作模式，又构成一系列完美而复杂的动作技能。这就是说，身体姿势、动作模式和动作技能三者之间存在着客观的逻辑联系，以上所谓客观的逻辑联系，对于训练有着很重要的指导作用。

在某种器材的练习过程中，要完成器械上面进行的各种动作，必须要保持身体的稳定，而在不稳定状态下完成的动作，往往是不规范的。如何保持自身身体的稳定，这是每个中学生必须解决的关键性的东西。基于此，中学生在训练时，必须对于身体的姿势加以注意，因为身体姿势不正确，动作的完成质量就不能得到保证。初中阶段的学生正处于青春期，人体的各项生理指标仍处于变化之中，因此，如果能够对他们进行正确的练习方面的科学指导，使之掌握正确的身体姿势，这可说是至关重要的。做到了这一点，初中阶段的学生的动作质量得到了保证，正确的动作模式得到形成，从而为高中甚至大学阶段的动作技能的训练打下了良好的基础，其作用绝对不能忽视。

第六章　提升青少年身体素质锻炼的有效措施

第一节　青少年体育素养培养的对策建议

一、更新教学观念，培养青少年终身体育思想

转变学校体育观念，将学校体育教育的基础性、全面性、全体性和主体性等基本特征凸现出来，将原有的教学观念去粗留精，以一种全新的观念体系来审视、开展顺应时代发展的学校体育，把学生在校期间的体育必修课，课外体育锻炼，体育运动竞赛及校园文化环境的影响等理论教学、技能传授及课外体育活动有机结合，把体育文化如“泉涌”一般，广布多点地对学生实行多方位渗透，从而实现对学生体育文化的全面塑造。创新原有的体育教学开展形式，采用多姿多彩的形式，满足不同学生的锻炼需求。把运动项目的技术、技巧和该项目的理论分析知识相结合学习，在熟练运用运动技术、技巧的基础上，传承、发展该项目的发展史的发展。

体育的内涵很丰富，责任也很重大，它不仅涵盖了对个人健康的塑造，增强体质，增进主管幸福感等内容，而且还包含对学生进行集体主义教育。在全民健身计划如火如荼地开展过程中，终身体育思想达到了高度的一致性和认同性，学校体育的长远效益作用越来越被人们看重。培养青少年的终身体育意识，不仅是提高现代生活质量的必然要求，更是为我国培养后续人才的基本条件。

二、加强体育课程建设，传承文化，丰富学生体育知识

体育教学是体育文化得以传递的主要形式。文化有三个层次：最中心的核心原理层（精神），处于中间位置的是方式层（教学方法），处于最外侧的器物层（技术、技能）。只有最最中心的核心原理层有所调整，才能带动外面两个层次的相应改进。而这正是现行学校体育教育中最缺少的东西。我们

过度关注对学生运动技术能力的培养，对教学方法改进的讨论过热，从而忽视了对学生“精神”的塑造，导致他们不能真正地认识体育，了解体育，并且热衷体育，我们过多强化了体育行为文化形态的塑造，而忽视了体育的人文精神文化形态的培养。

学生具有丰富的基础体育理论知识，不但能积极地指导自身进行运动锻炼和身体保健，而且还能培养自己的运动涵养，对体育文化产生更深一步的理解，增进对体育运动的爱好和兴趣。体育理论课的主要涵盖内容有：科学运动常识、运动保健、运动生理学知识和体育运动技、战术知识分析掌握等，要充分注意学生对体育文化的诉求，通过课堂讲授、报告及座谈等一些形式，提高个人的体育理论素养。随着现代传媒技术的不断发展，体育竞赛的转播也更先进，要想更好地赏析体育比赛，就要具有一定的体育分析知识，包括：比赛规则，比赛项目的发展史，基本技术、战术理论等，学生掌握了这些基本知识后，可以更好地获得比赛中的“门道”，从而培养体育赏析水平和从事锻炼的兴趣，也可以促使学生亲自投身到体育活动中去。因此，结合运动竞赛观赏进行理论知识教学，是体育教学中不可或缺的内容。

加快学校体育课程改革，为学生提供丰富多样的体育与健康知识，是促进学生体育素养养成的重要途径。青少年由于正处于了解社会的初期，所以，这时期的他们对新事物充满好奇心，思维敏捷，对新生事物充满喜爱之情，因此应多开设一些符合学生兴趣、爱好，有利于终身体育锻炼行为养成且具有时代特色的体育课程内容。还要尽量开设一些简单易掌握且不受场地设施限制的运动项目（例如交谊舞、形意拳、健身操等），可以便于组织学生的锻炼，提高学生的体育参与率，同时，还可以开设一些大家乐于接受且喜爱的运动项目，如篮球、羽毛球及乒乓球等和现在流行的网球、拉丁舞、交谊舞等运动项目。学校体育教学活动开展的最终目标是通过学生的体育运动兴趣的提升，从来促进学生体育涵养的养成，最后培养学生的终身体育锻炼行为。

三、拓展教学方法，提高学生体育技能

体育素养与运动技能有着密切的联系，个人运动技能的提升有益于运动

素养的增长。在学校体育课堂上，学生进行身体练习，通过练习熟练运用动作技术，形成稳固的体育技能和技巧。运动技术应用是技能的一种体现方式，它是通过长期的练习，由相应的支配神经和骨骼肌配合活动而实现的一系列的外显动作，经过合理、完善的程序所组成的一定的动作方式。当学生按照技能练习的规范反复练习之后，熟练地掌握了某种动作方式，形成稳定的动作系统，并能充分使用自己的体能去完成时，即标志着其熟练掌握了某种运动技能。青少年体育技能的提升，还与体育课堂中自身对活动内容思考的深浅和主动锻炼意识的强弱有关，因此，教师在教学过程中，要多采用启发式教学方法，利用多学科知识结合和多种方式进行教学。通过观、讲、思、练及评等教学方法，提出问题，让学生的注意力、观察力、想象力和记忆力均处于积极状态，使他们养成独立分析问题和独立解决问题的能力，从而激发学生参与体育锻炼的兴趣，使学生充分认识体育活动的深远意义，掌握体育理论知识，熟练使用技术方法，自觉参与体育锻炼以至终身受益。总之，为了提高学生体育技能，学校体育教学方法应面向现代化、多样化、兴趣化和实用化的方向发展。

四、完善体育活动环境，提高学生身体素质

要全面培养和提高青少年的体育素养，就要充分开发学校体育课程资源。首先，重视体育课堂锻炼环境的塑造。其次，加大课外活动环境的拓展，采取真正高效的、起作用的锻炼手段来提升青少年的身体素质。学校体育课堂要充分体现快乐体育的教学思想，根据青少年的心理发展、生理发展和素质特点，充分照顾到他们的天性，营造一种乐观向上、优雅宽松的轻松教学氛围。现代学校体育教育应把兴趣与爱好，快乐与运动，健身与交友等因素互相结合，应在一个相对宽松的教学和锻炼环境之中。教育部部长周济曾向全国广大青少年学生提出了“每天锻炼一小时，健康工作五十年，幸福生活一辈子”的响亮口号，在学校体育教学中应加快宽松快乐学习环境和多种多样教学形式的建立，只有这样，才能从根本上建立完善的体育教学环境，从而增强学生的身体素质，促进学生的身体健康，达到完善青少年体育素养的终极目标。

场地、器材是学校体育开展的物质条件，也是学生进行体育活动的外部条件。眼下，国内体育场地、器材的需求量较大，各级学校缺乏可利用的专门进行体育活动的场所，特别是农村学校体育器材匮乏，破损严重，这是制约我国学校体育教学发展，影响课内外体育活动进行、实施的主要因素。各级政府要发挥中小学体育场地、器材建设以及体育经费使用等方面的督导职能。此外，应充分依据校内的规划特点和当地自然资源，因地制宜、修旧撤废，全面满足学生对娱乐性、教育性、健身行较强的体育场所需求，为学生热情、欢乐的体育学习和体育锻炼创造优异的外部环境与基础。

五、激发学习兴趣，培养学生体育意识

体育意识是体育素养的重要组成部分，是学生在体育锻炼活动中自觉了解体育活动的意义与作用的基础上，能动地感受体育运动乐趣的心理活动。德国教育家第斯多惠指出：“教学的艺术不在于传授的知识、能力的高低，而在于激励、唤醒和鼓舞学生的学习欲望”。所以，学校体育教学要广泛进行快乐教学，利用课堂气氛感染、激发和培养学生的运动兴趣。孔子在《论语》中写道：“知之者不如好知者，好知者不如乐知者”。利用体育课堂激发与培养学生对体育锻炼的兴趣，是学校体育教学成功的关键，也是促进青少年体育素养提高的前提条件。学校体育教学有其自身的特点，有些体育课堂教学内容安排的运动强度比较大，学生身体在运动后极易产生疲劳，导致注意力分散，兴趣淡化，这时可采取各种有趣的教学形式来强化教学。教学结束时可以对课堂内容进行总结，选取慢节奏、愉悦的放松方法，这样可使学生在快乐、轻松的气氛中结束学习，充分体会到体育运动带来的快乐。

六、利用大众传媒加强青少年体育素养培养

（一）扩大体育有效新闻信息涵盖范围与其娱乐性

新闻媒体在保证新闻内容的真实性、时效性和广泛性时，要加大体育新闻的传播广度和深度，增强体育新闻内容的力度和深度。大部分青少年是通过体育媒体的传媒作用发现体育活动的快乐所在，而后他们就会更加关注这个方面的体育新闻，并通过不断了解体育新闻信息，到运动参与的实际当中去，最后达到发展个人体育素养的目标。在上一次课后，预先讲解下次课的内容框架，引导学生在课下提前做好准备，利用互联网等先进方式查阅相关资料；在上课时，教师通过对所讲授内容进行整体把握，将课程内容设置成必答题和抢答题等形式的课堂活动，采用以小组为单位的竞答组织形式上课，并根据答题时间长短和调动学生积极性的需要，建立一定的竞答规则，为每组的答题效果打分，根据最后得分进行奖惩和课堂考核。

（二）融合新闻媒介与实际扩展学生体育素养培养路径

校园媒体通过对校园传媒技术和素材的重新整合处理，在保持为学生学校服务的基本原则的同时，在校内加强关于体育知识的宣传力度，不断与实际进行融合，使学生能够最快地获得最新的体育新闻和最前沿的体育创新成果。学校还要加大学校多媒体设施建设，在室内体育场馆内安装多媒体设备或电视设备，教师在讲授体育竞赛规则和技术动作方法时，要做好充足的备课准备，在课前制作与课程内容相符合的PPT，并在课堂上边播放、边指导，使学生对技术动作具有切身的体会，然后再联系大纲要求的技术动作指标和学生的实际掌握情况进行讲解。由于PPT展示内容具体、客观，又有慢动作解析，可以吸引学生的注意力，刺激学生的学习兴趣，以另一种方式避开了单调、空洞的传统讲解方式。通过多媒体设备，学生学习运动技能更容易学会。青少年学生活泼好动，善于模仿，通过模仿视频中的动作，可以更好掌握该项运动技能。通过媒体结合实际的方式，使学生在不知不觉当中得到浓厚体育文化的熏陶，并获得较多的体育知识，从而提高自身的体育素养。

（三）发挥体育新闻作用，发展学生体育个性

学校可以通过体育新闻的宣传作用，激发学生的体育活动参与意识，从中获得愉快的体育活动参与心态。学生需要一项自己喜爱的体育运动来完成自己的体育个性的实现，可以通过与自己兴趣相同的伙伴探讨体育问题，或通过开展体育活动以及组织体育竞赛等方式，实现自身体育个性的培养展现。这个过程既丰富了体育理论知识，又很好地促进了体育文化素养的形成和提高。

（四）建立专题性体育网页课堂教学

主要是面向全体学生，其特点是内容趋向于教材化，体育信息针对性强，

所以无法满足不同青少年学生群体对体育知识的需求。针对当代学生热衷于上网的特点，在网上建立专题性体育网站来满足青少年学生群体的需求，这是可行的。制作体育新闻网页、体育学习网页等，而且发布在学校网站上，青少年学生通过访问学校网，方便在线学习体育知识，也可以登录有体育教师特别指定的体育网站进行基础知识了解。通过教师建立的教学网站的学习，学生可以把自己的所遇到的问题通过网站留言，向老师提出问题，教师根据问题针对每个学生进行详尽的回答。另外，学生可以根据自己不同的需要，进入其他老师的网站进行访问，这就改变了原有的体育教学模式，实现由一对多的教学模式向一对一、多对多的教学模式方向发展。学生面对的是丰富的网络世界而不是老师，改变了学生被动接受教师传授体育知识的方式，学生由被动学习变成主动学习，学生没有了老师的现场监督，只是通过登录体育教师的体育网页学习知识，这使得学生的自主性和教学的灵活性得到较大的提高。

七、构建多元化的体育素养培养模式

把多种提高青少年体育素养的手段进行资源整合，构建一个可让管理者借鉴或操作的互动模型，从而调动青少年参与锻炼的热情，引导其朝着健康合理的方面发展。比如，可以实施多样化的体育锻炼方式，组织丰富多样的体育活动小组或锻炼小组，以便于个人依据爱好进行有目的的选择，各种各样的锻炼小组也可以激发缺乏运动兴趣爱好的个别学生，在不断地熏陶中逐步融入锻炼小组中。不同项目的锻炼小组在日常锻炼相互分享经验，持续进行互相学习和渗透，使学生在日积月累中，掌握更多的运动技能和体育常识，广开体育信息渠道，引导和促进学生体育素养的形成和提高。

积极尝试新的有利于培养学生体育素养的各学段的体育活动方式。在小学，学生年龄小运动方式、范围都有限，一般学校中都可以采用行政班（大班）上课的模式；在条件成熟的小学，在与大班一起学习的同时，采用分组教学和课外体育俱乐部的学习形式，双管齐下，进行培养，以便从小开始就养成好的习惯，进而培养青少年的体育兴趣，养成终身从事体育锻炼的习惯。有条件的中学，在初中阶段，可用男、女分班的形式上课，以便按照男、女特点开展体育教学；在高中阶段，可以设立必修课程选修项目的做法（选修制），实现由班级教学向小组教学模式的过渡，再采用课程选修制以后，一位体育教师可以只负责自己所擅长的单项教学项目，学生可根据自己的兴趣和身体条件选修任一运动项目，组成专项选修学习班（组），教师可以进行更专业、细化的教学。

八、建立青少年体育素养评价体系

终身体育锻炼思想给学校体育课程评价提供了一个全新的视野和空间，将青少年的体育态度、兴趣，终身体育意识、习惯和能力纳入到学生体育素养评价体系当中。在操作上，将显性与隐性特征，过程与结果，起点与进步评价整体结合来考虑。同时注重对中小学学生体育素养评价的指标和权重的侧重，这种评价不仅更加有利于学生体育素养的养成和提高，也为学校体育评价注入了新鲜血液。

在终身体育思想下，可以设计出以五项指标为内容的学生体育素养评价指标体系。其中具有两项显性指标（体能与运动素质、体育知识与技能），又具有三项隐性指标（体育态度与情感、体育兴趣与习惯、自我健身管理的能力），从总体上突出学生的体育态度、兴趣、习惯和能力在学生终身体育评价中的重要基础作用，在评价上呈现出学校体育改革与发展的导向作用。对于显性课程与隐性课程的指标评价，操作上可以采取“显性指标重视学习过程评价，隐性指标重视学习结果评价”的办法，将进步度评价作为重点，内外结合，最大限度地提高可操作性。

第二节　从动机理论看促进青少年身体素质锻炼的措施

激励青少年参与和坚持体育锻炼是非常重要的，规律的体育锻炼有助于青少年身心的健康和社会适应能力。通过对 323 名青少年有氧体适能的测量，采用体育锻炼动机量表和体育锻炼等级量表进行抽样调查，运用相关分析、回归分析和结构方程模型，探讨体育锻炼动机、行为和有氧体适能的关系，试图构建促进青少年有氧体适能和体育锻炼行为的路径模型。结果表明：(1) 体育锻炼动机能正向预测体育锻炼行为和有氧体适能；体育锻炼行为能正向预测有氧体适能。（2）体育锻炼动机各维度对体育锻炼行和有氧体适能预测的地位不一，均表现出愉快维度、能力维度及关联维度等内部动机，比健康维度、外貌维度等外部动机更具有预测能力。（3）结构方程模型拟合结果支持体育锻炼行为的部分中介作用，这提示我们，家庭、社区和学校应积极创造有利于激发青少年体育锻炼动机的环境，以外部动机为出发点，合理利用各种策略，注重外部动机向内部动机的转化，最终促进青少年体育锻炼和身心健康。

从 1985 年开始，我国每五年对学生体质进行一次大规模的调研，教育部网站公布了近二十五年我国学生体质水平资料。经过分析发现，近二十五年来学生肺活量历年变化呈下降趋势，肥胖检出率、视力不良检出率超过国际标准。学生耐力素质严重下降，虽然速度与力量素质近两年有所反弹，但总体呈下降趋势。青少年体质下降引起了人们的广泛关注。体质是人一生健康的重要标志，青少年如果能保持较高的体质水平，他们在繁重和紧张的日常活动中就不会感到过度疲劳，就有足够的活力进行休闲享受，当他们遇到紧急情况，能够以高水平的能力加以应对。此外，良好的体质水平有助于学习效率的提高，保持对某些疾病具有特异性的免疫力。反之，体质水平下降会导致一系列问题，如心血管疾病、二型糖尿病、脂肪肝、高血压、睡眠呼吸暂停综合征以及心理疾病等，体质水平下降是导致健康问题与死亡的风险因素。

尽管体质水平如此严重地影响着青少年的身心健康，但我国青少年进行体育锻炼的参与率仍然很低。为此，政府部门出台了一系列的政策和法规来促进青少年参与体育锻炼，从而有效提高体质水平，如近些年颁布的《关于加强青少年体育增强青少年体质的意见》《教育部、国家体育总局、共青团中央关于开展全国亿万学生阳光体育运动的通知》《教育部、国家体育总局关于实施〈国家学生体质健康标准〉的通知》等文件，充分体现了加强青少年体育工作，增强青少年体质的重要性和紧迫性。因此，促进青少年体育锻炼和增强体质水平成为学界研究热点，不少学者从经济投入、政策制定等外在因素促进青少年体育锻炼方面进行了研究，但我们认为更应该从提高青少年的健身意识和激发锻炼动机等内在心理因素进行研究。章建成等人对全国8所城市28648名青少年课外体育锻炼的影响因素进行了调研，发现影响因素前两位为锻炼兴趣、锻炼动机，而经济和政策等因素只是制约青少年课外体育锻炼参与的充分条件而非必要条件，因此，激发锻炼动机是促进青少年参加和维持体育锻炼的关键因素，也是开展学校体育教育和深入贯彻相关文件法规的重要工作之一。

一、体育锻炼动机对体育锻炼行为和有氧体适能的影响

回归分析显示，体育锻炼动机的各个维度都能显示正向预测体育锻炼行为，验证了研究假设H1的成立。经过比较发现，内部动机（愉快维度、能力维度和关联维度）比外部动机（健康动机和外貌动机）更能预测体育锻炼行为。Dana. M. Litt等人研究了9011名青少年体育锻炼动机与体育锻炼行为的关系，发现内部动机（通过体育锻炼认识新朋友，与朋友一起玩耍及快乐）比外部动机（外貌动机，使父母高兴）更能显著预测体育锻炼行为。

自我决定理论认为，心理需要（能力、关联和自主）的满足是促进个体人格及认知结构成长与完善的条件，这三种心理需要是普适的，与生俱来的，所有个体都为了满足这些心理需要而努力。当青少年在体育锻炼的过程中感受到了乐趣，体验到了自己能很好地完成这项运动以及与同学、朋友一起进行体育锻炼感受到一种归属感，这些心理需要的满足会促进青少年参与体育锻炼。由此可见，体育锻炼的内部动机是青少年从事体育锻炼和坚持体育锻炼的重要因素。同样，外部动机也不能忽视，教师和家长的鼓励、支持和奖赏同样能促进青少年进行体育锻炼，为了考试达标、健身和减肥等外部动机可能是青少年进行体育锻炼的最初动机。自我决定理论认为外部动机能够转化成内部动机，因此，充分利用孩子的外部动机，促使青少年进行体育锻炼是必要手段，但更要注重外部动机向内部动机的转化，才能使青少年进行体育锻炼的长期性、坚持性得到保障。

AMOS分析显示，动机能显著预测有氧体适能，验证了研究假设H3，动机水平越高的学生其有氧体适能的成绩越好。动机对有氧体适能的影响可能是在体育锻炼过程中，具有较高动机的学生能充分利用锻炼的机会，认真、

主动、积极地去完成各项任务；而动机水平不高或无动机的学生可能敷衍、被动地去完成各项任务。这种动机上的差异会导致学生的体育锻炼负荷、运动量有所不同，有的学生虽然被动地参与了学校的体育课、课外活动，但“出工不出力”，要么站着，要么坐着，或只当一个“观看者”，没有达到体育锻炼的效果。从我国中小学体育教学的现状来看，每个班级的学生有 60 多个人，一堂体育课除去集合整队、讲解示范的时间，学生自主练习的时间不到 20 分钟，再加上场地器材的有限及人数的众多，学生在一堂课中练习的强度和量会很低，如果学生不积极投入到体育锻炼中去，将达不到体育锻炼的效果。因此，课外活动给予学生自主锻炼的机会，这更需要学生具有较高的动机水平，才能促进学生达到锻炼的效果。

二、体育锻炼行为对有氧体适能的作用

研究结果表明，体育锻炼行为能显著预测有氧能力，体育锻炼行为的得分越高，其有氧体适能成绩越好。

有规律的体育锻炼能促进有氧体适能。Justin. B. Moore 等人通过加速传感器客观测量 441 名青少年的身体活动水平和久坐不动的时间，研究发现，高等强度的身体活动水平与有氧体适能正相关。Gutin 和 Hay 等人的横向、纵向研究表明，应该多鼓励青少年进行有规律的高强度的体育锻炼，因为高强度的身体活动水平能有效提高青少年有氧体适能。Tremblay 等人对 15 项关于久坐不动的时间与有氧体适能关系的研究进行了综述，研究发现青少年久坐不动的时间越多，其有氧体适能水平越低，此次本研究对身体活动的测量采取的是学生自我报告，其结果与以上研究结果具有一致性。我国学者对体育锻炼与有氧体适能的关系进行了大量的研究，其研究结果也支持体育锻炼行影响有氧体适能的水平。

三、体育锻炼的中介效应分析

路径分析显示，体育锻炼动机对有氧体适能有着直接正向预测作用，其效应量为 0. 15；体育锻炼动机还通过体育锻炼行为间接影响有氧体适能，间接效应为 0. 04，其中介效应的比例为 21. 1% 。这一结果验证了研究假设 H4，证明了体育锻炼行为在体育锻炼动机与有氧体适能之间扮演着非常重要中介

作用。体育锻炼行为是体育锻炼动机与有氧体适能的重要桥梁，在促进青少年身心健康方面起着举足轻重的作用。体育锻炼对青少年儿童而言有着特定的意义，不仅促进孩子们健康成长，影响孩子的社会化进程，而且还有助于他们认知能力的提高。为此，学校、家庭和社区应该创造有利的环境，并将环境因素与个体的体育锻炼行为连接到一起，从而激发青少年体育锻炼的内部动机以及外部动机内化。老师、父母激发青少年体育锻炼动机要致力于满足学生心理需要，注重外部动机内化的思想。青少年参与体育锻炼完全由兴趣、愉快等内在动机推动是极少见的，大多数青少年参与体育锻炼都是由考试达标，重要他人（老师、父母）的奖励与约束，健身和塑形等外部动机推动的。在体育教学情境中，体育教师要充分利用外部动机，使参与体育锻炼的学生能在其中体验到身体运动带来的愉悦感，使学生能体验到成功完成一项运动技术和突破运动成绩的成功感，使学生感受到在体育运动中能充分发挥技术和体能的自主感，这样才能有效地满足学生心理的需要，促进外部动机向内部动机的转化，使青少年能参与并坚持体育锻炼，提高身心的健康。

第三节 结合民族传统体育项目加强青少年身体素质训练—以木球为例

青少年体质健康连续 20 年下降已成为全社会关注的热点，青少年是国家的未来、民族的希望，他们的健康状况牵动着亿万中国人的心。2006 年 9 月，由国家体育总局、教育部等 10 个部门联合进行的全国第二次国民体质检测结果对外公布，结果显示：我国青少年身高、体重、胸围增长的同时，超重与肥胖检出率继续增加，成为影响青少年健康状况的一大因素；与 2000 年相比，大、中、小学学生视力不良率均有所上升，青少年各年龄组的肺活量水平继续下降，速度、爆发力和力量耐力素质水平均在呈直线下降……改革现行体育课程，提升青少年的身体素质已迫在眉睫。新课程改革的第一个培养目标是：了解中国的历史和国情，热爱中华民族的优秀文化传统；对我国传统体育教学所做的评价是：有很多都是非常优秀并值得发扬的，“越是民族的就越是世界的”。新课改对课程内容的改革由统一性、固定性、指令型向多样性、选择性、指导性方向转变，这就为一些广大群众喜闻乐见、易于投身其中的民族传统体育进入体育课程铺平了道路。民族传统体育运动丰富的文化内涵和多样的表现形式，可以使学生在较浓厚的民族文化氛围中学习、健身，陶冶情操，愉悦身心，这对丰富学校体育的教学手段，调动学生学习的积极性、主动性将起到巨大的作用。本课题旨在探讨宁夏民族传统体育项目木球运动对学生的身体素质和身心愉悦所产生的影响效果，并通过教学与训练，为其它的民族传统体育如何进入学校体育教学提供一些参考和借鉴因素。此研究不仅是对学校体育内容的补充和发展，而且会极大地丰富学校体育课程内容，树立“以人为本”的教育理念，全面推进素质教育，具有深远的现实意义。

一、木球运动的起源

木球运动起源于唐代“步打球”游戏，当时为宫廷中的一种活动。北宋后期，木球运动逐渐由宫廷传入民间。清代同治年间，木球运动已流传于现今宁夏回族自治区回族聚居地，距今已有一百多年历史。早期木球运动只是回族青少年在放牧时玩的一种集体比赛游戏，娱乐性是其最主要的特点；游戏的名称多种，如“打毛球”“打篮子”“赶木球”“打木球”等。如今，木球已经成为回族的一项传统体育活动，这项颇具中国特色的体育项目在我国的台湾、香港特区和澳门特区发展迅速，在全世界也吸引了越来越多爱好者的参与。木球虽小，爱好者众，“红色的木球，绿色的运动”是木球的主题。木球运动气氛欢快热烈，是一项令人陶醉的体育运动，紧张激烈的对抗性比赛在很大程度上能够吸引学生。本项目没有其它竞技体育项目训练的单调、枯燥，能充分激发青少年的训练兴趣，能改善和加强青少年的心脑血管和呼吸系统功能，能发展练习者的速度、力量、耐力、柔韧等各方面的素质，提高练习者的协调性，逐步使参与者头脑机智、反应灵敏、体魄健壮及精力充沛，对意志品质更有特殊的锻炼效果。木球运动对正在成长中的青少年而言，其不仅是一项体育竞技活动，亦是良好的社交活动，快乐、激烈又带有休闲情趣的木球运动，对于促进青少年身心健康的发展有着十分积极和重要的作用。

二、木球竞技的教学与训练

（一）木球竞技的教学

木球竞技显示的是个人高超的技巧与集体的默契配合，所以，在木球竞技教学时，采用正确的教学方法是非常重要的。第一，教师讲解动作和示范要正确，教学中注意循序渐进，由易到难。第二，木球攻防中双方接、控球的不稳定是在高强度练习时，尤其在对抗性练习时，因此，教师要强调学生的组织纪律性，集中注意，认真练习，增强安全意识，同时要注意做好充分的准备活动和放松练习。第三，采用多种形式进行教学和练习，充分调动学生的练习积极性，按练习人数，可进行两人和多人练习或比赛；按时间的长短，可进行10分钟、20分钟或30分钟练习，按性别不同，可进行男子组、女子组及混合组练习，教师可根据学校的场地器材条件和学生的实际情况，灵活选择和变通运用。

（二）木球竞技的训练

1、技术动作的训练

木球比赛是一个综合性强、富有技巧的运动项目，对判断力、个人技巧与集体配合要求很高，技术动作较难掌握。在比赛中，要及时变换跑动及站立位置，以各种不同的技术动作进行竞争和对抗。要灵活运用技术、技巧，关键在于使用好手中的击球板。击球时，双手握板柄的间距较大，利用击球板的两面可推拨短促击打球；击球板不要离地面过高，防止抡空或只打在球的顶部。推拨球动作应快速、简练、平稳而准确，接球者应在移动中选择接球位置，并注意主动迎球，做到球到点、人到位及人到球到。挥杆练习是木球运动的基本技术，漂亮的挥杆可以增进学生学习木球的兴趣，但挥杆的掌握要注重循序渐进，“欲速则不达”，故不能急于求成，要逐步体会挥杆动作的协调性和一致性。

2、身体素质的训练

木球竞技比赛由于攻防转换快，要求运动员的耐力、变向速度、判断力，腿部力量、腰部力量等身体素质都要全面发展。从事木球运动的青少年以业余选手居多，为使运动队取得优异成绩，就要从基础抓起，从提高身体素质开始。木球运动员的各类速度水平是争取时间优势的重要因素，速度的提高对促进技术水平的提高有很大的作用，木球运动员的速度主要表现在反应快、起动快、冲速快，突然转身和完成技术动作快等方面。教练员可采用以下练习方法：各种短距离的直线加速跑，绕障碍的加速折返跑，曲线跑、变向跑、弧线跑，结合运球的争抢球跑等。木球运动员的耐力应是在一般耐力基础上的速度耐力，它使运动员在激烈紧张的比赛中保持高速运动的能力，练习方法可采取耐力跑、负重长距离跑、短距离的反复冲刺跑，负重蹲起、跳台阶及单脚跳等练习方法。此外，灵敏素质的训练可在队员相互击打的游戏中完成。

3、心理素质的训练

木球竞技是多名运动员默契配合的集体竞赛项目，要求每个人信心十足，需要队员齐心协力、共同拼搏。所以，运动员应具有良好的心理素质，在比赛中反应迅速、灵敏，注意力集中，有拼搏精神，能经受激烈竞争和承受高强度刺激，并且有很强的整体意识和集体主义精神。训练时，可从以下几方面着手：多组竞技比赛练习；摔倒后在规定时间内重新爬起而后继续向前跑；趣味性的对抗练习，以此提高队员练习的积极性，让队员体会比赛的激烈性、紧张性和任务的艰巨性，培养良好的心理素质。

现代木球运动自 1982 年第二届全国少数民族传统体育运动会以后发展迅速，由于木球比赛的趣味性和观赏性较强，因此在中小学中的开展更为普遍，特别是在宁夏回族自治州尤为盛行。由于其比赛场地和器材简单，因而在全国推广的潜力很大。作为体育工作者，我们应该了解并掌握正确的教学方法与科学的训练方法，在全国范围内各大、中、小学校及全民健身活动中宣传木球竞技运动，并开展好木球竞技运动，既能丰富学校体育和全民健身内容，提高青少年的身体素质，又能弘扬中华民族的体育文化，使木球运动由民族化向群体化发展，同现代体育运动接轨，为全民健身做出贡献。

第四节　利用运动类 APP 提高大学生的体育素质锻炼水平

随着我国经济的不断发展，科技的日益进步，移动互联网发展进入了全民时代，各式各样与运动相关的手机软件层出不穷，与此同时，我国体育产业已步入一个新的黄金期。作为社会新技术、新思想前沿群体的高校大学生，他们是手机互联网络运用的主体，同时也是全民健身产业的未来支柱和坚强后盾，自然会受到体育运动类 APP 的影响。因此，研究体育运动类 APP 对大学生体育行为的影响，具有重要的现实意义。本研究以大同大学、山西大学、山西财经大学、中北大学、山西师范大学、运城学院这 6 所山西省的在校大学生为调查对象，通过文献资料法、问卷调查法、对比分析法、逻辑分析法及数理统计法对数据进行了归纳整理，从大学生接触体育运动类 APP 入手，了解体育运动类 APP 的特征以及当代大学生获取体育运动类 APP 的习惯和方式，分析和研究体育运动类 APP 对大学生显性体育行为和隐性体育行为两个方面的影响。

研究结果表明：运动类 APP 发展势头迅猛，80.54% 大学生都了解体育运动类 APP，他们获得的主要传播途径以 QQ、微信及微博等社交平台传播，下载体育运动类 APP 的位于前三名的分别是 Keep、悦动圈和咕咚，使用体育运动类 APP 的目的以计步、卡路里消耗记录和获得运动计划为主；体育运动类 APP 对山西大学生的显性体育行为的影响主要对体育锻炼频率、锻炼时间、锻炼强度、锻炼场地、组织形式以及体育消费方面有显著影响，对体育项目没有显著性影响；体育运动类 APP 对隐性体育行为的影响主要表现在对体育需要、体育动机、体育态度存在显著性差异，对体育价值观没有显著性影响。

针对体育运动类 APP 同质化严重，数据统计不准确，广告植入等问题，科研团队应该提高其精准度和科学性，增强对用户群体的针对性，使产品内容更加专业化，设计出特色和创新功能。大学生要合理使用体育运动类 APP，在体育锻炼方面应该循序渐进、量力而行，根据自身具体情况找到适宜的运动强度；在体育消费方面，大学生应提高自己对健康投资的认知程度，形成积极的体育消费态度。体育教师通过体育运动类 APP 的轨迹记录、数据统计和训练计划等功能，可以对大学生进行更加客观的评价，高校可以根据季节或主题活动需要，在体育运动类 APP 平台上推出适当的活动或比赛，组织学生积极参与到这种具有趣味性的体育锻炼活动当中。

一、体育运动类 APP 发展趋势分析

随着经济水平的迅速发展，科技水平的不断创新，智能手机、ipad 和平

板电脑进一步普及，推动了手机互联网应用与服务（APP）的迅速发展。自2008年7月App Store推出以来，已有约55万应用程序在App Store上架销售，总计下载量超过250亿次（苹果，2012）。2014年，随着《关于加快发展体育产业促进体育消费的若干意见》《关于积极推进“互联网+”行动的指导意见》等政策的推出，首次受政策的驱动，全民健身正式上升为国家战略的高度，提出把体育产业作为绿色产业、朝阳产业进行扶持，力争到2025年，我国经常参加体育锻炼人口达到5亿，而体育产业总规模也将达到超过5万亿的目标。受市场需求的旺盛和国家政策的支持这二者叠加，体育、智能手机和移动互联相结合的全新形态体育产业模式——运动类APP呼之欲出，其中不仅包含了定位系统与运动数据记录的工具，也涵盖了运动社交类媒体等。

APP产品备受追捧，犹如雨后春笋般涌现，人们也开始热衷于下载各种各样的APP，例如生活类APP、娱乐类APP、购物类APP、游戏类APP、社交类APP以及运动类的APP等。中国互联网信息中心CNNIC发布《中国互联网络发展状况统计报告》，报告显示，我国移动互联网的发展已经步入全民时代，截至2015年12月，中国网民规模较2014年增长了8.4%，达到了7.9亿；预计到2018年，中国互联网用户规模将达到8.9亿人。而中国移动互联网市场规模也增长129.2%，达到了30794.6亿人民币，预计到2018年有望达到76547亿元人民币。手机移动客户端保持着第一大上网终端地位，相同于移动互联网的飞速发展，APP的产品也发展猛烈，其数量也在爆发性猛长。到2016年，我国APP市场规模可能将达到1.3万亿元，从“易观千帆”监测数据中我们可以看出，移动应用覆盖领域从2014年40多个增长到270多个，移动应用数量也从1700多个增加到了30000多个。根据美国IHS调查机构的调查报告显示，运动类的软件将会越来越受广大用户的追捧和青睐，全球运动类软件的下载量在2012年达到1.56亿人次，而到2017年就已达到了2.48亿人次，增长率高达63%。可以看出，体育运动类APP产品已经有了广泛的使用人群基础，因此，体育运动类APP将改变传统的体育健身方式，成为数字化、科学化指导体育锻炼健身的新形势。

二、体育运动类 APP 与大学生体育行为的契合

首先，随着科技的不断进步，移动互联网正在蓬勃发展，显然已经融入到了我们社会生活中的方方面面，人们的生产和生活方式也随之不断地改变着。大屏幕智能手机以及平板电脑受到了越来越多消费者的关注，已成为大学生的必备产品，安装在手机和平板电脑里的体育运动类 APP 打破传统运动，开启了大学生运动健身新模式。

其次，对于新生事物的“易感人群”，体育运动类 APP 使用的中坚力量——大学生，他们受教育程度较高，喜欢接触具有挑战性的新鲜事物，对其具有敏锐的洞察力和较强的综合分析能力，并且非常热爱体育运动。他们使用运动类 APP，获取健康信息来督促自己完成体育锻炼任务，进而养成终身体育锻炼的好习惯；他们以图片、文字和视频的方式，通过体育运动类 APP 分享自己的运动经历和感受，对朋友圈中好友的体育锻炼态度产生一定的作用。由此可见，通过交流和分享来选择运动方式，提高运动质量，这无疑值得大学生在体育锻炼过程中进行借鉴。

最后，从 2015 年全国学生体质健康调研报告中可以发现，大学生与中、小学生相比，更缺乏体育锻炼的习惯和意识。学校对大学生的体育教育工作，务必立足于对新形势下大学生的特点及社会信息环境等多种因素加以思考和总结，做出正确的体育教育决策，这对全面推进和加快我国素质教育的发展，强健高校大学生的健康体魄都具有十分重要的意义。十八大报告指出，我国正处在全面建成小康社会的关键时期，继续深入实施科教兴国和人才强国战略，大力发展大学教育，培养知识型人才。在此背景下，高校应以十八大精神为指导，深入贯彻习总书记的系列讲话，全面贯彻党的教育方针，把握时代特征，结合学校实际，深化改革创新。在此大环境下，大学生的体育行为也会随之发生变化，因此，大学生体育行为方面的研究也涌现出大量新的课题。

随着中国经济的快速发展，生活水平也在跟着不断地提高，随之而来的是，人们对生活质量的要求开始变得越来越高，尤其是现在大学生的身体素质降低，肥胖人数的增加以及现在面临生活和就业多方面压力等问题困扰着

他们的生活，随之引起了他们对运动和健身问题的关注。体育运动类 APP 是一种方便快捷的获得体育运动信息以及促进体育健康传播的一种方式，相比传统单一乏味的体育运动，各式各类的体育运动类 APP 作为辅助锻炼工具，有的可以方便记录和查询每天行走的运动轨迹、步数、公里数和消耗的热量等；有的能根据自身的条件，设计出合理的健身计划以及提供科学的训练方法；还有的还可以帮助找活动、找场馆、找伙伴，组织运动群，分享传播运动资讯等，这些都会改变以往简单枯燥的传统体育锻炼的状况，从而给体育锻炼增添很多的乐趣和动力，进而成为部分大学生锻炼的主流产品。

我国对体育运动类 APP 的研究在 2012 年之后得到迅猛发展，然而查看相关文献，关于体育运动类 APP 对于大学生体育行为的研究并不是太多。当今体育运动类 APP 已然成为影响大学生体育行为的重要方面，这对促进大学生养成良好的体育行为以及对帮助体育教师顺利开展工作等都将会产生一定的影响。研究体育运动类 APP 的发展及其对大学生体育行为的影响是一个十分重要的课题，本书从调查大学生接触运动类 APP 入手，研究运动类 APP 对大学生课外体育锻炼行为的影响，为加强大学生的教育和对体育运动类 APP 的正确认识、摄取及利用等提供依据，有利于大学生健康成长和相关体育教育改革的发展。

三、运动类 APP 概述

（一）APP

APP（Application）多指移动设备（包括手机、平板电脑和其他移动设备）上的第三方应用程序。现在主流的智能手机系统是 IOS 系统、安卓系统、Symbian 和 BlackBerry OS 等，在这些移动设备中安装的软件就叫做 APP。开始的 APP 参与到互联网商业活动中，仅仅是通过第三方应用合作的方式，随着互联网的发展越来越开放化，APP 便开始萌生一种与 iphone 的盈利模式，这被很多的互联网商业大亨看重，如腾讯的微博开发平台，百度的百度应用平台都是 APP 思想的具体表现。

（二）体育运动类 APP

体育运动类 APP 的传播载体是手机终端，拥有可以记录使用者运动健身时的数据，指导各类运动项目的学习和锻炼，引领健康生活方式等功能的智能手机或可穿戴设备第三方应用程序，也叫做手机体育移动客户端。这里需要强调的是，查阅相关文献发现，体育运动类 APP 并没有一个明确统一的定义，本书借鉴相关学者较多提出的概念，本研究的体育运动类 APP 并不包括体育新闻、体育游戏、体育赛事视频、医疗健康等内容。体育运动类流行的 App 类型主要有跑步计步类如：Nike + Running、咕咚、乐动力、悦跑圈，春雨计步器、动动、虎扑跑步及 Feel 等；健身类如：Keep、七分钟健身、Fit-Time、火辣健身及 Men's Health 私教等；日常记录类如：薄荷、瘦瘦、卡卡健康、益动 GPS 及哒哒运动等；分类教学类如武吧、跳吧、趣游泳、跆拳道教学、懒人瑜伽、酷浪小羽、足球控、篮球热及台球会等；其他包括约私教、约场馆等如健康猫、趣运动、悦运动、爱动网及运动酷等。

（三）行为

在《现代汉语词典》中“行为”一词被解释为受思想支配而表现出来的活动。也就是说，行为是指人在主客观因素影响下而产生的外部活动，是在日常生活中所表现出来的一切动作的总称。人类行为从全面、系统和发展的角度来看，是脑功能活动的宏观表现，是内在的生理和心理的需要与外部自然和社会环境相互作用所产生的一系列指向外部的活动，是为了维持个人生存和种族延续，适应不断变化的自然和社会环境所做出的全部反应。人的行为可以分为显性行为和隐性行为，显性行为是能够被他人注意到的行为，如言谈举止等行为；隐性行为则是不能直接被他人注意到的行为，也就是我们平时所说的心理活动，如思维意识等。通常情况下，通过观察到人的显性行为，便可以进一步推测其隐形行为。

（四）体育行为

体育行为的概念比较宽泛，凡是与体育有关联的行为活动，都可以被称为体育行为。体育行为学作为行为学的一个分支学科，是将一般行为学同体育科学相结合而建立起来的，是体育科学研究领域近年来重要的分支学科之一。体育行为学研究人的体育行为规律，探讨如何预测、激励、引导和调控人的体育行为。国内外学者从生物学、心理学、社会学和文化学等多角度对体育行为进行定义，我国大部分学者对体育行为概念的界定比较赞同刘一民教授的看法，他把体育行为解释为：有目的、有意识地利用各种手段和方法，为满足某种体育需要而进行的活动。这个概念比较宽泛，即凡是与体育发生联系的行为活动都称之为体育行为，这些活动既包括体育行为的主要表现形式——运动行为，也包括体育的组织、管理、宣传、科研、教学、消费及观赏等方面的行为活动。还有学者认为体育行为包括显性体育行为与隐性体育行为两个方面。显性体育行为是指人们在体育运动过程中具体的、外在的表现，其中包括：参与体育锻炼频率、体育锻炼时间、体育锻炼强度、体育锻炼项目、体育锻炼场地选择、体育组织形式以及体育消费等；而隐性体育行为是指人们内在的、心理层面上的表现，它具有导向和强化显性体育行为的作用，包括：体育需求、体育动机、体育态度以及体育价值观等方面。

四、大学生对运动类 APP 的使用现状

本书随机选取了山西大学、中北大学、山西财经大学、山西师范大学、大同大学及运城学院 6 所山西高校的 800 名学生进行调查，主要通过电子版问卷和纸质版问卷这两种形式。电子版的问卷是通过在微信朋友圈、QQ 群等公众平台发放问卷链接，要求大学生进行电子问卷的填写；而纸质版的问卷采取对大学生进行当面发放，当面回收的方式。两种问卷共回收 785 份，有效问卷是 776 份，有效回收率为 98.85%。基本大多数学生对于本调查研究持积极配合态度，这也就为调查数据的真实可靠性提供了有力的保障，真实地反映了运动类 APP 对大学生体育行为的影响。

（一）调查对象的基本情况分析

由图 5－1 可以看出：本次抽样调查问卷发放并回收的有效问卷中，男生有 414 人，女生有 362 人，比例分别为 53.35% 和 46.65%。大一学生有 201 人，大二 327 人，大三学生有 248 人，分别占 25.90%、42.14%、31.96%。有效问卷中文科人数是 226 人，占 29.12%；理科人数 169 人，占 21.78%；工科类人数 186 人，占 23.97%；特殊学科（如体育、音乐等）人数 195 人，占 25.13%。调查的男女比例，文理工科比例，年级比例基本相当，保证了本次调查数据的科学性、合理性和可信度。

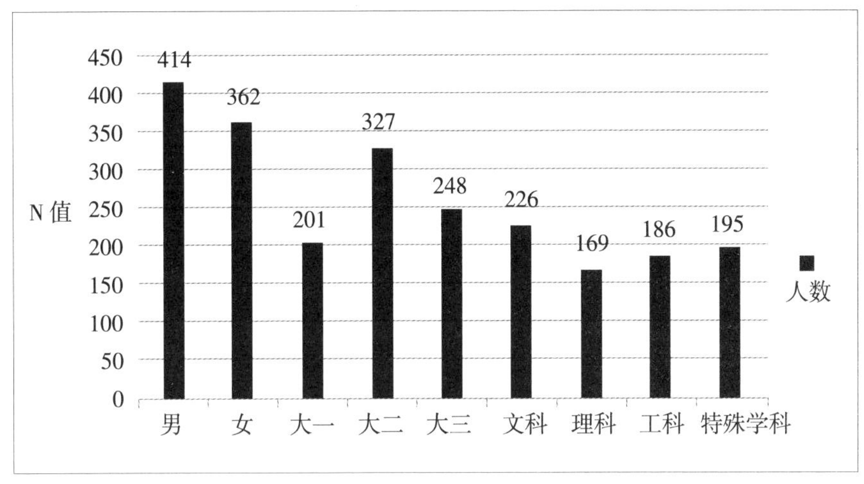

图 5－1　调查对象基本信息统计表（n＝776）

（二）大学生获取体育运动类 APP 的情况分析

1、大学生拥有智能手机的现状

根据工业和信息化部电信研究院统计，2014 年第 3 季度，全球智能终端达到了 3.28 亿台的出货量，预测出 2015 年全球手机约 20 亿部的出货量，其中智能手机就近 15 亿部。智能手机的迅速崛起使得大学生基本人手一部，可见智能手机已经拥有极大的市场。

2、大学生使用体育运动类 APP 的情况

智能手机的发展使得手机更新换代更快，功能也越来越强大，这必然刺激着 APP 的快速发展和手机应用平台的激增。与此同时，我国体育产业进入了一个黄金期，而高校大学生是手机互联网运用的主体，同时也是全民健身产业未来的支撑支柱和坚强后盾，大学的体育课已不能满足他们的需求，体育运动类 APP 的产生和发展填补了这个空缺。被调查的大学生不知道体育运动类 APP 有 151 人，占总人数的 19.46%。从未使用过体育运动类 APP，原因大多是忙于学习和其他，对体育锻炼本来就不感兴趣，更不了解体育锻炼的重要性，自然不会关注和使用体育运动类 APP。知道但未使用的有 205 人，占 26.42%，其中，有的人之前使用过体育运动类 APP，后来不想继续使用，主要是因为体育运动类 APP 处于研发初级阶段，手机运动工具类开发还不够完善，运动数据记录不准确，内容单一，功能不够丰富等，所以其使用和分

享传播就会存在局限性。而正在使用的大学生有 420 人，占 54.12%，他们主要是对运动感兴趣，其次体育运动类又可随时随地方便快捷地记录自己锻炼的相关数据，并且还可以通过观看视频获得相关技能的提升达到自己进行体育锻炼的效果。

3、大学生获取体育运动类 APP 的途径

根据速途研究院 2013 年 8 月发布的《Android 手机健康类 APP 市场分析》报告显示，7.2% 的 Android 用户安装了运动类 APP，用户覆盖率迅速增长，在 2013 年，健康类应用的用户覆盖率为 220%，涨幅率仅次于新闻资讯类应用。目前为止，运行在 IOS 平台和 Android 平台上的体育运动类 APP 已有上千款。由图 5－2 大学生获取运动类 APP 途径可知，体育运动类 APP 在大学生中的传播途径主要以 QQ、微信及微博等社交平台传播，通过亲朋好友使用运动类 APP 后推荐以及其手机自带为主，人数分别为 481、340、267。随着信息时代的快速发展，大学生对 QQ、微信及微博等社交平台越来越关注，在这类社交平台，大学生可以更多地了解体育运动知识以及科学的锻炼方法。

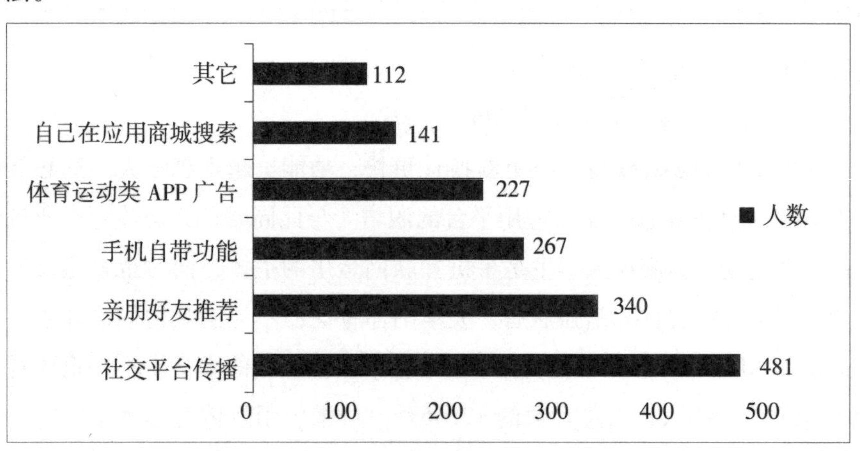

图 5－2 大学生获取运动类 APP 途径

4、大学生下载体育运动类 APP 的名称

Talking Data 2014 移动互联网数据报告中显示，IOS 与 Android 两个平台上拥有宏大规模的移动健康管理用户，并且其增长速度在不断加快。像

Keep、咕咚、悦跑圈、乐动力等体育健身类 APP 用户量已超过千万，Nike Running、超级减肥王等 APP 下载量的增长速度超过 300%。如图 5－3 大学生下载体育运动类 APP 名称所示：Keep、悦动圈和咕咚位列下载体育运动类 APP 的前三名。被调查的大学生中使用 Keep 的大学生有 335 人，约占 42.62%；使用悦动圈的大学生有 131 人，约占 17.14%；使用咕咚 APP 的大学生有 98 人，占 12.62%。春雨计步器、Nike Running、乐动力、虎扑、FEEL 和其它的健身类 APP 紧随其后，分别占总数的 6.43%、4.29%、3.81%、2.62%、2.14% 和 8.57%，他们通过体育运动类 APP，抽出自己的时间段，针对不同的运动项目、运动内容及运动强度，辅助、指导自身的体育锻炼。体育运动类 APP 改变了传统的体育健身方式受到工作压力大、学业繁重大学生的喜爱。

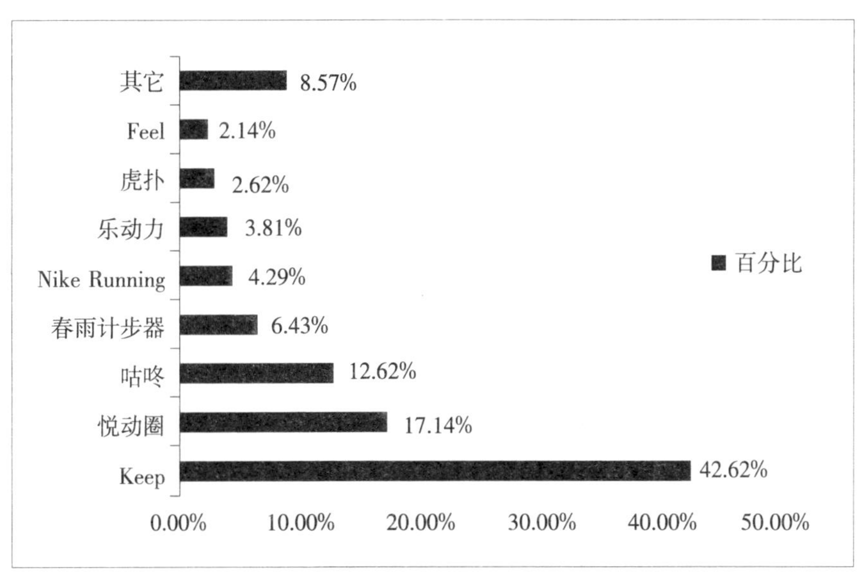

图 5－3　大学生下载体育运动类 APP 名称（n＝420）

5、大学生使用体育运动类 APP 的功能

体育运动类 APP 已经被广泛传播和使用，其必然拥有庞大的用户群。对于高校大学生而言，体育行为习惯的培养有必要借助体育运动类 APP，智能手机技术的突飞猛进，使得手机中 GPS 的定位系统、无线数据采集和高性能 CPU 能够和通信工具完美的结合，使得几乎人人都拥有一部智能手机的大学

生能很好地获得身体指标监测以及专业指导。体育运动类 APP 除了记录运动数据和运动指导等功能外，还有很多其他饮食规划及赛事通知的功能，以及运动交友、运动数据分享、好友排名、好友点赞和运动经验共享等有趣的社交功能，有些健身类 APP 还提供了运动徽章、里程夺宝等其它独特功能。由图 5 -4 大学生经常使用的手机功能可知，运动计划、计步、卡路里消耗记录是使用前三的功能，分别占 77.62%、62.86%、56.96%，这些功能帮助大学生提高身体活动能力，培养体育意识，养成体育锻炼的习惯。

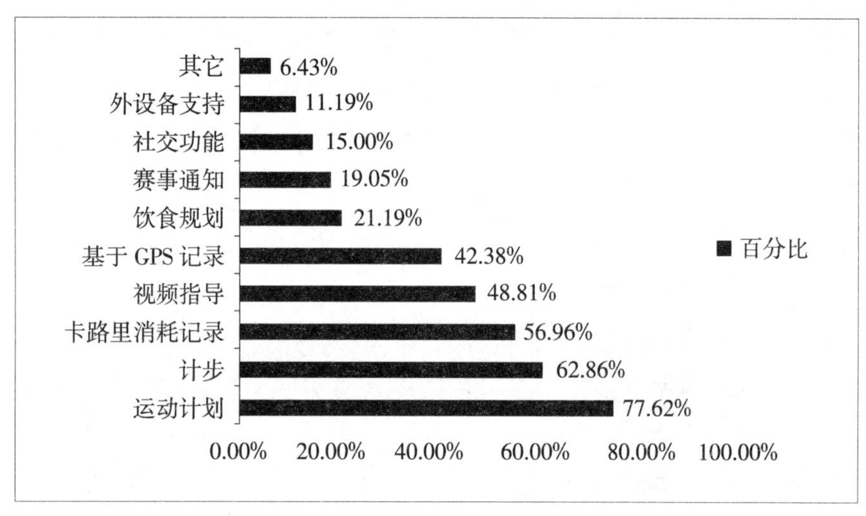

图 5 -4　大学生经常使用的手机功能

五、体育运动类 APP 对大学生体育行为影响的研究和分析

（一）体育运动类 APP 对大学生显性体育行为的影响

本书所研究的体育运动类 APP 对大学生的体育行为影响包含了显性与隐性两个方面，显性方面包括体育锻炼频率、时间、强度、项目、场地、组织参与形式以及体育消费七个方面，因此研究体育运动类 APP 对大学生显性体育行为的影响必须从这七个方面进行分析。

（二）体育运动类 APP 对大学生体育锻炼项目的影响

在大学生常参加的运动项目中，使用体育运动类 APP 前喜好的体育项目排在前三位的依次为是球类运动、跑步和步行，分别占 75.71%、73.81% 和 35.24%；使用体育运动类 APP 后，排名前三位的体育项目依次是球类运动、跑步和健身，分别占 86.43%、77.38% 和 53.33%。球类运动使用前后以其特有的趣味性、竞争性和良好的健身价值，深受大学生的青睐，并且和跑步一样，对运动场地、器材的要求以及体育参与者的技术要求都不是很高，而且锻炼活动的强度适中，体育消费也不高。全天候会自动记录用户运动行为的功能让下载和应用这些体育运动类 APP 的用户不断增长，体育运动类 APP 根据智能手机自带的文字描述、动态图片及视频演示等功能，为大学生学相关球类运动技术技能提供了极大的便利，大学生可以在各自专门的体育运动类 APP 中进行交流和学习，更加科学地提高自己的运动技能。

六、对上述调查的总结

（一）大学生使用体育运动类 APP 较为普遍

在调查中，54.12% 的大学生正在使用体育运动类 APP 参与到体育锻炼中，他们中获得体育运动类 APP 的主要途径是通过社交平台，如：微信、QQ 以及微博等。随着体育运动类 APP 不断创新发展，大学生的选择也增多，其中 Keep、悦跑圈和咕咚运动是大学生最受欢迎使用位居前三的体育运动类 APP，而大学生使用体育运动类 APP 中最多的三个功能分别是科学的运动训练，计步和记录公里数以及卡路里的消耗。但是在随机调查的大学生中，仍然有 45.88% 的大学生不知道或知道但未使用体育运动类 APP，随着体育运动类 APP 的发展，相信会吸引到越来越多的大学生参与到体育锻炼中。

（二）体育运动类 APP 对大学生显性体育行为整体具有积极的影响

体育运动类 APP 对大学生显性体育行为的影响主要从七个方面说明。使用体育运动类 APP 的大学生参与体育锻炼的频率三次以上的人数比没有使用体育运动类 APP 的要多。在体育锻炼的时间上，使用体育运动类 APP 的大学生在半小时以上的人数多于没有使用运动类 APP 的大学生；在体育锻炼强度上，使用体育运动类 APP 的大学生进行的是中等强度及以上体育锻炼，比没有使用运动类 APP 的大学生人数多。大学生使用体育运动类 APP 后，选择在寝室内的人数明显增多。在课外体育锻炼方式上，使用运动类 APP 的大学生团体，锻炼的人数比没有使用运动类 APP 的要多；使用体育运动类 APP 的大学生团体，在体育消费方面也是比没使用体育运动 APP 前的花费多。从整体上看，体育运动类 APP 对大学生显性体育行为具有积极影响，不过在大学生使用体育运动类 APP 过程中，仍然存在着许多的问题和弊端。

（三）体育运动类 APP 对大学生隐性行为整体具有积极的影响

体育运动类 APP 对大学生隐性体育行为的影响，从体育需要、体育动机、体育态度及体育价值观四个方面进行了统计学分析，发现使用体育运动类 APP 后，对大学生体育需要和体育动机，对体育态度中的体育态度认知、情感和态度参与意识有显著影响，对体育价值观的体育价值认知和体育价值取向没有显著影响。使用运动类 APP 的大学生对参加体育锻炼的需要和体育态度都产生了一定的影响，在他们使用运动类 APP 后，参加体育锻炼的主要目的是为了塑形减肥、促进身心健康以及调整情绪。大学生对体育的态度处于良好的水平，对课外体育锻炼具有较高的兴趣和爱好，从而使他们具有积极参与课外体育锻炼的行为意向。体育运动类 APP 中存在的一些不良的导向和不真实的信息，使得大学生在使用体育运动类 APP 了解体育相关信息时，会受到了一定的消极影响。

七、体育运动 APP 的运用

（一）提升和完善体育运动类 APP 的质量和功能

体育运动类 APP 同质化严重，数据统计不准确，广告植入等问题都会直接影响大学生的使用情况。针对相应问题，科研团队应该提高其精准度和科学性，完善对用户的针对性，使产品内容丰富专业化，设计出特色和有创新的功能。在监测走路、跑步等日常体育锻炼过程中，体育运动类 APP 适用性较强，但在球类运动以及游泳等项目体育锻炼中，携带手机过于麻烦。智能手表与智能手环等可穿戴设备的出现，虽说和体育健身类 APP 搭配，在一定程度上可以弥补这些不足，但是作为一种新型科技产品，产品本身无法排除在数据采集方面的误差，医学专家表示，每个人在热量消耗上都存在个体差异，情绪、服药、睡眠状况甚至天气异常变化等因素都会导致数据误差，缺乏国家强制标准和市场法律和法规的可穿戴设备，更多只能是一种娱乐，可以参考数据，实用性却不足。

（二）大学生要合理使用体育运动类 APP

体育运动类 APP 给大学生的体育锻炼带了极大的便利，可以记录运动轨迹、运动速度及消耗的卡路里等，也可以通过视频指导，练习各种体育项目，还有的可以提供饮食计划和体育知识。但是大学生在进行课外体育锻炼时要切记不要“盲目跟从”，为了让自己在朋友圈中的健身“排行榜”处于领先位置而增大运动量和运动负荷，或是在视频指导过程中一味要求自己完成规定动作或任务，以此来提高自己的运动技能，这样不仅达不到理想中的效果，还有可能会因为过度劳累或错误的训练方法造成身体上的伤害。因此，大学生应该循序渐进，量力而行，根据自身具体情况找到适宜的运动强度和负荷；在体育消费方面，大学生应提高自己对健康投资的认知程度，形成积极的体育消费态度。

5.3 高校体育教学可以利用体育运动类 APP

从山西高校体育课程安排和设置的现状中我们可以看出，体育课时的安排都较少，从而大学生通过体育课了解到的体育知识和参加的锻炼锻炼都很有限，大学生通过体育运动类 APP 的轨迹记录、数据统计和训练计划等功能，记录下他们的体育锻炼情况，为体育教师评价提供更加方便和客观的依据。学校可以根据季节或主题活动需要，在体育运动类 APP 平台上推出适时的活动或比赛，组织学生积极参与趣味体育锻炼活动，既能丰富学生的课余生活、达到运动的效果，又能促进校园文化建设工作的开展。

第五节　将网络技术应用于高校体育教学中

在当前网络时代的背景下，网络技术已经渗透到各个领域中，对当今教育领域的教学技术的发展更是产生着巨大的影响。随着网络技术的不断发展及应用水平不断提高，体育教学技术如何有效地结合网络技术进行发展，从而及时提高教学效率，降低教学成本，为社会培养现代化的高素质的人才，已成为当前教育界的研究焦点。

网络技术融入体育教学中是当前高校教学技术的发展发展方向和必然趋势。如今网络技术已经开始大量运用到高校体育教学实践中，这同时也成了高校体育教学智能科技化的一种重要体现。体育教学相关科学知识的快速更新与实时交流离不开网络技术的支持和保障，同时，网络技术将推动体育教育信息化的迅速发展。目前，如何将网络技术的优势应用到高校体育中，从而提高体育教学效率，增加体育教学方式，改善当前高校体育教学的管理，已经成为当前高校体育教学智能化发展的重要问题。在当前网络时代的背景下，必须以现代新的教育理念和学习思维为指导，才能充分发挥出网络技术应用到高校体育教学的作用和优势，从而为高校体育教学提供一种更具优势的体育教学环境以及技术支持，同时为网络时代的背景下体育教学信息化发展以及今天的高校体育教学中开展丰富多彩的体育教学活动提供有力保障。

网络时代背景下的高校体育教学技术，包含了高校体育教学过程中的教学所应用的网络传输技术，网络多媒体以及物联网交互技术等。网络时代背景下体育教学技术具备其自身特殊性，同时也决定了它必然在体育教学信息化的过程中发挥着举足轻重的作用。网络时代背景下的体育教学技术的不断发展，对于我国高校体育改革的深入有着重要的积极意义。在网络时代的背景下体育教学信息化的发展，使得网络技术在体育教学的应用中具有其独特的优势。

如今，在体育教学信息资源海量化的大数据环境下，通过互联网可以及时获取体育赛事新闻的实时报道等信息，也能获取体育教学相关学科的科研文献等数据，还有体育教学相关的课件素材，甚至同步获取国内以及国际的体育相关信息。这些体育信息资源的及时获取对高校体育教学意义重大，体育教学技术的现代化在体育教学中起着举足轻重的作用。

高校为培养适应现代化社会的高素质的人才，体育教学的发展需要和与时俱进的先进教学技术相结合，高校现有的传统教学模式下的教学技术，显然不能适应当前现代化社会的发展需求。网络技术应用于高校体育教学中为高校体育教学的现代化发展提供了强有力的技术保障，网络技术已成为当前信息化社会的重要基础和保障，应用于各个方面，现在的高校教学离不开网络技术，高校体育教学更是如此。此外，网络技术的应用给高校体育教学带来许多教学方式的改变，运用网络技术到高校的体育教学过程中，可以突破传统教学模式的体育教学过程中时间以及空间上的束缚，还可以使过去学生以被动学习的状态为主转变为主动学习，形成新的学习氛围，这将有利于提高学生解决问题能力，合作水平和创新思维能力。

随着科学技术及物质文明的飞速发展，人们对自身身体的健康以及身体素质有了更高要求，从而终身体育的意识需求越来越被广大人民群众所接受，传统的体育教学模式已经不能保障体育发展的需求，网络技术在高校体育教学中的应用与发展，有效地把当前先进的教学技术和丰富的体育教学资源进行整合，从而实现体育教学现代化的高速发展，这对于终身体育等意识的普及方面具有重要的现实意义。

网络技术在高校体育教学中的运用已得到了教育界许多专家学者的认同，同时网络技术将对未来高校的教学技术现代化的发展产生重大的影响。在网络时代的背景下，网络技术在教学中的应用，对当前高校体育教师现有的教学理念带来了影响，体育教师在教学过程中不仅是体育知识的教授者，同时还将作为体育知识学习方法的引领者，高校体育教师应及时运用新的教学指导理念，根据需要进行教学方法和方式的改进。网络技术对高校体育教学的作用是全面而又具体的，比如学生学习效率的提升，自主学习积极性的提升以及师生之间教学互动的增加和新教学方式的运用等。

迄今为止，随着网络技术的不断发展，学生的学习途径已不仅局限于高校传统的课堂式的教学，各高校为了满足在校大学生对知识的渴求，不断充实图书馆的藏书，加快精品课程的建设，电子课件及教学音像资料的汇总等工作。

关于网络技术对高校体育教学的影响所要研究的范围，可以说是所涉及各个方面。提高和保障高校的教学的质量和人才培养，成了教育界越来越关注的重要问题。随着网络技术的飞速发展及体育信息化的发展，使得高校体育教学面临着现代化的改进需求，网络技术应用于高校体育教学和管理工作中，是提高体育教学工作效率与管理质量的有效方法和途径，这也代表了高校体育教学管理工作向着现代化、标准化、智能化的方向发展，通过对网络技术应用，高校体育教学及管理工作进行总结和分析，为高校的体育教学规范化的现代化管理以及智能化的管理起到了良好的辅助作用。

网络技术在高校体育教学中的应用，对高校体育教学过程的教学方法以及高校体育教师在教学过程的呈现方式，学生与教师之间的教学活动的互动形式都产生了巨大的影响。我国《国家中长期教育改革和发展规划纲要》对我国高校教育教学信息化的发展都进行了详细的说明，其中，重点提到教育教学的信息化是国家信息化发展的重要组成部分，要有前瞻性的高校教育教学的信息化网络部署，保障在2020前年完成我国高校的教育教学的信息化教育服务系统。这将大大地促进高校体育教学的教育内容，体育教学的方式和方法的现代化和信息化，其中提到许多重要的建议，例如：如何建立体育教学网络教学资源库？如何提高高校体育教师网络技术的应用水平？如何提高学生运用网络技术学习的自主性？如何通过网络技术提高分析问题和解决问题能力？因此，对于网络技术在高校体育教学中的应用的不断推广，不但可以提高高校体育教学效率，而且也是高校体育教学顺应时代的发展进行现代化改进的必然过程。

随着网络时代信息技术的发展，我们进入了物联网时代，物联网技术在高校的体育场馆的智能化管理方面有着广泛的应用价值。物联网是指运用射频技术的RFID、GPS定位系统、红外传感器及激光感应器等信息传感设备，通过规范的协议，进行物品与网络的有效互联，从而使信息的交互集成和应用，实现智能识别、实时定位、远程控制等功能，集管理与服务于一体的网络系统。目前，随着高校体育场馆建设的规模不断扩大以及数量不断增多，需要更多地运用网络技术，进行辅助高校体育场馆智能化的管理与使用。比如运用射频识别技术对高校体育场馆进行智能化管理，为未来体育场馆的现代化管理改革提供有效的技术支持。这已经有了较为广泛应用，例如：在北京举办奥运会时，体育场馆已经运用了实名制射频识别的门票；美国NBA的篮球馆等都已经运用了射频识别的技术进行智能化的管理。体育场馆使用物联网技术对体育场馆公共环境的安全提供了有效的技术保障，其中物联网技术的应用提高了体育场馆的管理效率降低管理成本，为真正实现体育场馆智能化管理提供了技术保障。

网络技术的发展为现代化的体育教学技术发展带来了动力，为改进传统教学模式下的体育教学带来了保障。在当前体育信息化的发展过程中，由于体育教学信息的数据的快速增长，使得传统模式下的体育教学的效率越来越低，难以及时地获取到不断更新的体育学科教学所需的有价值的信息和有效的教学资源，从而出现在传统模式下的体育教学过程中的体育教学方法方式不能及时更新，教学的部分知识内容不能与时俱进等问题。而且，在传统模式下的体育教学过程中，所运用的方式、方法过于单一，主要是以体育教师课堂上的讲解和示范来进行体育知识的传授。同时，由于体育教学中运动技术教授时的动作的难度不同，示范教师身体素质状况，示范教师的技术水平等诸多客观因素的限制，使得体育教学的过程中效果规范化难以保障，而且直接影响到体育教学的效率与质量。

通过网络技术的运用，可以方便快捷地获取到国际上著名的经典赛事的数据及效果，将教学的电子材料应用到教学中，从而使体育教学中的示范者统一标准化。结合网络背景下的体育教学技术，形成一个对高校的体育教学综合一体的服务系统，将有效的突破传统的高校体育教学途径本身存在的局限性。

网络技术在高校体育教学中的应用，有助于实现体育教学资源的共享，促进体育教学资源的充分利用，保障高校体育教学智能化高效的发展。利用新的 web、数据库以及 ASP. NET 技术，基于 B/S 的模式的辅助系统，可以实现高校体育教学工作的高效智能化管理，同时也将大大减轻了高效体育教师的工作量，从而节约教学成本，提高教学工作的效率。

目前，网络技术已经在人们的学习和生活以及工作中成了重要的组成部分，并且发挥着不可替代的重要作用。国际奥委会以及世界各个单项的体育协会的相关信息都是通过互联网进行发布和通知的，互联网已经成为国际体育组织之间互相联络的一种重要方式。为应对体育信息化所带来的挑战，适应现代化教育信息化的发展，高校体育教学应加快体育教学现代化技术应用的发展，尽快适应信息化社会的发展需要。

伴随着互联网技术的不断发展，让人与信息之间的交互更加方便快捷，人们对信息的应用更加的广泛。在信息化的社会中，如果更好地对这些信息资源进行整合运用，转化成能够进行学习的经验和知识，供在校大学生或者是对有需求的学习者进行学习，这不仅有利于培养社会高素质的信息化的人才，而且还有利于适应当前信息化社会的发展高校大学生的个性化、多元化发展，以及社会对复合型的信息化人才越来越迫切的需求，使得高校对当前的传统模式下教学进行改革，改革的目的是为了适应当前高校大学生对自身兴趣的发展要求和当前社会对大学生学习水平的要求。通过建设基于网络的高校教学资源，不仅能够利用新技术给学生提供更为广阔的知识面，而且还能够让学习者根据自身的兴趣和自身的发展方向进行自主式学习，从而适应学习理论发展的要求。因此，当前高校信息化教学资源的建设对高校体育教学的信息化发展显得尤为重要。

物联网技术在体育教学中的应用，使传统模式下的体育教学方式得以改进。同时网络技术的应用使得学生及时获取所需的教学资源，利用物联网技术把体育教学所需的数据互联，使得体育教学体系更加的完整和高效，充分地提高高校的体育教学质量。物联网技术的不断发展与完善，为传统模式下的高校体育教学现代化改革提供了良好的技术保障，同时，网络技术如何更好地融入高校体育教学中辅助教学，成为高校体育教学现代化发展的战略组成。

一、网络时代高校体育教学中的网络技术应用产生

（一）网络技术应用于高校体育教学原因

随着网络时代来临，网络技术对目前高校教学工作的影响力逐渐变强。网络技术的广泛应用为体育教学信息提供了的重要载体，其在教学工作中的作用也日渐显著。未来的高校教育工作的发展离不开互联网，高校体育教学工作更是如此。

目前，如何高效地利用高校体育场馆，合理分配体育教师，节约教学资源，缓解由于高校体育教学设施以及体育师资力量短缺等所带来的压力成了热点。网络技术实施应用于高校体育教学过程中，可以突破包括时空上限制条件，可以有效地解决高校体育教学过程中出现的许多问题。网络技术应用于高校体育教学中，还可以提高学生学习的主动性，从而改变学生过于被动

地接受知识的现状，同时为在校大学生根据自身特点和实际需求，自主定制定个性化的学习计划提供了空间保障，这些对于当代大学生培养自身的创新合作精神和对未来适应信息化时代的发展有着积极作用。

网络技术在高校体育教学中的应用对传统模式下的体育教学的教学理念带来了新的挑战。随着体育教学的信息化程度越来越高，体育教学的信息的时效性越来越强，因此，传统模式下体育教学知识信息更新慢，不能及时地跟上时代需求等弊端突出，这使得高校体育教学运用先进网络技术进行改进需求越来越强烈，网络技术应用于高校的体育教学已成为未来高校体育教学的必然趋势。本文从分析当前网络时代的背景下高校体育教学的改进方式入手，分析网络技术在辅助高校体育教学的过程中对高校体育教学的影响与积极作用。

在当前这个信息爆炸式的增长的大数据时代，高校体育教学传统的方式相对低效，已难以适应当前高校体育教学的需求。如果继续沿用高校体育教学传统的和落后的体育教学方法，将很难适应当前快速更新的日新月异的知识信息的环境，更不可能把体育教学中本学科领域有价值的信息，新的理论和好的方法及时传授给学生。而高校体育教学作为教育体系的一个重要环节，既有与其他学科的共性，又有其自身的不同特点。由于体育的教学过程与其它学科的教学存在着较大的不同，而且当前高校体育课程所使用的教材大多是还是以竞技体育为主，大多数内容都是连贯的动态技术动作，高校体育教学传统方式主要是高校体育教师亲自示范与讲解相关的技能和技术，在此过程中，由于高校体育教师受年龄、和性别以及身体素质等诸多客观条件的制约，个体的技术水平和示范能力有着不同的差异，难以统一化和标准化，这将直接影响到体育教学的授课效果与教学质量，同时这种传统的教学方式也严重局限了高校体育教师发挥，学生也难以根据教师讲解统一标准化的正确示范，从而使学生对技术动作概念的准确认知和教学效果大打折扣。如果运用当前先进的教学技术来合成与分解每个技术动作，那就不同了，利用 CAI 课件制作技术与网络技术的结合，可以使得体育教学中的技术动作标准化、统一化，规范教学的效果将大大改善，特别是对教学内容中一些较难掌握的复杂技术动作，单一的示范不能充分显示该动作的结构和运动过程，对关键点和细节的展现不充分，然而，运用多媒体网络技术，可以根据需要有效地从各个不同的视角，对该项动作的方向、位移、速度以及运动轨迹等进行合理准确的分析。网络技术使得我们教学过程中可以及时选取 新的大型赛事的相关影音资料作为研究范例，使高校的体育教学质量和效率及时得到提高。

由于网络技术所带来网络具备即时交互共享等优势特性，使得信息数据材料以更低成本及时传输得以实现，为在校大学生的自主学习提供了更优质的学习环境。同时，通过网络技术，可以及时获取互联网上丰富的体育教学信息资源，包括体育教学中的所需的各个学科及科研领域 新的科研成果和趋势动态等。网络技术应用到高校的体育教学管理中，体育教师可以随时制定体育教学计划、编写课程大纲和设置课程安排等，以及对学生成绩的成绩学习进度及时了解进行分析，从而实现体育教师综合管理，更好地指导体育教学。不仅可以帮助我们克服传统模式下体育教学过程中的许多弊端，同时可以节省时间，降低教学成本，提高体育教学的效率。

体育类学科的教学采用多媒体网络技术进行辅助，相比其他学科有着更大的优势和更广泛的应用空间。利用多媒体网络技术，结合具体与抽象的体育知识和信息，将体育教学素材技术动作进行统一整合制成课件，作为整体呈现出来，可以更真实地还原每项体育运动的过程。同时，将为学生提供更直观的和个性的教学环境，学生可根据自己对掌握动作的不同要求，观察动作的方向、速度、位移以及进行受力分析，这将对正确地认识技术动起到很大帮助。作为传统教学的知识载体之一的纸质教科书，知识内容的更新已经不能满足时代快速发展的要求，因此，今天网络技术的迅猛发展的对高校体育教学影响意义重大。随着网络时代的发展，于体育相关的学科专业的知识体系也在快速成长，加强对网络技术与高校体育教学的高效融合，成为未来高校体育教学的现代化发展的必然趋势。

（二）网络技术应用于高校体育教学中的影响因素及优势

网络技术应用于高校体育教学中与传统模式下的体育教学方式相比，有着更直观高效的教学效果。网络技术的高速发展为我们的高校教学带来了新元素，为当前高校体育教学方式的更新和改进提供了技术支持与保障，高校体育教师如何尽快运用网络技术进行科技兴教，转变当前高校体育教师的传统教学思维显得至关重要，同时，高校体育教师的教学理念直接影响到网络技术在高校体育教学中的运用频率和深入程度。

传统模式下的高校体育教学方式是以体育教师的单向讲解为主的讲述式的教学，网络技术的应用使高校体育教学突破了传统课堂教学环境中教学参与数量以及时间地点的约束。互联网组成了体育教学的教学信息资源库，使得通过网络获得体育教学信息与体育知识成为当前高校体育学习的一种重要、可行的途径和方式。传统模式下的教育教学方式已经难以适应网络时代发展的要求，高校体育教师不仅仅是体育学科的教授者，更需要成为体育运动技术练习方法的指导者。随着网络时代的来临，体育知识的信息化的更新速度不断加快，通过网络快速便捷地获得所需要的体育信息知识成为当今在校大学生的越来越多的选择，在校大学生的自主学习能力，信息化环境的有效信息选择能力以及学习能力和创新合作能力得到了很大程度的提高。高校体育教师可利用网络技术对每位学生的学习过程进行实时帮助，及时充分掌握每位学生个人的学习近况，从而可以针对不同学生的需求，达到因材施教保障教学效果，向每位学生提供 适合其自身的学习方法，并针对不同类型的学生，采用提供不同的个性化教学方式，提高学生自身的学习效率与成绩，同时，为未来提高高校体育教学的质量和教学管理工作的效率提供有力技术支持和保障。通过利用网络技术，高校体育教师可以拓宽体育教学资源，保障体育教学过程，同时又能更好地制定详细合理的教学计划，为体育教学所需定制最佳的教学方案，方便高校体育教师根据教学信息反馈对，对教学过程中方案的实施进行合理的调整。目前，网络技术的运用对高校体育教学目标以及教学任务的完成都起到了良好的促进作用，从而促进学生自主学习能力，保证高校体育教学更好的教学质量与效果。网络技术将对连接教与学之间双方合理组合式教学产生良好的桥梁作用，将抽象的体育理论知识变成形象直观的教学方式。

将网络技术应用于高校体育教学中，需要根据高校体育教学目标和教学内容进行设计，通过网络技术的运用，可以使教学效果更加准确和直观，促进学生自主学习的兴趣，激发学生的创新合作意识，从而更好地提高教学效果与质量。网络技术与体育教学有机融合是未来现代教学的发展趋势，融合得越好，教学的效率与质量也就越高，因而，网络技术成为提高体育教学技术发展的重要手段。由于体育学科自身的特点，在体育教学中运动技术的学习过程中，运用网络技术把体育教学中图文信息以及视频等教学素材有效地融合起来，然后呈现给学生，可以有效地保障学生正确的学习和掌握每项运动技能的特点，还可以有效地提高学生的学习自主性与创新思维能力，从而提高高校体育教学质量与效率。

（三）网络时代高校体育教学发展的趋势

近年来，随着网络时代的来临，网络技术的快速发展，网络技术逐渐被引入高校教学领域，推动了传统教学模式下的教育改革。在国家政策和资金的推动下，国内多数高校都已经建设了应用于高校教学的网络平台，目前多数高校已经完成了精品课程网络平台的建设，高校之间也建立了网络教学资源共享平台，通过网络教学资源平台的使用，高校体育教学资源得到高效的运用。

高校体育教学是当今高校教育的重要组成部分，随着高校网络教学平台的建立和完善，势必引起体育教学结合网络技术进行改革的趋势。在高校学生运用网络技术为自身学习带来方便的同时，高校体育教学如何合理运用网络技术也成为高校体育教师所研究的热点。政府和社会对网络技术发展的重视，为高校体育教学提供良好的发展环境，高校体育教学现代化的实现需要先进的网络技术的支持。网络环境下的电子多媒体体育教学课件以及在线数据传输系统都为高校体育教学运用网络技术教提供了保障。

高校体育教学的网络平台保障了网络技术在高校体育教学中的合理运用，为高校学生的体育课程学习提供稳定、高效的学习环境。在全国高校教学进行改革和网络科技高速发展的背景下，高校体育教学融合网络技术的形成是一种必然趋势。为了满足高校体育教学发展的需求，填补传统体育教学的时间、空间上的限制，本文在结合高校体育教学的特性和需求，对基于网络技术运用于高校体育教学进行详细的可行性分析，进行的是一次应用型研究。改进未来高校体育教学，合理运用网络技术于高校体育教学中，其意义体现在多个方面：传统模式下的体育教学和管理工作存在许多繁琐的工作程序，结合网络技术的运用可以有效为对传统繁琐的体育教学工作进行合理规划，进行程序上的改进和设计；通过与先进的网络技术相结合，进行系统性的设计和规划。本文通过运用 PHP 和 Asp. net 等服务器脚本技术，结合 SQL 数据库技术以及相关的流媒体系统技术，设计建立服务于高校体育教学的管理系统。这些技术也为未来高校体育教学开发教学软件提供了技术保障，高校体育教师可以更加高效地进行体育课程管理和体育教学，学生可以及时获得丰富的新体育教学资源，为不同学习需求的学生提供了良好的学习环境。此外，有效地改进了传统模式下体育教学的不足，使体育教学可以适应未来信息化社会的发展需求，有效地突破时空的局限性，充分提高了体育教学的效率和学生们的学习自主性，同时有效保障体育教学的质量，因此，网络技术在高校体育教学中的运用，必然在体育教学信息化改革进程中发挥着举足轻重的作用。

从高校体育教学的视角来看，网络技术的运用使体育教学的素材得到了丰富，体育教学的资源可以及时做到同步更新，保障了体育教学过程中个性化的教学，促进了学生学习的自主性和创新合作能力，还为智能化的体育教学管理提供了技术支持。体育教学素材多的多样化有利于提高学生的学习自主性，有助于学生更准确地学习和掌握体育教学在运动技术的特点；体育教学的个性化教学有助于促进学生学习自主性的发展，提高学生的创新精神；网络技术有助于体育教学的任务分工，从而促进学生之间的合作能力提升，为未来体育教学的现代化发展提供保障。

体育教学的智能化管理是指通过网络技术辅助体育教学管理工作，从而提高体育教学质量和效率，全面优化高校的体育教学工作合理分配教学资源管理的过程。体育教学中运用网络技术的发展，对于我国高校体育教育的改革起到了积极的作用。网络技术在其它学科教学过程中成功应用的经验，为在体育教学中应用网络技术提供了宝贵的经验，但由于体育教学自身的特殊性，使得学生的身体参与性强，在体育教学中应用网络技术的过程，当然不能直接复制其它学科的教学经验，尤其对于一些体育运动技术类的课程，网络技术的特性是传播速度快，可以及时获取更新的信息知识的，这保障了学生通过互联网及时获得所需的体育信息，而网络技术使得网络媒体具备了相互自由的交流方式，突出强调互动式的交流，为师生之间的交流过程提供了更方便有利的环境。

由于目前高校体育教学过程中会遇到在校大学生的体质差异等问题，包含由于不同的个体之间不同身体素质的差异，不同体育运动技能的基础不同和对不同体育项目的兴趣方面的差异等。高校大学生个体差异化的问题，为高校体育教师在体育教学中如何差异化地保障教学效果带来了不小挑战，如何更加合理的制定教学方案？如何运用更加合适的教学方式？如何保障体育教学的内容等方面，更多照顾到每位学生的具体需求，特别是在体育教学过程中，体育教学中运动项目的多样和专业性强等特点？这都给传统教学下有限的教学时间带来很大的压力，在有限的教学时间内，保障学生高效、准确及系统地对体育课程中的各项理论知识进行学习，仅凭课堂上的体育教学时间是不够的，而且传统教学环境下，也缺乏课堂之外专门为师生间提供交流、拓展学习的环境。

网络技术在体育教学中的应用使得体育课程具有了更强的直观性和系统性，丰富了体育教学内容的知识信息量，更加充分合理地分配教学资源、时间和师资，并且对体育课程中丰富的教学内容进行多元化的设计，为体育教学中学生正确地掌握体育课程所教授的知识重点以及对学习的运动技能的迅速掌握理解都创造了良好的环境，同时为学生积极和主动的学习状态提供了有效环境保障。

将网络技术应用于高校体育课程的教学中，发挥网络技术在高校体育教学中对教学现代化改进功能，不仅有效地拓展和加深体育教学过程中学生对学习内容的理解和掌握，而且网络的开放性、交互性及共享性等特点，还共同营造了良好的信息化的体育教学环境，为学习者提供了多元自主的学习以及实现终身体育学习提供了优良的平台。

把传统体育课堂教学与互联网结合的自学形式结合起来，使得传统体育课堂教学得以有效地拓展，从而有效地减轻了目前在传统体育课堂授课教学方式的教学任务和师资压力。通过运用网络技术在体育教学中，为高校体育教学创造了现代化的集成教学环境，能够将体育理论知识的教学和运动技术的实践教学有机地结合起来，也促进了未来的高校体育教学发展、改革和体育教学的教学理念的更新转变，为实现高校体育教学的信息化和现代化提供技术保障。

高校体育教学信息化的发展是高校体育教学未来发展的必然趋势。网络信息技术在高校体育教学中的渗透与运用，对高校体育教学模式改革和高校体育教师素质的提高都将产生极大的推动作用，同时也为构建现代化和信息化的社会以及实现终身体育教育体系的基础提供保障。由于国内高校体育教学应用网络技术还处于初级阶段，目前需要不断深化，将面临许多艰巨的任务，但这是未来高校体育教学发展的必然趋势。随着高校体育教学改革的不断深化，高校体育教学现代化管理体系的不断完善，都会促使国内的高校体育教学与管理水平的迅速发展。

二、网络技术在高校体育教学中的应用发展现状与特点

（一）网络技术在高校体育教学中的应用的现状

网络技术应用于高校体育教学中的过程，伴随着高校计算机网络硬件的普及与更新，以及多媒体网络体育教学资源的丰富，特别是随着网络技术的发展，目前我国越来越多的高校开始运行或已经准备运行自己的校园网体育网络教学平台。

高校校园网的体育网是基于校园网站的基础上建立的，是开展体育网络教学平台建设的网络技术平台，高校校园网中体育网平台的建设情况直接决定了该校是否具备建设体育教学网络平台的基础。早在 1999 年，教育部就提出了相应的要求，国内的高校纷纷建立了自己的高校校园教学网络，随之在校园网中建立有关体育教学的网络，为高校的体育教学网络化的发展提供了基础保障。

目前，我国高校的校园网中的体育网的建立已经得到了全面的普及，其

中，我国高校校园网的体育网的网页数量较多，但已开通的体育教学主页的内容相对过于单一，体育教学的信息的更新速度普遍较慢，体育教学栏目的建设也不够完善。此外，部分高校体育网的主页仅仅局限于运用简单的文字与图片进行概况的简述，没能对应自身高校所开设的体育教学的有关专业，进行多层分类的网络进行建设，能够利用高校体育网络平台进行开发教学功能的高校还是相对较少。未来高校的体育网中建设网络教学平台的数量和质量都有很多改进空间，因此，高校对体育网络教学平台功能的开发，是当今我国高校深化体育教学运用网络技术的核心关键。

目前，我国高校的体育教学中运用网络技术的应用形式，大多数是校园网的体育网模块共享体育教学的素材等进行的辅助式的教学。国家体育教学的教育部门以及高校体育教学的学者对于网络技术应用于高校体育教学的研究时间较短，因此需要从技术角度分析网络技术应用于高校体育教学中的可行性。国内大多数的体育教学工作者对高校体育教学中应用网络技术的研究，包括相关 CAI 多媒体教学设计，利用校园网中体育网开设的部分体育理论基础的网络课程以及体育专项类的网络课程。如今，我国体育教学技术的研究在体育网络教学软件的开发上取得了一定的成果，大量软件开发商对高校体育的网络教学软件的开发上，有力地支持了高校体育教学的网络技术环境，使得高校传统模式下的体育教学得到了改进，优化了高校体育教学的教学环境与学习过程。目前，我国高校体育教学网络平台的建设发展已经初具规模，特别是重点院校以及在一些高等体育类高校，使得网络技术应用于高校体育教学中得到了快速的发展。

（二）网络技术在高校体育教学中的应用发展的特点

网络技术应用于高校教学，是以网络技术为核心，通过运用网络平台，实现高校师生之间的教学辅助功能的过程。与传统模式下的高校体育教学相比，高校体育教学的信息化、智能化，是计算机网络技术和信息技术高速发展的必然结果。学校开展体育网络化教学，需要建立一个完善的体育教学相关的管理系统，包含体育教学管理系统和体育教学资源管理系统以及体育课堂教学的网络管理系统等，从而实现基于互联网的信息化、智能化的体育教学环境。

提高网络技术应用，能够有效地整合各方面的体育教学资源，实现高校体育教学信息资源的及时整合与分享。通过网络技术，可以及时对高校体育教学资源进行更新，及时适应体育教学知识更新的需求，为高校的体育教师和学生提供丰富的体育教学资源，提高学生自主学习的积极性。在高校体育教学中，使学生突破传统体育教学模式下被动灌输式的教育方式，学生可以根据自身需求设定适合自己的学习目标，极大地提高了体育教学过程中学生自身的积极性。

在这种新的体育教学环境中，体育教师也不再是传统体育教学中的知识教授者，还是学生自主学习过程中的学习的引导者，这丰富了师生之间的交流渠道，方便了教师对学生的指导，极大地丰富了传统模式下的体育教学形式，拓展了学生在体育课堂之外学习环境，实现了不受时空限制的体育教学环境。

对传统模式下的高校体育教学模式进行改进，有利于高校体育教学质量和效益的提高，使传统模式下的体育教学得到了开放化的发展。网络技术在体育教学中的应用使得体育教学形式多元化，高校体育教学过程中环境更加自由，能为学生提供了更加方便的接受体育教育的教学形式。

网络技术应用于高校体育教学，使得高校体育教学更加适应时代发展的需求，这也是现代信息化社会发展在高校教学发展的需求。网络技术应用于高校体育教学，提高了高校体育教学中的学习效率，这也是网络时代背景下学生接受的学习知识的方式之一。体育知识的更新频率，高时效性快等特点，使得传统模式下的体育教学方式很难适应网络时代发展的需求，通过运用网络技术到高校的体育教学中，可以让学生及时地接收到新的体育科学知识信息。

随着网络时代的到来，网络技术得以迅速的发展，各大高校越来越多地采用网络技术进行网上选课，以及进行网络化的教学管理。高校体育教学的管理工作的智能化发展离不开网络技术的支持，运用网络技术开发的教学网络管理系统，为高校体育教学繁重的管理工作带来了巨大帮助。通过体育教学网络管理系统的运用，建设可以及时掌握学生体育课程的选课情况信息，方便高校教师的结合所教授的体育专业的课程，及时进行教学计划的调整，更加有效的应对高校体育教学的需要，全面详细的掌握本校体育类学科教学过程中教学资源的分配，对本高校的体育教学相关数据信息更加准确。体育教学网络系统可以根据管理员、教师和学生操作人员的身份以及功能需求的不同来进行不同功能使用的权限的分配，保障体育教学网络管理系统的正常运行。管理员对整个系统数据库的安全拥有相关的操作权限，学生拥有查询自己考试成绩以及管理选课等权限，体育教师则可以通过使用网络教学管理系统，及时地了解到有关的体育教学所需的信息，及时对所教授的学生学习进度与成果进行了解，从而方便教学计划的顺利实施。

当前高校体育教师传统的体育教学理念需要转变，当前高校体育教师对体育教学的未来信息化发展的认识需要提高，特别是未来网络时代知识信息化的开放性和跨时空性，对高校体育教学的发展而言，这是一个全新的挑战。高校体育教师只有不断学习新的知识，充实自己的知识储备，才能站在网络时代发展的前沿，把握网络时代发展中高校体育教学的发展方向，迎接网络时代现代化体育教学改革的挑战。高校体育教师教育学理念的转变，对体育教学中学生锻炼兴趣的培养，高校体育教育的发展起着至关重要的作用。高校体育教师通过正确、合理及高效地利用网络技术和互联网的资源，不仅可以提高自身获取体育知识与更新体育教学的能力，而且可以通过网络技术的强大功能，探索出未来新的体育教学模式，培养出适应当前网络时代下信息化社会所需求的新型人才。网络技术在体育教学的应用，补充了传统模式下体育教学的不足，优化了传统模式下体育教学的效率，结合互联网的特性与优点，使高校传统体育教学更趋同于当前现代化教学的趋势。只有提高目前高校体育教学质量与教学效率，才能适应未来知识信息化的迅速更新与发展趋势。新的网络时代背景下的体育教学环境更致力于发展学生个性，培养学生终身体育学习能力，促进学生综合素质的发展，从而最大限度地发挥网络技术对体育教学资源的作用，构建良好的体育教学环境，为实现终身体育做贡献，对实现全面育人终身体育的目标有着重要意义。

（三）网络技术应用在体育教学的相关师资队伍建设现状

当前高校体育教师教学中应用网络技术有了许多具体实例，高校体育教师多数倾向于在体育理论课上应用网络技术手段，而在大多数的体育实践课上，体育教师由于受到一些客观条件的影响，在教学过程中应用网络技术的情况相对并不多，甚至有的体育教师在体育教学过程中，从未使用过网络技术，这些因素限制了高校体育教学信息化的发展。

高校体育教师在体育教学中运用网络技术进行教学，需要高校体育教师能对网络技术以及计算机多媒体网络运用都能够全面掌握。目前，国内高校的体育教学中都已经配备网络平台的多媒体教室，高校的计算机的数量以及校园互联网的全面覆盖已经得到了很好的保障，所以高校体育教师在体育网络多媒体教学平台以及计算机网络技术的运用上有着良好的环境支持。

通过网络技术应用于体育教学的相关师资队伍的建设现状可以看出，影响高校体育教师在体育教学中应用网络技术的主要原因与体育网络教学资源平台，高校网络化的教学硬件设备的建设情况以及高校体育教师自己运用网络技术相关软件的能力有直接关系。此外，相关高校体育教学的网络应用软件较少和高校有关的政策扶持力度不足，也在不同程度上影响高校体育教师在体育教学中运用网络技术。

高校体育教学的网络技术环境主要是指在体育教学的教学实践活动中所涉及的标准化和系统化的网络技术硬件教学设施与环境。其中，实现体育教学过程中教学信息的呈现与教学资源实时共享，有利于教学过程中学生积极主动的参与和协作讨论。高校的网络技术平台硬件建设的资金投入和管理中，网络技术相关的教学基础硬件设施与师资力量还严重缺乏。在高校体育教学中开展网络技术应用辅助体育教学的首要条件，就是要在标准化的网络硬件设备环境下进行相关体育教学活动，搭建一个能够实施应用网络技术于体育教学的硬件环境的平台，也就是建立一个与互联网相连接的多媒体教学的基础平台。这些硬件环境的开发建设，对高校多媒体计算机设备和网络设备提出了较高的要求，正因为如此，才使得实施建设过程中经常会遇到设备以及资金缺乏的问题，这将是将网络技术应用于高校体育教学基本硬件条件和建设过程中首先要解决的问题。

国内高校校园网络基础建设还存在着较多问题，诸如互联网信息带宽拥挤，少数高校计算机设备普及还不全面，网络数据传输的兼容性，宽带多媒体的服务商的选择等数据传输信息的安全性和稳定性等等，这些问题都有待解决。

高校校园网中体育网的建立已初具规模，但由于国内大部分高校校园网中体育网的建设开通时间相对短，在高校体育网络教学平台的建设中还面临许多技术问题，高校的校园网中体育网的建设的体育教学内容的页面数量较少，体育教学中所需教学素材以及相关体育教学的课件不够丰富。高校体育教学师资力量的强弱，同样是直接影响体育网络教学平台建设的重要基本要素。

网络技术在高校体育教学中的应用，促成新型高校体育教学模式的产生，也对高校体育教师的网络技术相关的知识、技能都提出了较高的要求。网络技术应用到高校体育教学的开展中，还是需要通过高校体育教师在高校的体育教学过程中实施与贯彻的。信息时代网络技术的飞速发展和不断更新，使得网络技术应用于高校体育教学时，需要一批能参与相关体育教学网络素材以及网络课件开发的体育教师发挥带头作用。在这种新环境形式下的高校体育教学，对高校体育教师以及学生启发和指导的教学理念显得意义重大，高校体育教师对网络技术的理解和掌握程度，直接影响决定了高校体育教学的效果。

高校体育教师对网络技术辅助体育教学功能认识还不全面，存在许多教学理念相对落后的问题，高校体育教师的师资队伍中运用现代信息网络技术的能力普遍较差，这些条件都极大制约了网络技术在高校体育教学中的应用发展。网络技术的应用有效地解决了国内高校体育教师的师资力量不能满足当前高校体育教学的发展需要的问题。网络技术在高校体育教学中的应用，为我国高等体育教育的现代化发展提供了有力的技术保障，推动了我国高校体育教育现代化的发展进程，促进了国内高等体育教育的信息化发展，这将有效地提高国内高校体育教学的质量，为我国全面实现终身体育事业的发展奠定基础。目前，我国高校在实行建设过程中还存在一些问题，例如：单一的注重网络硬件方面投资的同时对体育教学中网络技术实践的应用不够重视；

相关体育教学软件以及体育教学的网络资源建设还不完善；高校体育教学过程中运用网络技术的同时，忽略了其与传统模式体育教学的结合运用等等。建议高校合理地进行体育教学网络硬件和软件的建设，加强体育教学网络资源库的建设，加强高校体育教师有关网络技术的教学培训，有效地利用高校已经建设完备的网络技术资源设备。此外，要不断深化快速发展，跟新的现代网络技术的学习，加强网络技术应用与高校体育教学的运行机制和相关规章制度的建设，加强运用网络技术辅助体育教学相关技能的培训等。

目前，高校体育教师需要在网络技术方面进行规范化和系统化的教学培训，高校学生也应得到网络技术运用的相关课程的学习。增加建设多媒体教学的网络教室，配置现代化教学网络设备的高校体育场馆，高校体育教学网络平台建设的情况直接影响高校体育教学资源的使用率。目前，高校体育教师自行开发的体育教学课程相关的体育教学课件较少，通过网络技术进行体育教学管理的水平有待提高，体育教学网络平台应用下的应用体系还需要完善。高校相关体育教学教育的发展理念直接影响到高校的体育教学的发展，因此，提高高校体育教学工作人员对网络技术的认知重视程度，将有效地改善网络技术在高校体育教学中应用的程度，要通过加强学习培训和加大宣传力度，使高校的相关体育教学工作人员充分认识到网络技术在高校体育教学发展中的重要性，这是实现高校体育教学信息化发展的关键。通过在高校体育教学中合理利用网络技术的普及，才能使高校体育教学现代化水平得到不断的提升，与此同时，也要使高校相关体育教学的工作人员认识到网络技术应用到体育教学中是一项长期而艰巨的教学任务，不但要重视发展高校教学网络硬件环境的建设，而且加大相关高校体育教学网络软件的开发，使高校与教学的硬件基础与软件基础能够协调发展。要让高校的相关体育教学的工作人员认识到高校体育教学现代化发展的重要性，认识到网络技术在高校体育教学中应用的必要性，只有这样，才能保障高校体育教学更好的未来发展。

三、网络时代在高校体育教学中的应用的发展对策

（一）体育信息化背景的政策下高校体育教学改革的需要

高校的体育教育是高等教育的重要组成部分，而高校现代化体育教学又

是高等教育现代化发展重要组成中的重要环节，同时，高校的体育教学在大学生接受高等教育的过程中，肩负着全面提高高校学生的身体素质等重要使命，在现代化的素质教育中发挥着重要的作用。

网络技术在高校体育教学中的应用为改变传统模式下高校体育教学提供了技术上的支持和保障，同时也为高校体育教育工作者在未来信息化教学的发展带来了更好的机遇。网络技术应用在体育教学中，并与其他学科进行多学科教学辅助整合后的教学方式，得到了迅速发展，同时受到了学术界许多学者以及高校体育教师和学生认同，网络技术在运用于高校体育教学的过程中展现了其特有优势。与此同时，高校体育教学工作者在体育教学过程中，通过网络技术融入传统体育教学过程，设计新的教学模式，使网络技术更好地服务于高校的体育教学的教学需求，为高校体育教学现代化的发展起到良好的辅助作用。在高校体育教学管理的工作中运用网络技术，可以有效地促进高校体育教学的管理效率的提升，为高校体育教师与学生提供更好的教学科研环境以及更加便捷的交流途径，未来将从根本上改变原有的高校体育教学模式，从而更加有效地整合高校体育教学的资源，极大地推动了高校体育教学的现代化发展。

建立和完善高校体育教学网络技术应用平台的环境，需要加大高校计算机网络硬件设施的投入，加强高校校园网中体育网的建设。良好的高校体育教学网络技术平台环境是建设现代化高校体育教学的基础，其中包含了标准化的网络技术设施和系统化的教学软件。在网络时代背景下，网络技术的快速发展，高校基本普及的网络多媒体教室和大量的体育教学网络应用软件，高校的体育教学网络技术平台的应用环境得到较好的硬件保障，具备良好的教学环境，可以及时促进高校体育教师在体育教学中更好地应用网络技术，完善高校的体育教学。但是通过访问调查发现，国内大多数高校目前仍面临网络设备以及多媒体网络教学硬件数量不足，高校校园网中体育网建设的功能不够齐全和相关体育教学软件开发较少等方面的问题，上述高校所面临的问题如果得不到及时的解决，将严重阻碍高校体育教学现代化教学的发展。因此，为了未来高校体育教学水平的提升，必须要采取必要的执行措施，设计可行的方案，从根本上来解决高校体育教学网络技术平台环境建设所遇到的问题。

高校要想实现现代化教学的发展，网络技术在体育教学中的快速应用以及多媒体网络教室相关的网络硬件设施的投入是前提，多媒体网络教学硬件设施在高校体育教学中的使用率，反映了高校体育教学现代化的程度。高校需要加快在多媒体网络教室以及体育教学场馆的网络教学设备上的建设，在网络技术应用于高校体育教学的过程中，不仅需要网络硬件设备规模的保障，还需要及时对高校体育教学相关的教学软件进行运用，使高校体育教学资源更加合理分配运用，为高校体育教学建设出科学且稳定的体育教学环境，从而为高校体育教学的现代化发展提供更好的保障。

目前，国内高校对校园网中体育网的建设开展越来越多，但在实际的运行过程中，功能性过于单一，部分高校的校园网中的体育网的作用仅局限于本校体育学科的发展历程介绍和发布本校的体育学科的通知，真正运用在高校体育教学中的教学功能开发较少，体育教学资源和课件的共享也相对较少，没有对高校校园网中体育网在体育教学服务功能的实际运用进行有效的推广和建设。

随着当前网络时代背景下网络技术的发展与广泛应用，网络技术给高校体育教学带来影响越来越深入，应用网络技术的体育教学网络平台受到了广泛关注。在高校体育教学中应用网络技术的实施，对软件和硬件的教学环境有相当的要求，不具备良好的体育教学软件和网络硬件教学环境的支持，在体育教学的过程中，发挥不出应有的教学效果，而且，目前我国高校体育教学的教学网络资源以及体育教学所需的教学软件严重不足，这都严重影响了高校体育教学现代化发展的进度。为此，高校应大力加大对高校体育教学软件开发的力度，使之可以更好地为高校体育教学提供优质的服务。高校体育教学中运用多媒体网络教学离不开体育教学网络资源的支持，丰富的体育教学课件和教学素材是未来高校体育教学保障，而高校应及时对体育教学所需的网络教学资源库进行更新，增加体育教学所需的相关课件，对体育教学所需数据信息资料进行教学共享。高校体育教学网络资源库的建立为高校体育课程提供了所需的体育教学课件，为体育教学课件提供了丰富的体育教学素材，同时通过体育教学网络资源库的建立，拓展了学生的学习途径。

高校体育多媒体教学网络资源库的建立，建立完善的体育教学资源库的管理机制，离不开高校体育教师对体育教学资源的制作和搜集，这需要多方面的支持，及时建立有效的激励机制，提高积极性，使广大师生积极地加入体育多媒体教学网络资源库的建设中来。高校之间应加强互相的合作，实现体育教学资源库的共享，及时对优秀的体育教学资源进行收录，并保障长期稳定的教学合作共享关系，从而加强高校体育教学网络资源库的建设。

2004 年年底教育部颁布了《教师教育技术能力标准》，并对高校的体育教学的教师在高校体育教学中应用现代化的教育技术提出了要求，对高校体育教师在体育教学技术的运用方面做出了标准化的说明。从多家高校的体育教师访谈中，我们了解到，目前很多高校体育教师在利用网络技术辅助体育教学的现象较为普及，但仅仅局限于简单地通过互联网拓展教学的内容方面，对于使用和建设功能完善的体育教学资源网络平台的积极性不高，主要原因在于，大部分高校体育教师的对网络技术掌握的专业程度不高，对于网络技术应用于高校体育教学的方法单一，对体育教学方案的设计缺乏先进的教学理念，因而在高校体育教学中难以全面地发挥出网络技术应用的优势。部分高校的校园多媒体体育教学素材网络资源库，绝大部分内容是由该校的网络管理部门，教育技术部门或相关院系进行开通建设与维护运营的。大多数高校中从事体育教学的体育教师自身并不具备自行开发和制作体育教学网络课件的能力。在多数高校体育教学的过程中，学生只是在体育教师教授完课堂内容的要求下进行自我网上的拓展学习，而体育教师在体育教学中基本没有进行网络技术的运用来辅助教学提高教学的效果。

网络技术在高校体育教学中的应用发展，有利于高校体育教学模式多样性的发展。基于网络技术下的网络多媒体体育教学平台在高校体育教学中的应用，为高校体育教师提供了更方便体育教学环境，为师生间的沟通交流的更方便的途径，丰富的网络多媒体体育教学课件资源，有效地克服了高校体育教师自身的局限，弥补高校体育教师在体育实践课的讲解示范的不足，提高高校体育教学效果。传统模式下的体育教学缺少对学生体育技能的培养，网络技术的应用可以根据不同学生对不同体育项目的不同需求，有针对性地进行教学，同时有效地帮助学生提高终身体育的意识。

高校体育教学是终身体育意识培养的关键组成部分，学生终身体育意识的培养是今后高校体育教学的主要任务之一，同时也是未来体育发展的趋势，高校对学生终身体育意识的形成阶段培养，奠定学生终身体育的基础，是培养积极的运动兴趣和好的运动习惯的基础保障，而实现终身体育，需要以提高学生学习自主性和终身坚持体育锻炼作为前提条件。

网络多媒体技术应用于体育教学，有助于高校体育教师及时掌握前沿体育教学信息知识，从而适应当前网络时代背景下的社会信息化的快速发展。传统模式下的体育知识获取方式已不能适应新时代高校的体育教学需求，体育教师只有对不断地学习前沿的体育知识，才能更好地适应新时代下现代化的体育教学。

网络技术应用于高校体育教学是高校体育教学质量提高的重要方式，高校体育教师的体育教学水平的高低直接关系到高校体育教学质量的好坏，网络技术在高校体育教学中的应用，使得高校体育教师的教学理念和知识结构不断相互促进和提高。网络技术可帮助高校体育教师实现体育知识的及时更新与完善，使高校体育教师可以了解 新的体育学科动态，掌握国内外 新体育教学的相关信息，提高了高校体育教师的创新意识以及教学能力和教学理念。

（二）改进传统体育教育模式与提高教学管理的质量和效率

在高校体育传统的教学方式中，较多是以体育教师课堂讲述的形式，其中多依赖与体育教师的板书以及静态投影图等单项式教学。这种传统的教学模式形式和方法比较单一，教学过程中运用的教学技术相对落后，使得高校体育课程的教学效果受到了局限，没有得到应有的发挥。

网络多媒体技术是集各种网络信息载体平台技术，通过网络技术把图文以及视频动画等影像进行体育教学信息的整合，是网络技术应用于高校体育教学的重要表现方式之一。网络多媒体技术在体育教学课件应用，辅助高校体育教学，已经得到了高校体育教师的广泛认可。在高校体育教学中应用网络多媒体技术，可以针对高校体育教学的特点，发挥其特有的优势，根据不同体育教学中实际教学网络软硬件设施的具体情况，应用相对体育教学课件制作软件，进行网络多媒体课件的制作。这些方法的运用有利于节约教学成本，提高高校体育教师工作效率，提高高校体育教学的质量。其中，高校体育教学中体育理论课程教授的各项运动技术的理论、方法以及动作理论分析，还包括运动技能的教学步骤、方法和影响成绩因素的分析，都需要有与之相应的图像解析和相应的视频教学，这样不仅能极大地提高学生课堂学习的积极性，更能提高课堂上的体育教学的效果。

在整个体育教学过程的设计中，包括了所要教授的体育运动技能的理论教学与方法，对其他相关的理论教学分析影响因素的分析，都做到了相应的整合融入，通过以上这些方式，把网络多媒体技术融入体育教学中的设计中，为高校体育教学的效果带来了巨大提升。

网络技术的运用可以使体育老师在教学过程中，运用情境式的教学，及时选取新的优秀赛事中运动员的数据材料和视频做教学示范，这将能够好地调动学生学习过程中的积极性，使得体育教学的效果成倍增加。利用网络多媒体技术对体育教学进行科学管理，是高校体育教学现代化的发展的重要表现。体育教学智能化的管理涉及高校体育教学的方方面面，体育教学网络信息化管理可以加快体育教学工作的进度，提高高校体育教学工作效率。此外，还可以对高校的体育教学管理包括高校体育教学，体育教学资料文档进行智能化管理。当前高校体育工作中存在着一些单调繁琐重复的细碎工作，如高校举行校园运动会，从校园运动会的报名准备和赛程编排，到各项赛事的成绩记录以及对应的统计分析，都可以进行智能化管理。随着现代网络信息技术的快速发展，基于高校体育教学实际的需要，对高校体育教学管理所需要的软件加强开发与运用，从而推动高校体育教学智能化管理的发展。

现代化的高校体育教学不应仅仅局限于传统模式的体育教学方式，尤其在这个网络技术高速发展的时代，网络技术应用于高校体育教学已经成为未来体育高等教育发展的必然趋势。网络技术在体育教学中的运用，有效地突破了时间与空间的限制，弥补了传统体育教学中所使用的纸质教材的不足，极大地拓宽了学生的体育学习的知识面，拓展了新的体育学习方式，丰富了高校体育教学内容，强化了高校体育教学效果，增强了学生在体育教学中的自主学习的积极性，提高了高校体育教学的教学效率。在过去传统模式下，高校体育教学的课堂中，尽管优秀体育教师可以在体育课堂中营造良好的学习氛围，从而激发学生们在体育课上积极参与互动学习的热情，使体育教学过程中师生之间进行高效的互动交流，但随着网络技术融入体育课程教学，网络多媒体技术教学将体育教学所需的场景进行模拟场景再现，使得学生可以通过场景再现的直观方式来理解学习体育知识内容，这样对学生视、听觉感官上的强烈刺激，更真实地还原真实的场景的体育教学，同时突破了传统体育教学模式下受到时间和空间的局限，不但大大节省体育教学过程中的人力和物力的成本，还提高了高效体育教学效率和教学质量。

高校体育教学有其独有的特性，由于体育教学中体育运动项目的种类多，不同的运动项目的运动技术也不同，在不同运动项目的运动技术的教学中都需要体育教师进行相应动作的示范，高校体育教师由于年龄增长等原因，对于体育教学中一些体育运动技能的动作示范能力都有所减退，不能保障每个动作都能做标准的示范。网络技术在体育教学中的运用，有利于克服体育教师自身因素的局限，引用与相关体育课程所需的体育运动项目的标准示范，进行整合，运用到教学中，这样不但不会因为体育教师自身年龄增长以及身体技能的退化等原因受到影响，反而可以更好地利用体育教师本人对该运动项目多年的体育教学实践经验，以达到更高标准的体育教学水平。网络多媒体技术不但能够将不同运动项目的技术动作全方位地展现在体育教学的课堂上，同时还可以对相应的体育运动项目中的细节动作进行细致的分解教学，通过视频动画的视角转移，每个时间点的定格等，对学生在运动项目每个时间段进行多个视角的视觉呈现，保障学生对所学的体育运动项目每个细节的学习都有科学直观的认识，激发学生的体育学习的兴趣，提高高校体育教学的效率、效果。网络信息技术作为体育教学技术的一种，广泛地应用到高校体育教学课程中，以促进高校学生对体育知识的学习。在当前高校体育教学过程中，不能只对单一体育学科的相关的体育知识和运动技能进行教学，在如今知识信息迅速更新的时代背景下，网络技术快速发展的时代，为了更好地提高高校的体育教学，应该考虑将体育教学课程与其他学科的课程进行整合。

由于计算机网络技术与网络多媒体技术的迅速发展，新的网络信息技术不断运用到高校体育教学的课堂中，与体育教学的课程相结合，出现了许多新的现代化的体育教学模式和学习方式。多学科间的课程整合即是把课程相关的交集部分进行教学内容的辅助融合，在体育教学过程中将教学技术融为一体的体育教学理念。这些理念对高校体育教学有很大的帮助，在体育理论课程的教学中，通过集合网络多媒体技术进行课程的设计，能使体育理论的教学过程变得形象生动，同时能够提高学生在体育课堂的学习积极性和提高学生的课堂学习效率。

网络技术的运用可以使体育教学中各项体育运动技术的分析更加细致准确，在高校体育教学中运动训练过程中，这对学生的体能监测十分重要。网络技术的运用促进了高校学生体能监测的科学化，通过网络技术，及时反馈出每个学生在运动训练中负荷等相关数据，加以合理系统的分析，从而达到体育教学过程中科学化的训练效果。体能监测是长期的监测过程，借助于先进的网络信息技术，可以使体能监测标准化，对于体育教学过程中运动训练及时进行科学数据分析，并对相关的数据做准确的保存，有助于历史数据的统计与分析研究；使高校体育教学中运动训练计划更加合理化，从而对体育教学中运动训练的全过程进行跟踪，包括对训练的目标，制定的训练计划以及实施训练的目标实现等；使高校体育教学在保障学生在掌握一定的运动技能的基础上，发挥学生自主练习的积极性，使训练的过程更加科学有效。

网络技术应用于高校体育教学，在改变传统体育教学模式的过程中，无论是从教学理论还是教学实践方面，都发挥了巨大的作用。高校体育教学通过运用网络技术，对体育教学的进行充分的优化和改革，高校体育教学中应用网络技术，有利于优化体育教学课堂的结构，提高学生在体育教学中的主动学习的积极性，有效地提高高校体育教学质量，弥补传统体育教学模式的不足，使体育教学中运动技术训练更加科学和高效，有利于学生学习自主性的提高和学生终身体育意识规范化的确立。网络多媒体技术在更新高校体育教师的体育教学理念，提高高校体育教学的质量，学生在体育教学中提高学习效率都起到积极的作用。网络技术在体育教学管理工作中系统化的功能应用，以及完善高校校园网中体育网的教学服务功能，给高校的体育教学工作带来了全新的教学思维。高校通过体育教学网络管理软件系统，为高校体育教学提供了智能化的课程管理服务，使得高校体育教学复杂的管理工作简单化，把原本复杂的人工选课改进为智能的网络选课，将体育教学信息工作量大而且错误率高的传统人工手动收录改进为网络一体化，有效地提高了工作效率和准确率。

在高校校园网中体育网的教学管理部分，通过运用体育教学网络管理系统，可以统一获取高校体育教学中学生的选课以及成绩等个人信息，以及相对体育教学的任课教师的个人信息。对体育教学中的各项教学信息进行统计整合运用，可对高校每学期每个班级的体育教学详情，体育教学中的教学信息进行实时掌握。高校的学生随时可以通过校园体育网的体育教学网络管理系统，根据系统的使用说明，结合自身的体育课程学习的需要和目标，设定个人的学习计划，如选择自己认定体育课程以及任课的体育教师。体育教学网络管理系统操作中包括对体育教师和学生不同身份的认定识别，体育教师和学生各自拥有不同的使用权限，还包含体育教师拥有对其本人任教的高校体育课程的教学时间如何编排和教室如何分配，以及该教师任教学科的学生考试成绩数据库的管理权限等。如 5－1 用户登录界面所示：

图 5－1　用户登录界面

体育教学网络管理系统，在充分考虑到网络信息的安全性的同时，保障学生随时可以通过不同的计算机以及网络浏览器，正常连接到校园体育网中体育教学网络管理系统。学生在体育教学网络管理系统中实现了自身个性化的学习设计，包括选课成绩管理等，各科的体育教师可以及时快捷地了解选课情况，进行课程合理的安排，这样方便了高校体育教学的安排和学生的管理。其中，方便了任课的体育教师在对所教授的课程进度和考试后及时地收录学生的成绩，也方便学生及时通过互联网查询自己的考试成绩等。

体育教学网络管理系统不仅在高校体育教学工作中及时发挥其优势，还对高校的体育教学的工作效率的提高起到了很大作用，方便了对高校体育教学活动通知安排的发布，体育教学课程进度的查询，还为体育教师对学生课外学习提供了交流通道等。如图 5 – 2 体育教学网络管理平台所示：

图 5 – 2　体育教学网络管理平台

高校的体育教师和学生还可以通过使用体育教学网络管理系统，及时地获取体育教学过程中所需的体育教学信息，为高校体育教学打下了坚实的基础，为学生方便快捷的对学习计划进行设定，学习进度的安排以及个人的成绩信息的及时反馈，方便客观准确地对学生学习过程进行辅助指导，对学生学习的成果进行评价分析。随着网络技术应用于高校体育教学的不断深化和发展，网络技术在高校体育教学以及教学管理工作中的积极作用越来越加显著。

由于高校体育教学环境的特点，使得网络技术应用于高校体育教学的教学过程中有一定的效果优势，依托于网络技术建立起来的高校体育教学资源网络平台，在高校体育教学内容方面，丰富了高校体育教学的教学资源，同时拓宽了高校体育教学的内容，使得高校在现有的体育教学师资力量下，通过网络技术对高校体育教学进行辅助，达到了远高于传统模式下体育教学的效率。优化高校体育教学的教学过程，可以利用校园体育网中已经建设的体育教学资源网络平台，拓展学生的学习渠道和知识来源，保障学生学习知识的时间以及可重复性和跳跃性的学习需要，这对大部分体育教学中的教学目标的实现有巨大的帮助。研究表明，网络技术辅助于高校教学的环境下体育教学中，对学生体育知识的学习效果以及终身体育意识的培养都有着明显的积极作用。网络技术在高校体育教学中的应用，极大地拓宽了体育教学模式的发展，丰富了高校的体育教学网络资源，有利于学生的体育知识和体育技能学习，与此同时，学生可以方便快捷地通过网络渠道获取到新的体育信息和运动技能锻炼方法的科学成果，有利于学生学习自主性的培养，加强学生对终身体育意识的理解，为终身体育意识的形成打下坚实的基础。在《新课程标准》中，把通过运用互联网获取体育信息知识和学习方法的能力，作为当今高校体育教学对培养学生能力的一项教学目标，可见网络技术应用于高校体育教学的深化与发展，极大地促进了高校体育教学中教学目标的实现。

（三）加强网络技术在体育教学中的普及与相关师资队伍建设

高校体育教师是高校体育教学过程中的指引者和实践者，高校体育教师是否具备现代化的教学技术运用理念，直接影响到高校体育教师自身的教学行为，高校体育教学中网络技术的应用，使传统模式下的体育教学理念和方式上都发生了转变，有效地促进未来高校体育教学的改革和推动高校体育教学现代化的发展。

高校体育教师在高校体育教学中，运用网络技术辅助教学需要，突破传统体育教学理念的束缚，不断促进高校体育教师体育教学理念的提升，有利于高校体育教师在网络教学技术等专业技能的提高，有效地建立现代化体育教学的教育理念，使高校体育教师将网络技术应用于体育教学过程中，对体育教学的效果以及教学模式和方法的提高有准确、积极的思想指导作用。因此，高校体育教学中体育教师对网络技术在高校体育教学中所发挥的具体作用，要有准确的高校体育教学理念进行指导，才能在高校的体育教学中提高高校体育教学效率，有效保障高校体育教学质量，使高校体育实现现代化教学。

通过访谈、调查发现，目前多数高校的体育教师在高校体育教学中，网络技术运用的理论知识掌握不充分，由于部分体育教师单纯从新媒体传播的视角看待网络技术的发展，从而片面和单一地认识网络技术在高校体育教学过程中的运用方式。网络技术全面应用于高校体育教学中对体育教学智能化的发展，对高校体育教师工作效率的提高和学生学习效率的提高方面产生了极大的推动作用。网络技术在高校体育教学中应用中，可以有效地发挥其特性来提升高校体育教学的效果，使高校体育教学发展符合当前信息化社会现代化发展的需要，为高校的体育教学效率提高提供保障。

目前，多数的高校体育教师对网络技术应用在体育教学实践中的作用没有充分的认识，在体育教学实践中还局限于传统的教学形式。此外，由于部分高校体育教师对网络技术应用于高校体育教学中的教学理念陈旧，使得高校体育教师依然使用传统的体育教学模式，对网络技术在体育教学中的应用价值认识不够，从而导致了许多已经具备很好运用网络技术条件的高校在体育教学中得不到好的运用，严重地浪费教学资源，限制了高校现代化体育教学的发展。学生通过网络技术的运用可以及时获取学习所需信息，同时提高自身的学习能力，学会借助网络环境进行主动学习，这对学生的创新能力的提高有很大的帮助，对养成良好的学习自主性也起到重要作用。

在传统模式下的体育教学中，通过课堂传递体育知识信息的教学方式过于单一，而运用网络技术的体育教学环境更加形象、直观，具备多样性，有效地提高了学生体育学习的积极性。整合网络技术与体育学科课程融合的教学过程，突出了学生自主学习方式，真正把信息技术和信息资源作为学生学习的认知工具，促进了学生体育学习能力的发展。大多数的高校体育教师在网络技术应用到体育教学中的体育教学活动的设计仅限于简单的教学应用，因此，目前大多数的高校体育教师需要加强现代化网络教学技术知识的培训和学习，从而使未来网络技术可以在高校体育教学中得到广泛的运用和发展。未来高校应增加开设有关网络技术教学技术类的培训课程，增强学生在体育学习过程中对网络技术运用的意识，加强网络教学技术相关理论知识的学习和实际运用，从而提升学生网络技术相关知识的基础和运用能力，使学生在体育学习过程中具备积极应用网络技术的态度，为高校体育教学中广泛应用网络技术提供良好的学习环境，从而使高校现代化体育教学得以实现。

网络技术应用于高校体育教学，使得高校体育教师的教育职责不仅仅停留在体育课堂教学上，网络技术的运用拓宽了体育教师在课堂之外与学生交流的渠道，使得高校体育教师在课堂之外的时间，可以方便快捷地解答学生在体育课程学习中遇到的问题。高校体育教师应及时对高校的体育教学网络素材库进行完善性建设，为高校体育教学提供一个良好的网络支持平台和体育教学环境，这些都需要体育教师充分转变传统模式下的体育教学理念，从而使得高校的体育教师熟练掌握运用网络技术应用于体育教学的特性，现代化的体育教学技术对高校体育教学中学生的学习有积极的促进作用，以及更好地帮助未来高校体育教学，提高教学效果，实现这些需要高校体育教师把现代化的体育教学技术合理地应用到体育教学实践中，为网络时代环境下的高校体育教学建立好一个的体育教学多媒体网络平台，为高校大学生自主学习和合作交流提供良好的学习环境，这将更好地培养高校大学生的创新能力和合作精神。

体育教学应用的多媒体网络技术可以以更加直观形象的教学方式进行教学，有效地提高高校体育教学的效率，高校应建立完善的体育教学课件的网络素材库，将优秀的体育教学课件进行汇总，为高校体育教师的体育教学以及高校学生学习好体育知识提供优良的学习环境。由于目前国内大多数的高校体育教师在体育教学中运用网络多媒体教学的课件的制作水平不高和制作数量上的投入远远不够，高校体育教学对网络多媒体应用的课件的开发仍是未来许多高校体育教学发展面临的首要任务。各大高校应及时出台相关激励措施，激励高校的体育教师积极制作应用网络多媒体的体育教学课件，并加强高校体育教师有关网络技术的培训和学习，从而结合先进的体育教学技术研发，更多适合未来高校体育教学所需的课件，尽快提高高校体育教学课件运用网络多媒体的质量，节约体育教学成本，避免高校体育教学资源的浪费，各大高校还应及时配备网络技术以及体育教学技术的专业研发人员，与体育教师共同研发，保障高校体育教学现代化发展的需要。

高校体育教学中应用网络技术可以充实和更新高校体育教学的教学内容，高校应注重培养高校大学生通过网络获取体育信息资源的能力，特别是在高校体育理论课程的教学中，可以对体育教学中的相关知识进行有效的拓展，保障学生学习先进的知识，方便不同学生根据自身学习目标进行自主学习计划的设定，满足不同学生不同学习需求的实现。随着网络时代技术的快速发展，传统的纸质体育教科书的形式难以适应未来高校现代化体育教学的需求，新的体育知识信息载体，如电子版体育教材以及视频网络课件等，丰富了体育教学的形式和内容，改变了传统模式下的体育教学方式，学生可以通过在体育知识的学习中运用网络技术，既培养了创新能力，又提高自主学习的积极性。

高校应加强高校体育教师有关网络技术等相关教学技术理论知识和技能的培训，高校体育教师对网络技术相关的教学技术的运用水平，直接影响了网络技术在高校体育教学中的应用效果。如果高校体育教师的网络技术相关的教学技术运用水平不够，将严重阻碍高校体育教学的现代化教学进展。由于目前国内高校的网络技术平台的教学硬件环境建设得到了较好发展，但在高校体育教师有关网络技术等相关教学技术理论知识和技能的培训上，只局限在教学应用软件和多媒体课件制作上的培训，缺少对有关网络技术等相关教学技术理论知识和技能的研究学习。

目前高校体育教师在体育教学中，只是在传统的教学模式上使用互联网进行简单的教学拓展，因此高校培训过程中应该结合学校实际的体育教学状况，以及本校体育教师在体育教学的过程中的实际教学需求，选择本校体育教师所需的培训内容，通过有关网络技术等相关教学技术理论知识和技能的学习，从而提高高校体育教师在教学实践中运用网络技术辅助体育教学能力。随着网络时代的发展网络，技术的相关知识不断地更新，需要及时进行学习，才能具备和掌握良好的网络技术运用能力。

高校应该通过有效的激励措施，使高校的体育教师积极地参与有关网络技术辅助高校体育教学的技能培训，此外，要让高校体育教师对未来体育教学技术的飞速发展提高认识，树立对体育教学技能终身学习的理念。随着网络科技的迅速发展，推动了网络时代的全面到来，高校体育教师要想适应未来现代化的高校体育教学的发展需求，以及自身对现代化的体育教学技术保持较高的运用水平，就必须不断对有关体育教学技术的知识和技能进行学习。因为大部分的高校体育教师对网络技术运用于体育教学的认识还不够充分，所以高校应该建立即时可行的激励措施，加强高校体育教师有关网络技术等相关体育教学技术的培训。网络技术是需要以现代化的教学理念作为指导，应用到高校体育教学过程的各个教学环节中去，因此，将现代化的网络技术应用于体育教学的理念，是未来每位高校体育教师都应具备的一种教学能力。

高校体育教师在高校的体育教学中，如何运用网络技术，需要用什么样的教学理念来进行指导，以及未来高校体育教学活动如何运用网络技术来组织，这些都只有通过不断提高高校体育教师在体育教学中综合运用网络技术的能力，才能实现现代化的体育教学技术在高校体育教学中的稳步发展。高校的体育教学与高校的其它学科的教学相比，具有许多的不同之处，因此，高校依据本校体育教师实际的体育教学情况进行相应的培训。除了网络技术应用于体育教学的理论知识之外，体育教学的网络多媒体课件的制作以及网络多媒体教学平台设备的使用等，可以使体育教师根据自身体育教学对网络技术的不同需求，制定不同培训学习方案来进行学习。高校应充分考虑到每位体育教师在体育教学中的不同需求进行差异化的培训，这样不仅大幅度提高培训的针对性，提高了学习效果，还提高体育教师参与的积极性，节约了高校体育教师培训的成本。

建立科学化、智能化的体育教学网络管理系统，将有效的优化高校体育教学的管理工作，高校体育教学中网络技术的广泛运用的实践过程中将产生一些问题，如果得不到及时的解决，将严重影响高校的体育教学现代化水平的发展。建立一套智能化的体育教学网络管理系统，可以有效地保障网络技术在高校体育教学中广泛的运用和发展。

高校的智能化的体育教学网络系统是网络高校体育教育的重要组成部分，是高校提高现代化体育教学技术的关键，是高校提高体育教学资源利用率，提高体育教学管理水平，为未来高校体育教学实施科学化和智能化的管理提供有效的保障。高校应及时建立完善的体育教学网络技术应用的管理激励制度，为高校体育教学更好应用网络技术提供完善的保障体系，高校的体育教学管理制度应随着网络教学技术的不断发展进步，及时进行更新有关新网络技术应用的管理规定，从而不断地完善高校体育教学管理体系。

高校为保障现代化的体育教学技术的运用，需要重视高校的教学网络管理系统，及时采取应对措施，完善体育教学网络管理系统的建设，要及时建立应对高校体育教学现代化教学技术运用的有效的激励制度，如设立起行之有效的奖励措施，以及纳入高校的评定考核中等方法，积极利用运用网络多媒体技术制作的体育教学课件开展教研活动，对优秀的体育教学课件及时给予相应的奖励，充分调动高校体育教师在体育教学中运用网络技术的积极性，使高校体育教师及时掌握新的现代网络教学技术，从而积极促进高校体育教学现代化的发展。

第六节　高校要构建完善的教学环境

一、重视学校体育教育

课外体育活动是学校体育的重要组成部分，这也是学校体育目的的实现，要每一名学生身心得到全面发展。很多大学生并没有对价值观有深入的认知，只是在课外体育活动的时间内进行一些学校体育课中特定的练习内容，没有认识到课外体育活动的其他功能和价值，因此，学生主动参与课外体育活动积极性就不会被激发，自然也不会有“终身体育”的意识。

高校是学校体育的最后阶段，应该抓住这个时机对学生进行思想上终身体育的教育，培养学生的体育兴趣，同时高校应该处理好大学生参与课外体育活动的消极因素，针对性地分析问题，提出相应的解决办法，促进学生积极参与课外体育活动，积极开展课外体育活动。

二、重视各学段对学生体育运动意识的灌输

从中学时期开始，学生就要参加升学体育加试和体育会考，所做的准备都是为了能够顺利地考入理想的学府，这是“应试教育”强制学生进行体育运动。这虽然促进了学生进行体育活动，但是也有一些弊端，例如课外体育活动内容单一，会使学生产生厌倦心理等。所以说，学校方面也需要对学生进行价值观教育，改变学生对体育运动的误解，尽量针对他们的爱好进行教学，丰富教学内容；领导老师需要对学生进行严格监督，形成主动地、有目的地参与到课外体育活动的良好体育意识，端正学生的态度，终身体育习惯的养成就是在这个良好的体育态度意识的基础上建立起来的。

三、完善体育方面的法律法规及加强教育部门的监管力度

国家相关部门需要对大学生参与课外体育活动重视起来，针对当下出现的影响大学生参与课外体育活动的问题，出台相关政策并严格落实。学校体育教育问题频频出现，降低学生体育运动的参与度，所以需要加强对学校的监管力度；社会需要降低学生的就业压力，尽量放宽就业政策。再者，社会公益组织针对学生的需求组织开展，能够使学生多方面发展的课外体育活动，并对他们进行思想上的灌输，提升他们对体育运动的科学认知，聘请专业的教师对他们进行技术上的指导，使学生在紧张的学业、工作中感受到体育运动的快乐。

四、重视成长环境中的体育运动

首先，家庭教育同学校教育需要同样重视。家庭方面，家人对体育运动良好的认知，就会向学生传递一种积极的体育思想，所以家人鼓励学生进行体育活动的前提就是加强自身体育素养，对体育运动有科学的认识。

其次，大学之前的学段，需要对学生灌输正确的体育价值观。价值观的提升，就会从根本上改变学生对体育运动的看法，任何学段的体育教师在加强自身专业素质教育的同时，也需要加强理论知识的学习，向学生灌输终身体育的思想。

最后，鼓励当地政府加强宣传当地体育文化，大力开展群众体育活动，努力使当地的体育文化成为特色；完善公共体育场馆设施，有效利用场地，为群众体育活动创造有利条件。

第七节　高校体育课程中增设啦啦操项目

一、高校学生啦啦操运动迅速发展

啦啦队运动作为一种新兴项目在高校积极地开展，在近几年的大型运动会中，啦啦队的表现可谓让观众留有深刻的印象，但由于啦啦操普及的时间短，人们对它了解还不是很全面，啦啦操还未能形成大的规模，但是随着啦啦队运动的不断深入和发展，我们相信啦啦队运动在高校开展的前景是一片光明的。

《系列校园青春健身操》在我国得到广泛宣传，而《神采飞扬》《活力无限》是啦啦队的基础，它是在经过认真调研和科学实验的基础上创编的，具有教育性、科学性和新颖性等特点。2009 年和 2010 年山东省济南市举办了两届校园青春健身操大赛，各学校代表队踊跃参赛，都收到了不错的成绩。但在有些地区，由于学校领导重视程度不够，师资力量不高，经济水平较差以及队员选拔困难等条件的限制，啦啦操的开展还是处于相对落后的状态，不能科学地、及时地选拔出优秀后备运动员。高校啦啦队后备人才的培养需要教育系统和学校领导的重视与支持，而队伍的建设是一个长期的过程，专业的技术培训是非常有必要的，也是提高啦啦队竞技水平的最佳途径。山东省主管部门应该加强对啦啦操队的培训质量与力度，尽可能地为高校啦啦队教练员与运动员增加学习交流的机会，这有助于高校啦啦队运动的快速发展和运动队伍的壮大。

二、高校公共体育课程中增设啦啦操项目的学生情况分析

高校每年都会对在校大学生进行体质健康达标测试，近几年的测试结果显示，大学生的身体素质在逐年下降，大不如以前。伴随着全民健身运动的

大力开展，为了提高现代大学生的体质，为了使他们能够获得更高的生活学习质量，各高校全面贯彻落实“以人为本”“健康第一”的体育教学指导思想。通过调查发现，现在学生的课外活动、自由活动和娱乐活动时间减少，他们很难找到一种适合自己且又非常吸引自己参与的体育运动项目，因此，啦啦操就是一项非常适合女大学生的健身方式，因为啦啦操不仅可以增进她们的身体健康提高身体素质，提升气质和自信心，而且它的训练强度容易控制，对训练场地和器材要求都不高，再配合上节奏明快、动感活力的音乐，啦啦操对于女大学生来说是最合适的体育运动项目。

在高校公共体育课增设啦啦操项目，不仅能培养学生积极体育运动参与精神，养成良好的身体锻炼习惯，使其掌握相关的基础运动知识和运动技能，使学生身体综合素质得到明显提高，这就使啦啦操运动项目的学生群体基础更加广泛。在高校公共体育课增设啦啦操项目，能为学生的可持续发展打下坚实的基础，养成终身体育锻炼的意识和习惯。高校体育课程对培养学生终身体育思想的树立产生深远的影响，使啦啦队运动项目发展稳步高速的前行。

（一）山东省八所高校的学生了解啦啦操运动项目的程度及途径

啦啦操运动的普及与发展与人们对它的了解和认识是离不开的，同时也离不开它所具有的强大号召力和感染力。从调查数据可以看出，有超过8.20%的大学生非常了解啦啦操这项运动，有48.6%的大学生较为了解；有36.1%的大学生有所了解；只有3.8%的大学生不了解；3.3%的大学生很不了解。

通过大学生了解啦啦操运动的渠道研究可以发现，大学生主要是通过网络媒介或电视转播，大型球类比赛现场和各种啦啦操比赛和文艺表演等三种主要途径了解啦啦操运动。而教师在课堂中对啦啦操的介绍并不是很多，这就需要加强教师的教学意识，在多种学科教学中渗透啦啦操内容，让更多的学生了解认识啦啦操。当然，多种形式的传播会让更多的学生认识和了解啦啦操这一运动项目，以便逐渐培养学生对啦啦操运动项目的参与热情和兴趣爱好，这会为啦啦操在高校中的推广和普及打下了坚实的学生群众基础，为教学顺利开展创造有利条件。

根据调查结果显示，有 83.3% 的大学生认为，啦啦操运动是一项竞技比赛运动，也有一种是专门为比赛加油的表演，当然各意见所占比例不一，有 30.3% 的学生认为啦啦操需要具有高昂的呐喊声；有 42.3% 的学生认为啦啦操需要有多彩的服装；有 63.6% 的学生认为啦啦操具有活力四射的活动场面，由多人合作完成，动作元素多样、新颖，具有一定的故事情节；当然认为道具多样化、音乐动感、独特有风格的学生也占到 48.3% 。

为了调查高校公共体育课增设啦啦操项目的可行性，我们从学生对啦啦操的喜爱程度，参与这项运动的意愿和对开设这门课程的期望程度等方面做了认真的调查和分析，结果显示：非常喜爱啦啦操的学生占到 50.2% ；喜爱啦啦操的学生的占到 45.80% ，一般喜爱啦啦操的学生占到 3.8% ，不喜爱啦啦操的学生只占到 0.2% ，非常不喜爱啦啦操的学生竟然为 0，这说明山东省大学生对啦啦操运动的喜爱程度还是比较高的。

学生是教学活动的主体，任何教学效果的发挥离不开学生的主观能动性，而兴趣对于学生的主体性的发挥具有重要的影响，主要表现在学生对所学内容的积极关注程度，项目喜爱程度和时间，注意力分配比例以及参与的积极性等几个方面。

兴趣是最好的老师，兴趣和意愿对学生的行为起着一定的支配作用，主要表现在学生活动中的目的性和方向性，学生的喜爱程度与学生的参与积极性成正比。通过调查分析得出，非常想参加这项运动的学生为 77.2% ，想参加这项运动的学生为 14.8% ，不愿参加这项运动的学生为 2.2% ，这充分表明山东省大学生参与啦啦操运动的意愿非常高涨。

在有了参与意愿的前提下，学生能接受正规合理的啦啦操课程，在这门课程开设的期望值上面，学生的反响也是比较强烈的。有 75.9% 的学生非常希望开设这门课程，无所谓的只有 4% ，不希望开设的学生占 0% 。学生对开设啦啦操课程如此强烈的期望值，为啦啦操课程在高校公共体育课中的增设打下了非常良好的学生基础。

（二）山东省八所高校的学生选择参与啦啦操课程的原因及各因素

从研究结果我们可以看出，选择参与啦啦操课程的学生主要是啦啦操自身所具有的感染力、激情澎湃，共占有 80.3%；然后就是被啦啦操强烈的团队合作精神所吸引，此因素占有 76.4%；排在第三位的则是啦啦操所涵盖的丰富多彩的时尚元素，其中有 67.7% 的学生选择这一因素；而看中啦啦操成套动作编排新颖独特，表演技巧高超方面的学生有 78.5%。

从以上分析数据可以得出，对于学生积极参与啦啦操课程的因素中，所涉及调查的每一项啦啦操构成因素的比例都超过了 60%，所以高校学生需要更多的机会去表现出他们应有的活力，他们需要展现出新时代、新气息的发展要求，而啦啦操运动项目恰好能够通过它本身的感召力，把学生的激情表现出来。在动感音乐和自由舞动中抒发内心情感，展现自己丰富而独特的内心世界，在团队合作中增强归属感、集体荣誉感，加强人与人之间的合作与交流，从而强大内心、放松自我，所有这一切啦啦操都可以满足，能让学生们的生活时刻充满挑战、丰富多彩、充实丰满。

牢固掌握啦啦操运动知识和技巧，不仅有助于提升学生的气质和自信心，享受啦啦操给他们带来的所有益处，而且可以让身体更加健康年轻，也会使心灵得到净化，达到身心完善的效果。

三、高校公共体育课程中增设啦啦操项目的教师情况分析

学生是教学中的主体，但是这并不否定教师的关键作用，教师在教学过程中的主导作用。教师的最主要任务是引导学生自主发展，教学过程中，教师在与学生的合作交流时，激发学习的积极主动性，提高学生主动学习认识发展的能力，让学生体验发现探索的快乐，用心感受成长的快乐。任何教学都离不开教师这个关键的角色，教师的自身的专业素质会影响到教学实施的过程和效果。啦啦操教师的专业资深背景，啦啦操专业相关知识技能与啦啦操教学科研水平和运动队水平息息相关，当然这些因素会直接影响学生投入啦啦操项目训练学习的时间比例，只有通过教师的完美表现，才能实现啦啦操教学目标，从而达到学生身心全面和谐发展的教育目的；只有通过全体教师集体和学生的共同努力，啦啦操运动项目才能获得健康、平稳、高效及快速的发展。

（一）教师集体的年龄分析和学历职称分析

啦啦操运动项目是新兴的体育运动项目，既是体育运动项目，所以练习啦啦操的确需要一定体力，因此它需要更多年轻人的力量，也正是因为这一特点，啦啦操会比较容易受到一些中青年教师的追捧。现今的大学生，正在追求精神需求的多元性和个性的多样化，丰富多彩的啦啦操就用它神奇的魔力塑造出学生异彩纷呈的校园文化生活，塑造了学生的多样性，避免了学生的人格塑造走向单一化的倾向。学生置身于优美的体育文化环境中，会被潜移默化，从而感到心旷神怡、神清气爽，这就需要更多年轻教师用他们的激情引导学生的活力，让青年教师的力量带动全体学生本研究。

在本研究所调查的体育教师当中，30 岁以下的体育教师占到了 43.2%，30 - 40 岁这个年龄段之间的体育教师占到 33.1%，只有 4.2% 一小部分老教师的年龄超过 50 岁。从这个调查结果我们可以很明显的发现，啦啦操教师队伍的年龄层次更倾向于年轻化，对于年轻教师来说，他们富有活力，具有挑战新事物和接受新事物的勇气，更重要的一点是，他们有精力去完成新兴体育的进修，所以啦啦操课程对年轻教师是个极大的挑战，可以满足他们的征服和授课欲望，来实现自我更新的价值。

在大学中，教师的职称可分为助教、讲师、副教授及教授等四个级别。在所调查的教师中，具有教授职称的教师比例已经占到 18.2%，具有副教授职称级别的教师占到 30%，讲师职称级别的老师比例占到了 41.5%，助教级别的教师只占到了 10.3%。此外，在调查中发现，硕士学历的老师占到了 59.2%。由此可以看出，整个教师的学历和职称结构还是比较乐观的，这也为各大高校在公共体育中增设啦啦操项目提供了坚实的师资保障。

（二）教师对教授啦啦操课程的意愿兴趣及必要性的调查研究

在教师对于在公共体育课中增设啦啦操项目的必要性的调查研究方面，多数老师认为学校在新兴体育课程的开设方面还是非常重视的，愿意尝试一切有利于学生发展的新鲜事物，并且，在国家大政策的引领下，越来越多的高校也非常重视对啦啦操新兴课程的开发，提倡适应时代发展需求，使教学内容反映时代发展的现状，并与学生的实际生活密切相关，从而引导学生的创新精神实践能力和时代精神。在所调查的八所高校中，大多数开设了健美操、体育舞蹈、现代舞、体操及街舞等课程，基本趋向成熟。为了进一步深化高校体育课程的改革，大多数的体育教师还是非常愿意通过自学、培训和进修等形式来拓宽自己的专业领域，并且大多数教师都能做到一专多能。

在所调查的教师中我们发现，很大一部分教师都承担课程项目中的两门或两门以上的教学课程。其中排在第一位的是健美操的授课教师达到了63.6%，教授体育舞蹈的教师达到58.5%，教师在教学方法和模式方面都积累了宝贵的经验。像这些体育运动项目都具有互通性，教师积累的教学经验完全可以用于啦啦操的教学，这些都为高校增设啦啦操完成教学奠定了技术理论基础，所以这些教师通过啦啦操专业培训机构培训后，完全有能力胜任啦啦操这门课程。

在所调查的教师当中，选择非常有必要增设这一选项的老师占到39.7%，选择有必要增设这一选项的教师比例占到了52.6%，而只有7.6%的老师选择了无所谓这一选项。从中可以看出，高校教师对在公共体育课中增设啦啦操项目的必要性上，大多数教师还是持赞同意见。在教授啦啦操课程的意愿上，各位教师也表现出浓厚的兴趣，并且愿意通过专业培训后，进行啦啦操课程的教学，并对自己胜任这项年轻活力的教学工作信心十足。在课程开发和开展中，教师起着关键的作用，而通过调查我们可以看出，教师的增设啦啦操课程的热情和教授啦啦课程的信心，给公共体育课中增设啦啦操项目打下坚实的基础。

在啦啦操课程的教授意愿上，老师们都表现出非常强烈的兴趣，大多数老师会选择愿意通过啦啦操专门培训机构的专业培训，获得啦啦操国家教师资格认证后，进行啦啦操课程的教学，并表现出强烈的自信心，认为自己通过专业努力和发展完全能够胜任啦啦操项目的教学任务。在课程的开展中，教师起着举足轻重的作用，他们能够激发学生学习新课程的兴趣，正确地引导学生的学习并且教授学生专门的练习技巧。教师对教授啦啦操课程的喜爱会直接影响他投入研究的程度，进而影响教学效果，而教师对成功教授啦啦课程的自信心，给了我们充分的动力去积极发展啦啦操项目，同时给这项课程的开设奠定了基础。

四、高校公共体育课程中增设啦啦操项目的场地设施情况分析

任何运动的开展都离不开场地、器材的支持，啦啦操运动对场地、器材要求丰富并不高：（1）场地方面：只要有一块相对平整的场地就可以练习啦啦操，所以无所谓是否有体操馆，室内外均可。（2）器材方面：有一套能够放音乐的设备已足够。我们从八所院校体育部主任了解到，八所院校均拥有教学所需的音响设备，其中 6 所院校有室内训练场地，另外 2 所院校有室外的平整训练场地，这说明各学校在场地、器材等方面，都已具备开设啦啦操课程的基本条件。公共体育课中的啦啦操课程以舞蹈啦啦操为主，所以对场所和器材的要求不高，它只要有室内的教学场地、音响设备，基本就可以满足啦啦操的教学。

高校老师认为开设啦啦操课程所需的场馆条件的调查结果显示：在所有教师中，选择完全能达到要求的教师比例占到 28.7%；选择达到要求这一选项的教师占到 48.7%；选择基本上能达到要求这一选项的教师比例占到 17.8%；选择不能达到这一选项的教师比例占到 3.4%；而选择根本不能达到这一选项的教师比例只占到 1.4%。教师对场地设施设备的评价反映出学校现有的场馆设施的状况，可以在很大程度上满足啦啦操课程的教学。在所调查的高校中，其实只要学校对现有的一些体育场馆设施积极改造和开发，充分发挥体育场馆的多样性和多功能性，完全可以满足啦啦操课程的教学。

五、高校公共体育课程中增设啦啦操项目的对策研究

（一）高校公共体育课程中增设啦啦操项目的教学内容的对策研究

高校啦啦队后备人才的培养需要教育系统和学校领导的重视与支持，而队伍的建设是一个长期的过程，专业的技术培训是非常有必要的，也是提高啦啦队竞技水平的最佳途径，因此，必须精选啦啦操的教学内容，符合时代发展需要，促进学生全面发展，培养个性，锻炼能力，发展成为具有创新精神实践能力的品质。在目前的图书教材方面，由马鸿滔教授主编的《啦啦操运动》教材，其内容贴近教学，形式灵活多变，具有较大的自主选择性，适合作为学校啦啦操课程教学的参考用书。

具体啦啦操内容可分为三个部分：理论部分、技术部分和成套教学。首

先，理论部分为啦啦操项目概述总论与赛事欣赏，这一部分总学时数为4个学时，在这里部分的学习中，学生将明确啦啦操的概念，了解啦啦操项目的任务和啦啦操的特点，啦啦操的分类，啦啦操运动发展状况及发展趋势。其次，技术部分是这个项目的核心内容，教师在技术这部分的教学中起到关键的作用，除了要正确的示范和准确的讲解外，还要在学生自己练习过程中及时发现错误并给予纠正，让学生真正地掌握啦啦操的技术动作。最后，成套教学部分是让学生积累啦啦操动作经验，并且以啦啦队基本规定为原始素材，并且根据自己的自主性元素进行创编，根据课堂表演由学生进行自评、互评，这就大大提高了学生参与到课程中的积极性，提高自主编排啦啦操的能力和发展学生的能力。

除了使用《啦啦操运动》书面教材外，还可以将国家权威部门发行的培训教材、动作图解及啦啦操套路光碟等作为教学辅助资料。为了更好地向广大啦啦操爱好者提供科学、安全及专业的技术技巧指导服务，全面快速地推进我国学校啦啦操健身系列课程，我国国家体育总局体操运动委员会管理中心召集了全国数名啦啦操方面的专家，进行了2010年《全国啦啦操等级规定套路第一套》的编制，录制了光盘，并在2010年12月31日在广州进行培训，向全国进行大范围全面的推广。

公共体育课面向的是运动技能一般的大学生，有些甚至没有进行过正规的体育课学习，所以，对公共体育课的大学生，要淡化啦啦操竞技色彩，从健康的角度出发，精选教学内容，主要包括基本身体素质，基本运动技术，教学比赛以及加强健身娱乐的功能。在公共体育课中不提倡高难度高技巧的动作，可以适当以滚翻、臀位托举这些相对较低的动作元素来作为技巧啦啦操的难度动作。舞蹈啦啦操则强调身体姿态、平衡、转体、跳跃以及踢腿等技术动作，对柔韧、协调、表现力以及音乐的理解有一定的要求，因此，舞蹈啦啦操的危险性相对要低一些，又加上现在高校公共体育课中都开设健美操体育舞蹈形体课程，更有利于舞蹈啦啦操在公共体育课的开展。在本研究所调查的人员中，有92.7%教师和95.2%学生都偏重于舞蹈啦啦操的教学。

我国教育部体育卫生与艺术教育司为了丰富扩展校园体育活动的形式与

内容，吸引更多的学生积极参与体育锻炼，促进学生的身心健康发展，并在全国发行、推广《校园系列健身操》，其中包括了神采飞扬与活力无限两套啦啦操动作。

CSARA（中国学生健美操艺术体操协会）利用广州亚运会啦啦队全国选拔赛，对啦啦操的基本理论知识、基本动作、技能技巧和如何组建强有力的啦啦队进行了阐述，并进行有关光碟的录制，发放于高校教师和学生当中，以此来加大在高校中推广啦啦操运动。随着啦啦操运动的进一步发展，为了满足社会对啦啦操运动的需求，规范和推动啦啦操运动的健康发展，每套动作分别有基本套路分解学习和拓展训练，基本套路动作简单，形式新颖，非常适合在日常教学中使用，这个素材可以在啦啦操项目开设初始阶段，结合高校学生实际情况，作为高校中啦啦操体育教材使用。

（二）高校公共体育课啦啦操项目的教学方法和手段

准确的示范与讲解是所有难美项群类课程教学所不可缺少的，准确的示范与讲解有利于学生不多调整头脑中的动作表象，形成准确的定向映象，进而在实际活动中调节执行与控制自己的动作，因此，准确的示范与讲解当然也完全适用于啦啦操项目的教学。在讲解与示范教学中需要注意：（1）教师自己的示范动作必须正确规范、优美流畅，选择适合学生的示范面。（2）教师的言语讲解要具有思想性科学性，需要运用必要规范的专业术语，讲解词简明扼要、实事求是及通俗易懂。（3）教师讲解语气需要考虑学生的情绪，既要语重心长，又要激情生动。（4）最好把握好讲解与示范的时机，是先讲解还是先示范，还是示范与讲解同时进行，三种方式是不同的，具体根据教学任务灵活使用。

教学过程中以学生的练习为主。作为高校公共体育课中的啦啦操教学，在强调学生自主活动过程情况下，讲解示范和学生练习相结合必不可少，通过应用不同形式的练习，可以使个体掌握某种运动技能。但需要指出的是，教师一定要处理好讲与练的比重，严格做到以学生练习为主。一般来说，随着动作练习次数的增多，技能动作的准确性，控制和速度以及协调性等都会逐步得提高。从练习曲线中可以看出，啦啦操技能呈现随练习量的增加而提高的一般趋势。当然，不同的学习者练习曲线会存在一定的差异，但他们都存在一些共同的特点，具体表现在以下几个方面：第一，开始进步会比较快；第二，中间有一个明显的暂时的停顿期，即高原期；第三，后期进步较慢；第四，总趋势是进步的，但有时会出现暂时的退步。

如果教师讲解得多而学生练习少，减少了动作与音乐的配合，学生参与度兴趣度下降，无法调动学生学习啦啦操的积极主动性。我们需要给学生更多的机会和时间，把课堂留给学生，给学生留有充分练习的时间和机会，让学生跟随动感活力的音乐，尽情感受每个动作给身体带来的舒展和延伸，这可以起到巩固和强化学习动作的作用。比如教师可以根据学生的动作基础水平，合理地编排几个八拍的动作，在音乐伴奏衬托下，连续地进行每串动作的强化练习，整个教学过程中让学生不间断地进行身体运动，这样对学生的协调性、准确性，控制力度以及节奏感都有很好的作用。

音乐与啦啦操动作的结合是一项综合艺术体育运动，啦啦操失去音乐的特征，相应的动作也就会失去它的艺术功能。音乐是表演啦啦操的灵魂，在啦啦操动作表演中起着烘托现场气氛、激发舞者灵感和丰富想象力的作用，恰当的音乐与动作的相互融合，会使操化内容和表演形式更加完美具体和大胆激进。啦啦操和健美操一样，它需要用激情的音乐来激发运动活力，所以啦啦操教学也应加强音乐教学，特别是对于刚刚踏进体育艺术课程领域的学生。从健美操教育教学当中我们可以总结出：如果只重视健美操动作技能、技巧，而忽视动作与音乐的配合，就会失去音乐的渲染，整个课堂都会显得暗淡无光、死气沉沉。

在开始阶段，教师需要要求学生在课余时间多听动感鼓点强劲的音乐，让学生自己选择喜爱的音乐进行课外练习和自我创编啦啦操奠定音乐基础。一般来说，在音乐伴奏下的学习要比老师单调的口令下学习有吸引力，在音乐参与下，可以提高学生投入啦啦操练习的积极性和兴奋度。啦啦操课堂重视音乐的加入，一方面可以提高学生对音乐节奏的把握；另一方面也可以活跃课堂的心理气氛，保证教学过程的融洽愉悦场面。将节奏感强、时尚新颖、感染力强且积极健康的音乐组合起来，反复练习动作，以此来提高学生的练习效果。成套动作教学时，首先应该让学生先掌握成套音乐的结构，然后再进行基本动作的教学，让学生在理解音乐的情况下进行动作练习，提高学生的参与热情和自信心。

啦啦操运动项目的教学方法是各种各样的，其中比较常用的教学方法有：（1）以学生的直观感知为主的体育教学方法：教师示范法，动作演示法，保护帮助法；（2）以学生的自身身体练习为主的体育教学方法：重复动作（单个或多个）练习法，完整套路练习法，动作分解练习法；（3）以学生比赛为主的体育教学方法：模拟情景教学法，体育游戏法，主动参与法；（4）以语言传递为主的体育教学方法：言语讲解法，活动讨论法，问答法；（5）以发现探究活动为主的体育教学方法：主动发现法，问题模式探究法，小群体学习法。这些方法对完成教学任务有着重要的作用，我们应该根据教学内容、教学目标、学生的年龄特点以及设施场地情况来合理选择和运用教学方法，这样才能完全发挥体育教学方法在教学过程中的关键意义，实现教学效果的完美升级。

目前山东省各大高校体育教师在教育教学活动中运用的教学方法，排在第一位的就是以教师语言传递内容信息为主的体育教学方法；第二位是以学生的主要比赛活动为主的体育教学方法；第三位是以学生自身身体练习为主体的体育教学方法；第四位是以探究性活动为主的体育教学方法；第五位是以直观感知为主的体育教学方法。但是经过调查，有 78 位教师在教学方法的选择上，运用了多种方法相结合的方式，占到受调查总人数的 96.67%，这表明绝大多数体育教师能够将两种或两种以上的教学方法进行完美的结合。

另外，本研究还对山东省八所高校体育教师能否根据啦啦操运动项目的特点正确选择和运用教学方法做了详细的调查研究，结果显示，在接受调查的 80 名体育教师中，个人认为无法根据啦啦操运动项目特点正确选择并适当运用相应的教学方法的教师共计 6 人，占总人数的 7.5%，而个人认为能够根据啦啦操运动项目特点正确选择并适当运用相应的体育教学方法的教师有 74 人，占总共人数的 92. 5%。由此可以看出，大部分大学体育教师还是能够根据运动的特点，在教学中选择相应的方法，并加以运用。

学生是学习的主体，教师是教学过程的关键，课程的合理设置就是为了学生的全面和谐发展，教师的最主要任务是引导学生自主发展。在教学过程中，教师在与学生的合作交流时，需要激发学生学习的积极主动性，提高学生主动学习认识发展的能力，让学生体验发现探索的快乐，用心感受成长的快乐。当然，在教学过程中，我们不仅要关注教师的主导作用，更要兼顾学生的主体作用，使两者达到辩证统一。学生的积极主动性的发挥是实现教师主导作用的重要的因素，所以教师主导作用的发挥也会相应地激发学生积极主动性，因此，教师的主导作用和学生的主体作用相统一，教学的效果才能达到最优化。完美教学离不开教师指导，更离不开学生主体作用的发挥，因此，学生的主动性在教学中具有关键作用。

（三）高校公共体育课中进行啦啦操项目评价拟行办法

学生的全面和谐发展是体育教学的一个关键评价对象，针对学生发展的综合性评价是一种挑战和升华，它已经不仅仅是简单对技能进行评价，而是更关注于体育教学课堂实施的过程，淡化了评价甄别选拔的功能，更加重视评价对学生的激励和可持续发展功能。对学生的评价，应该以全新的教育理念和课程理念来实现现代化发展性激励性体育教学评价，激发学生源源不断的内在发展动力，促进其不断进步，实现自身价值。

根据不同体育项目的需求和特点，来采取适宜的科学评价方法，来反映学生全面身体素质基本情况（体育基本知识技能、体育态度情感、学生努力心境程度、身心发展水平、合作精神、创新精神、实践能力）。在对学生进行评价时，我们需要根据每一个学生的个别差异性，从不同角度和不同的侧面去评价评定学生，密切关注学生之间的差异性和全面发展的不同需求，促进学生在原有水平上得到最大限度地提高。此外，我们不仅要使学生看到自己的优缺点，还要让学生明确自己今后的发展趋势和努力方向，激发学生参与学习的积极主动性，使学生快乐学习，从而增强他们学习的自信心，提升自我效能感，体现以人为本“重发展、看未来”的教育思想，满足学生身心全面和谐发展的需要。

学生是学习的主体，教师是教学过程的关键，课程的合理设置就是为了学生的全面和谐发展。因此，教师的最主要任务是引导学生自主发展，教学过程中，教师在与学生的合作交流时，激发学生学习的积极主动性，提高学生主动学习认识发展的能力，让学生体验发现探索的快乐，用心感受成长的快乐。当然，教学过程中，我们不仅要关注教师的主导作用，更要兼顾学生的主体作用，使两者达到辩证统一。

关注人的发展，强调评价的民主性和人性化，重视评价对个体发展的建构作用。根据评价在啦啦操教学过程中的作用，我们可将评价分为诊断性评价（每学期开始或在单元教学之前对学生现有发展水平的检测）、形成性评价（在教学进程中对学生知识技能的掌握和能力情感发展的评价）、总结性评价（在一个大的学习阶段、一学期或一门学科结束时对学生的发展状况进行的评价，对学生的知识技能的学习和身心发展状况作出鉴定的）。此外，根据评价对象，可分为教师评价和学生评价。

啦啦操课程属于身体练习类（技能类）课程，在评价过程中要能够着重体现学生的动作技术技巧、态度情感、交往合作、创造性和价值观等多方面的能力。按照啦啦操运动项目的自身特点和啦啦操课程的整体教学目标，采用过程性评价和终结性评价相结合，相对性评价和绝对性评价相结合的方式，充分发挥评价促进学生发展的功能，来真正为教学实践的改革提供参考依据。要建立一种发展性、激励性的教育评价系统，一方面，建立促进学生全面和谐发展的评价体系内容，使评价不但关注学生基本知识技能方面的发展，而且要发现和发展学生多方面的潜能；另一方面还主张让学生进行自我内部评价，教师只起到辅助作用，外部评价与内部评价同时进行。新课程改革提倡发展性激励性的评价，主张让学生主动参与评价来取代之前的被动接受评价，实现评价主体多元化，评价不仅关注学生的基本体育知识体育技能的培养，还要关注其各种合作创新能力的培养，使学生的各方面素质得到全面高效的发展。

根据啦啦操运动项目的自身特点和啦啦操课程的整体教学目标，来确定各评级指标所占的比重，以此来导向激励学生，促进学生的全面和谐发展，针对啦啦操项目的评级体系打破原有的评级模式，总共概括为四部分：（1）

啦啦操的基本动作技术和教学规定套路的掌握情况，包括基本的手位、步伐、口号以及个人套路展示，有两三名教师考评，这一部分所占成绩比重为45%；（2）理论知识知识及相关知识理论，包括啦啦队的起源、概念、分类、发展状况及项目特点，相关理论可涉及体适能、运动营养等方面，以笔试的形式进行考评，这一部分所占成绩比重为10%；（3）创编性竞赛展示学生的综合表现能力，包括对基本动作的改编，队形层次的流畅变化，音乐服装的配合，表现力感染力以及团队凝聚力的表现，以小组为单位进行比赛，教师进行考评，这一部分所占成绩比重为30%；（4）学生的学习态度出勤情况以及进步程度，包括学生参与课堂的积极自觉性，对进步程度这一项可采取学生自评、小组互评和教师评价三者结合，这一部分所占比重为15%。

第七章　结　语

青少年体育素养的培养是一个不断积累的长期系统过程，在此过程中，能够传承体育文化知识，陶冶个人情操，锻炼身体以及学习体育技能。当前，体育正以不可阻挡之势推进全球化进程，青少年体育作为群众体育的重要组成部分，正面临着严峻的考验。

为积极应对挑战，解决好目前青少年体育素养不高的局面，切实提高青少年体育素养，本文采用文献资料法、专家访谈法、实证研究法及逻辑分析法等研究方法，针对青少年体育素养现状和青少年体育素养影响因素等问题，提出了青少年体育文化素养培养的原则，构建了合理化的青少年体育素养目标体系，并针对青少年体育素养培养过程中出现的问题和面临的困境，提出了多项积极的解决办法和应对策略，对解决当前青少年体育素养培养速率迟缓等问题有一定的参考价值。

青少年体育素养的培养是群众体育持续发展的根基，是社会个体终身体育参与意识养成的重要阶段。在体育全球化进程不断加快的今天，作为基层的体育工作者，要抓好青少年的体育素养培养，提升全社会的体育运动氛围，为建设美好、和谐、幸福的社会生活而努力奋斗，为实现“中国梦”而不懈努力。

参考文献

[1]杨俊敏. 新疆多民族学生体质及生活方式现状与对策研究[M]. 北京:北京体育大学出版社, 2016.

[2]郭建军,杨桦. 中国青少年体育发展报告[M]. 北京:社会科学文献出版社, 2015.

[3]马德森. 审美视域下肥胖青少年体育锻炼行为的研究[M]. 济南:山东人民出版社, 2014.

[4]吴兆红,刘强,陈栎圯. 身体锻炼与心理健康[M]. 上海:华东师范大学出版社, 2014.

[5]马新东,李波. 中小学生体育锻炼丛书·健康金字塔:快乐生活一辈子[M]. 北京:北京体育大学出版社, 2014.

[6]徐向军. 青少年体能训练指导[M]. 北京:北京体育大学出版社, 2014.

[7]赵春英. 趣味体能与体育游戏[M]. 天津:天津科学技术出版社, 2014.

[8]成钧. 高职体育健康课程新体系的研究[M]. 长春:吉林大学出版社, 2014.

[9]徐向军. 青少年体育锻炼处方[M]. 北京:北京体育大学出版社,2014.

[10]马德森. 审美视域下肥胖青少年体育锻炼行为的研究[M]. 济南:山东人民出版社,2014.

[11]李永智,朱波涌. 体育游戏第3版体育锻炼手段与方法系列[M]. 桂林:广西师范大学出版社, 2014.

[12]王健姣. 大学生体育与健康[M]. 济南:山东人民出版社,2014.

[13]孙浩,许竞,翁小龙. 大学生课余体育锻炼指南[M]. 北京:中国商务出版社, 2013.

[14]张寅. 关注体育锻炼[M]. 西安:电子科技大学出版社, 2013.

[15]上海体育职业学院组织编写. 青少年运动员身体训练[M]. 北京:中

国劳动社会保障出版社, 2013.

[16]李相如. 青少年健身路径锻炼指导手册[M]. 北京:人民体育出版社, 2012.

[17]姜伯乐. 大众健康与体育行为及运动损伤防治[M]. 北京:人民体育出版社, 2012.

[18]张彦峰. 青少年学生与体育运动[M]. 北京:人民体育出版社, 2012.

[19]鲁陵,周永奎,谷春香. 高职体育与健康教程[M]. 北京:北京师范大学出版社, 2012.

[20]胡郁. 青少年必知的体育知识[M]. 北京:现代出版社, 2012.

[21]钟秉枢. 国际竞技体育体系和青少年运动员文化教育[M]. 北京:北京体育大学出版社, 2012.

[22]李超. 青少年应该知道的体育知识[M]. 北京:光明日报出版社,2012.

[23]翟一飞. 青少年体育锻炼动力的新视角:自我妨碍行为的理论与实证[M]. 北京:北京体育大学出版社, 2011.

[24]张桃臣,张维寿. 少年儿童体育锻炼原理与方法[M]. 石家庄:河北教育出版社, 2011.

[25]李佳川. 体育运动处方与青少年健康[M]. 北京:团结出版社, 2010.

[26]本书编写组. 青少年体育比赛中应该懂得的礼仪[M]. 广州:广东世界图书出版公司, 2010.

[27]兰继军. 体育锻炼与心理健康研究[M]. 天津:天津教育出版社, 2010.

[28]张李, 张晖. 体育锻炼与人体健康[M]. 贵阳:贵州大学出版社, 2010.

[29]金其荣. 人文素质教育教材系列:体育与健康实践教程第 3 版[M]. 北京:北京大学出版社,2009.

[30]宛祝平,滕家治. 亿万青少年学生阳光体育运动网球[M]. 长春:吉林科学技术出版社,2008.

[31]巴尔·奥尔. 运动医学百科全书(Ⅵ)—儿童青少年与体育运动(精)[M]. 北京:人民体育出版社, 2008.

[32]庞宏陆,李静. 体育欣赏与训练网球羽毛球[M]. 郑州:郑州大学出版社, 2008.

[33]屈永强. E时代青少年热点百科体育竞技场[M]. 西安:陕西人民出版社, 2008.

[34]赵之心. 让身体动起来[M]. 长春:吉林科学技术出版社, 2008.

[35](加)奥迪特·巴尔·奥尔. 儿童青少年与体育运动[M]. 北京:人民体育出版社,2008.

[36]陈晴. 清末民初新式体育的传入与嬗变[M]. 武汉:华中师范大学出版社, 2007.

[37]人民出版社. 中共中央国务院关于加强青少年体育增强青少年体质的意见(2007年5月7日)[M]. 北京:人民出版社,2007.

[38]郭宏,李红. 体育锻炼与欣赏[M]. 郑州:郑州大学出版社, 2006.

[39]陈小蓉. 定向运动与野外生存训练(大学公共体育课系列教材)[M]. 广州:中山大学出版社, 2005.

[40]学生体质健康标准智能服务系统课题组. 学生体质健康标准智能服务系统指导书. 小学[M]. 北京:人民教育出版社, 2004.

[41]学生体质健康标准锻炼手册. 国家学生体质健康标准锻炼手册[M]. 北京:人民教育出版社, 2002.

[42]王大中,蔡宇之,高敏. 青少年体育锻炼实用手册[M]. 北京:学苑出版社,2001.

[43]林一编. 青少年创意插图高手:体育运动[M]. 北京:西苑出版社, 2001.

[44]张继东. 青少年体育游戏[M]. 北京:人民体育出版社,1995.

[45]周世钊. 毛主席青少年时期锻炼身体的故事[M]. 北京:人民体育出版社, 1978.

[46]许胜文. 青少年体育锻炼[M]. 上海:上海科学技术出版社, 1963.

[47]吴蕴瑞,许胜文.青少年体育锻炼[M].上海:上海科学技术出版社,1963.

[48]编写小组.青少年业余体育学校乒乓球试用教材[M].北京:人民体育出版社, 1962.

[49]人民体育出版社.体育运动对身体健康的作用[M].北京:人民体育出版社,1955.